상대방을 내 뜻대로 움직인다.

사람을 다스리는 기술

D. 카네기 / 이정빈 옮김

지성문화사

상대방을 내 뜻대로 움직인다

How to Win Friends and Influence People
D. 카네기／이정빈 옮김

진심으로 사람을 사랑하라.
먼저 다른 사람을 이롭게 하라.
그렇게만 할 수 있다면 많은 사람의 마음을
사로잡을 수 있다.

거울의 원리에서 배우는 인간 관계

인간은 사회적 존재이다. 이 지구상에 다른 사람의 도움없이 살아갈 수 있는 사람은 단 한 사람도 없다. 세상에 태어난 것도 부모님의 도움이 있었기 때문에 가능했고, 의식주를 해결하는 것도 다른 사람의 노고 덕택이다.

다른 사람과의 연계 속에 꾸며지는 이야기가 인생이기 때문에 예로부터 인간 관계의 중요성이 무엇보다 강조되어 왔다.

인간 관계는 만사(萬事)를 좌우한다. 인생에서 맛보게 되는 행복과 불행, 기쁨과 슬픔, 성공과 실패 등이 모두 인간 관계에서 파생된다.

부부간에 불호하고, 형제간에 불목하고, 부모 자식간에 불화하고, 친구간에 불신하는 사람이 찾을 수 있는 행복은 이 세상에 존재하지 않는다.

우리 인간은 본질적으로 이기적인 존재이다. 항상 자기 자신이 우선한다. 세상 일이 내 뜻대로 되기를 원하고 있으며, 상대방이 먼저 나를 이해해 주기를 바라고 있다.

그러한 마음은 상대방도 나와 똑같다. 여기에서 이해 관계가 엇갈려 크고 작은 갈등을 빚게 된다.

시어머니는 애써 키운 아들을 독점한 며느리가 못마땅하고 밉다. 며느리는 잔소리하는 시어머니가 야속하고 싫다. 어머니와 아내의 중간에 선 아들은 두 여자의 불화로 극심한 고통을 받는다. 어느 한쪽을 편들었다가는 그야말로 최악의 상황에 처할 것은 불보듯 하기 때문에 전전긍긍한다.

모두가 자기의 욕심에 치우쳐 인간 관계를 맺기 때문에 빚게 되는 반목이다.

인간 관계는 '거울의 원리'와도 같다. 내가 웃으면 거울 속의 사람도 웃고 찡그리면 거울 속의 사람도 찡그린다. 나는 찡그리면서 거울 속의 사람에게 아무리 웃으라고 하여도 결코 웃을 리는 만무하다.

좋은 인간 관계의 비결은 다름이 아니다. 거울을 향해 내가 먼저 웃는 것이 최상의 비결이다. 이 말은 남의 입장을 이해하고 자기의 입장과 동시에 남의 입장으로도 사물을 볼 수 있는 능력을 가져야 한다는 말이다.

이 책은 인간의 마음을 끊임없이 뒤흔드는 실제적인 비법을 명쾌하게 제시하고 있다.

저자인 D. 카네기는 이 한 권의 책을 위해 무려 15년 동안이나 온갖 노력을 아끼지 않았다. 철학·심리학 등 인간 관계와 관련이 있는 숱한 서적을 섭렵했고, 각 분야에서 뛰어나게 성공한 사람들을 만나 유심히 관찰했다.

여기에서 얻은 지식들을 직접 자기 자신의 인간 관계에 활용하여 가장 효과적인 것만을 엄선하여 엮은 것이 바로 이 책이다.

따라서 이 책에서 제시한 인간 관계의 비법은 절대적인 힘을 지니고 있다. 누구라도 실생활에 올바르게 응용만 하면 혁명적인 변화를 체험할 수 있을 것이다.

1993년 초겨울 譯者 識

차례

차례

차례

차례

제1부

사람을
내 뜻대로 움직인다

악당에게도 까닭은 있다
상대의 중요성을 인정하고 표현하라
타인의 입장에 나를 둔다

제1장

악당에게도 까닭은 있다

오래전 뉴욕 시에서 전대미문의 체포 사건이 벌어졌다. 경찰은 바싹 긴장했다. 극악한 살인범인 쌍권총 클로레가 몇 주간에 걸친 수색 끝에 정부의 아파트에 숨어 있다는 것을 알아낸 것이었다.

범인이 잠복해 있는 맨 위층을 150명의 경찰관이 포위했다. 지붕에 구멍을 뚫었다. 그 틈새로 최루가스를 흘려 넣어 클로레로 하여금 기어나오게 하려고 했다. 주위 다른 건물의 옥상에는 기관총이 장치되었다.

이리하여 뉴욕 고급 주택가에 권총과 기관총 소리가 한 시간 이상 울리게 된 것이다.

클로레는 두터운 소파 뒤에 숨어서 경찰관에게 쏘아 댔다. 이 난전을 구경하려고 모여든 사람이 무려 1만 명이 넘었다.

실로 뉴욕 공전의 일대 활극이었다.

마침내 클로레는 체포되었다. 마르르네 경시총감이 수사 결과를 발표했다. 클로레는 뉴욕 범죄 사상 유례없는 흉악범으로, 바늘 구멍만한 사소한 동기로도 간단히 사람을 죽이곤 했다.

그런데 이 쌍권총 클로레가, 자기 자신을 스스로 어떻게 생각하고 있었을까?

그가 자신을 어떻게 평가하고 있었느냐에 대한 자료가 남아 있었다. 즉 포위가 되어 숨막히는 대치 상태 속에서도 그는 경찰관에게 보내는 한 통의 편지를 써 둔 것이었다. 그 편지를 쓰는 중에도 피는 끊임없이 흐르고 있었다. 새빨갛게 물든 그 편지의 한 구절을 보면 다음과 같이 써 있었다.

'나의 마음―, 그것은 지쳐빠진 마음이긴 하지만 착한 마음이기도 하다. 나의 본심은 누구에게라도 조그만 상처 하나 입히지 않으려는 마음인 것이다.'

이 사건이 일어나기 얼마 전이었다. 클로레는 롱 아일랜드의 시골 한 복판에 차를 세웠다. 그 차 속에서 정부를 포옹하고 수상한 짓을 하려고 했다. 그러자 돌연 경찰관 한 사람이 다가와서 말을 걸었다.

"운전면허증을 보여주시오."

그 순간 면허증 대신 권총을 꺼낸 클로레는 한 마디 말도 없이 다짜고짜 경찰관에게 쏘아 댔다. 경찰관은 외마디 비명을 지르며 그 자리에서 쓰러졌다. 그러자 클로레는 차에서 뛰어내려 경찰관의 권총을 집어 들어 마지막 결정적 한 방을 쏘았다.

이 살인마가 이렇게 말한 것이다.

"나의 본심은 아무에게도 가벼운 상처 하나 입히지 않으려는 것이다."

싱싱 형무소의 전기 의자에 앉으면서 클로레는,

"이렇게 된 것은 결국 자업자득이다……. 나는 많은 사람을 죽였으니, 마땅히 그 벌을 받아야지."

라고 말했을까? 천만의 말씀. 그렇지는 않았다.

"나 자신을 지켜 정당방위를 했는데 결국 이 꼴이 되다니."

이것이 클로레의 마지막 말이었다.

이 이야기의 요점은, 흉악하기 짝이 없는 클로레조차도 자기가 나쁘다고는 전혀 생각하지 않고 있었다는 것이다. 이러한 경우의 범죄자는 흔히 있다.

"나는 왕성한 반평생을 세상을 위해 일했다. 그런데 결과는 어떠한가? 내가 얻은 것이라곤 고작 세상의 비난 소리와 현상범이란 낙인뿐이 아닌가."

이 말은 한때 전 미국을 무서움에 떨게 한 암흑가의 왕자 알 카포네의 말이다.

카포네는 굉장한 악인이었지만, 스스로는 자신을 악인이라고 생각한 일이 없었다. 악인이라 생각하지 않을 뿐만 아니라, 자신은 큰 자선가라고 진심으로 생각했다. 세상이 자기의 선행을 오해하고 있다고 생각한 것이었다.

뉴욕의 제1급 악인 더치 슐트도 마찬가지였다. 갱끼리의 싸움으로 목숨을 잃기 직전의 일인데, 어느 신문 기자 회견 석상에서 슐트는 자신을 가리켜 사회의 은인이라고 말했다. 말 뿐만 아니라 실제 그렇게 믿고 있었던 것이다.

이 문제에 대해서 나는 싱싱 형무소 소장으로부터 재미있는 얘기를 들은 일이 있다. 수형자 중에는 자기 자신을 악인이라고 생각하는 자는 거의 없다는 것이다.

그들은 거의가 자신을 일반 선량한 시민과 조금도 다름없다고 생각하고 있다. 따라서 자신의 행동은 어디까지나 정당했다고 자각하고 있다. 왜 금고를 털어야 했던가, 혹은 왜 권총을 쏘아야 했던가, 그 까닭을 그럴 듯하게 설명한다.

범죄자는 대개 자기가 저지른 나쁜 짓에 대해 그럴 듯한 이유를 붙여 그것을 정당화하고 따라서 그것 때문에 형무소에 들어간 것이 억울하고 부당하다고 생각한다.

앞서 예로 든 극악한 자들마저도 자기가 정당했다고 생각하고 있다. 그렇다면 그들만큼 악하지 않은 일반인은 자신을 어떻게 생각할까?

"30년 전 나는 남을 꾸중하는 것이 얼마나 어리석은 일인지를 깨달았다. 자기 자신의 일도 맘대로 되지 않는 세상이다. 하나님이 만인에게 평등한 지혜를 내리지 않은 것에 대해서까지도 화를 낼 여유는 없는 것이다."

이것은 미국의 위대한 실업가 존 워너에이커의 말이다. 워너에이커는 젊은 나이에 그 사실을 깨달았지만 유감스럽게도 나는 40 고개에 접어들어서야 간신히, 인간이란 자기가 아무리 잘못했어도 결코 자신이 잘못했다고는 생각하려 하지 않는다는 것을 조금씩 깨닫게 되었다.

그 잘못을 남에게 넘기려는 것은 아무 쓸모 없다. 상대는 곧 방위 체제에 들어갈 것이고, 자기를 정당화하려고 노력할 것이다. 뿐만 아니라 자존심이 상한 그 상대는 결국 반항심을 일으키게 되어 사태는 위험한 지경에까지 이르게 된다.

예전에 독일 군대에서는 어떤 불만이 있더라도 그 자리에서 항의하거나 변명을 하는 것은 절대 용납되지 않았다. 부글부글 끓는 가슴을 안고 하룻밤을 지새야 하는 것이다. 이튿날 아침

이 되면 기분이 냉정해지리라는 것이었다. 이 규칙은 엄격하게 지켜지고 있었다.

이것을 만약 일반 사회에도 법률로 제정하여 적용시킨다면……. 예를 들어 잔소리가 심한 부모, 바가지 긁는 아내, 일꾼들을 못살게 구는 사장, 그밖에 사회의 모든 잔소리꾼들을 규제한다면 얼마나 좋을까 하고 가끔 생각한다.

남을 비난하는 것이 이익될 것이 하나 없다는 예는, 역사상에도 여러 가지가 있다.

데오도어 루즈벨트 대통령과 그 후계자인 태프트 대통령 사이의 갈등도 그 한 가지이다. 이들의 갈등 때문에 그들이 이끌던 공화당이 분열하여, 민주당의 우드로우 윌슨을 백악관의 주인으로 들어앉게 했다. 뿐만 아니라 제1차세계대전에 참가하게 됨으로써 역사의 흐름이 바뀌어 버렸다.

1908년 루즈벨트는 대통령 자리를 같은 공화당인 태프트에게 양보하고 자기는 아프리카로 사자 사냥을 떠났다. 그런데 사냥에서 돌아와보니 태프트가 일을 처리하는 것이 도대체 마음에 들지 않았다. 너무나 보수 경향이 짙은 대통령이 되어 있었다.

거기서 루즈벨트는 다음 대통령 후보의 지명을 받기 위해서 진보당(進步黨)을 조직했다. 그 결과 공화당은 궤멸의 위기에 직면하게 되었다. 총선거에서 태프트를 대통령 후보로 내세운 공화당은 겨우 버몬트와 유타 두 주에서만 지지를 받았을 뿐이며 역사상 유례없는 완패를 면하지 못했다.

루즈벨트는 태프트를 나무라고 공격했다. 그러나 나무람을 받은 태프트는 과연 자기가 잘못했다고 생각했을까. 물론 그렇게 생각하지는 않았다.

"아무리 고쳐서 검토해 보아도 나로서는 그렇게 하는 길밖에 다른 방법이 없었다."

태프트는 자기 합리화에 급급했다.

두 대통령 중에 누가 옳고 누가 글렀는가에 대해서는 솔직이 말해서 나로선 알 재간이 없고 알 필요도 없다. 내가 여기서 말하고 싶은 것은 루즈벨트가 아무리 심하게 태프트를 나무라고 공격해도, 결코 태프트로 하여금 자기가 글렀다고 생각하게 할 수 없었다는 사실이다. 결과는 그저 어떻게든지 자신을 정당화하도록 노력하게 했고,

"그때는 그렇게 할 수밖에 다른 길이 없었다."

고 되풀이하게 만들었을 뿐이었다.

다음에 또 하나의 예로, 티포트 돔 유전의옥사건(油田疑獄事件)을 들어 보겠다. 이 사건은 미국에서도 전무 후무한 대의옥 사건으로 국민의 분노는 몇 년이 지나도 가라앉지 않았을 정도였었다.

알버트 폴이라는 사람이 이 의옥사건의 중심 인물이었다. 제29대 하딩 대통령 밑에서 내무장관을 지낸 사람이다. 그는 당시 정부 소유의 티포트 돔과 엘크 힐의 유전 대여에 대한 실권을 잡고 있었다. 본래 이 유전은 해군용으로 보존해 두기로 되어 있었다. 그런데 폴은 입찰도 없이, 느닷없이 친구인 에드워드 드헤니라는 사람과 계약을 체결하여 유전을 대여했다. 그 결과 친구는 순식간에 큰 돈을 벌었다. 이에 대해 드헤니는 대부금(貸付金)이라는 명목으로 10만 달러를 폴에게 융통했다.

이 돈을 받은 내무장관은 해병대를 동원하여 그 유전 근처의 다른 업자들을 쫓아 버렸다. 그것은 엘크 힐의 석유 매장량이 근처의 다른 업자들 때문에 감소될 것을 걱정한 것이었다.

그러나 쫓겨난 업자들이 가만히 있을 까닭이 없었다. 그들은

법정에 호소했다.

이리하여 이 직권을 남용한 1억 달러 오직사건(汚職事件)이 백일하에 드러나게 된 것이다. 이 사건은 너무나 추악했다. 그로 인해 하딩 대통령도 하야하게 되었을 뿐만 아니라 전 국민의 격분을 사게 되어 공화당은 위기에 빠졌을 뿐 아니라, 알버트 폴 내무장관은 감옥으로 가게 되었다.

폴은 현직 관리로서는 전례 없는 중벌에 처해졌다. 그러나 그 벌로써 그는 스스로 회개를 했을까? 대답은 노우이다.

그로부터 몇 년 뒤, 허버트 후버 대통령이 어느 강연에서, 하딩 대통령의 수명을 짧게 한 것은 친구에게 배반당한 정신적 고통 때문이었다고 말한 일이 있었다.

그러자 청중석에서 이 말을 듣고 있던 폴 부인이 의자를 박차고 일어나 주먹을 내두르면서 소리를 질렀다.

"뭐라고요? 하딩이 폴에게 배반당했다구요? 이거 왜 이러세요. 저의 남편은 남을 배반한 일이 한 번도 없었습니다. 이 건물 하나 가득히 황금으로 쌓아 보세요. 그게 남편에게 나쁜 일을 하게 할 수 있나요? 저의 남편이야말로 배반당한 것입니다. 배반당해 살해된 수난자예요."

이런 식으로 나쁜 인간일수록 자기의 일은 젖혀놓고 남의 일만 말하게 된다. 그것이 인간의 천성이다. 이것은 비단 악인에게만 국한된 일이 아니다. 우리들도 마찬가지인 것이다.

그러므로 만일 남을 배반하고 싶어지면, 알 카포네나 클로레나 폴의 이야기를 생각하는 것이 좋다. 남을 비난하는 것은 마치 하늘을 바라보고 침을 뱉는 것이나 같아서, 그 침은 반드시 자기의 얼굴에 떨어지게 된다. 남의 잘못을 꾸짖든가, 남을 공격하거나 하면, 결국 그 상대는 거꾸로 나를 원망하게 되고 태

프트 대통령처럼,

"그렇게 할 수밖에 다른 길은 없었다."

라고 자신을 정당화하려는 게 고작이다.

1865년 4월 15일, 토요일 아침의 일이었다.

포드 극장에서 부스의 흉탄에 쓰러진 에이브라함 링컨 대통령은 극장 바로 건너편 싸구려 여관의 침대에 누워 죽음을 기다리고 있었다. 침대가 너무도 작았다. 링컨의 긴 몸은 엇비스듬히 누워 있어야 했다. 방에는 로저 본누르의 유명한 마시(馬市)라는 지옥의 싸구려 복제 그림이 걸려 있을 뿐, 희미한 가스등의 불꽃이 노랗게 흔들리고 있었다.

이 비참한 광경을 끝까지 지켜본 육군 장관 스탠튼은,

"여기 지금 누워 있는 사람만큼 완전하게 인간의 마음을 지배한 사람은 세상에 따로 없을 것이다."

라고 혼잣말로 중얼거렸다.

그처럼 교묘하게 인간의 마음을 사로잡는 링컨은 무슨 비결을 가지고 있었을까?

나는 링컨의 생애에 대해 10년간 연구했고, 그뒤 3년에 걸쳐 《세상에 알려지지 않은 링컨》이란 제목의 책을 썼다. 링컨의 사람됨과 그 가정 생활까지도 철저히 연구했고, 그 연구의 성과에 대해서는 타의 추종을 불허할 정도라고 자부하고 있다.

특히 링컨의 대인 관계에 대해서는 힘을 기울여 연구했다. 그럼 링컨이 남을 비난하는 데 흥미를 가진 일이 있느냐고 묻는다면, 그런 일이 많다고 대답할 수 있다.

링컨이 아직 젊어 인디애나 주의 피존 크리크 밸레라는 시골에 살고 있었다. 그 당시 링컨은 남을 곧잘 헐뜯었을 뿐만 아니라 상대를 비웃는 시와 편지를 써 가지고 그것을 사람들의 눈에 잘 띄는 길에 떨어뜨려 놓기도 잘했다. 그 편지 중의 한 통이 원인이 되어 평생 동안 그를 원수로 생각한 사람마저 있다.

그 후 일리노이 주 스프링 필드에 진출하여 변호사 개업을 했다. 이때도 그는 상대를 공격할 공개장을 신문에 싣거나 하다가 그것이 지나쳐서 끝내 혼줄이 난 일이 있다.

1842년 가을, 링컨은 제임스 시루즈라고 하는 싸움질 잘하는 아일랜드 태생의 정치가를 공격한 일이 있었다. 스프링 필드 저널 신문에 익명의 풍자문을 써보낸 것이다. 이것이 신문에 나자 온 시내가 웃음 바다가 되었다.

감정적이고 자존심 강한 시루즈는 불처럼 화가 났다. 투서의 주인공이 누구인 것을 알아낸 그는 즉시 말을 달렸다. 링컨을 만나자 곧바로 결투를 신청했다.

링컨은 결투에는 반대했다. 그렇지만 거절할 수만은 없게 되어 그 신청을 받아들이게 되었다. 무기의 선택은 링컨에게 맡겨졌다. 생각 끝에 칼을 선택했다.

링컨은 팔이 길었기 때문에 기병용의 볼 넓은 것을 택한 후에 육군 사관학교 출신 친구에게서 검술을 익혔다.

약속한 날이 되었다. 두 사람은 미시시피 강의 모래 사장에 마주 섰다. 막 결투가 시작될 순간이었다. 이때 쌍방의 후견인이 나서서 가까스로 이 결투는 중지되었다.

이 사건으로 대범한 링컨도 간담이 서늘했다. 그러나 덕분에 그는 사람을 대하는 데 있어서 더할 나위 없는 교훈을 얻었다. 두 번 다시는 남을 비방하는 편지를 쓰지 않게 되었고 남을 비웃지 않고 어떤 일이 있어도 남을 비난하는 일이 거의 없게 되었다.

다음은 그 훨씬 뒷날의 이야기가 된다. 남북전쟁 때 포트맥

강 지구의 전투가 시원치 않아서 링컨은 이 지역 사령관을 차
례로 바꿔칠 수밖에 없었다. 매크레랑, 포프, 반사이드, 후커,
미이드 등 다섯 장군을 차례로 바꿔보았으나 모두가 한결같이
실패만 했다.

링컨은 매우 비관했다. 국민들은 이 무능한 장군들을 통렬하
게 비난했다. 그렇지만 링컨은,

"악의를 버리고 사랑을 가져라."

라고 스스로 채찍질하면서 마음의 평정을 유지했다.

"남을 재판하지 말라. 남의 재판을 네가 받기를 원치 않거
든."

이것이 링컨이 즐겨 읊은 좌우명이었다.

링컨은, 부인이나 측근이 남부 사람을 저주하는 말을 하면
늘 이렇게 말했다.

"너무 그들을 나무라지 마오. 우리일지라도 만일 입장이 바
뀐다면 틀림없이 남부 사람들처럼 행동했을 테니까."

그런데 당연히 남을 비난할 수 있는 사람이 이 세상에 있
었다고 한다면, 링컨이야말로 그 사람인 것이다.

한 가지 예만 들어보겠다.

1863년 7월 1일부터 사흘 동안, 펜실베니아 남부 도시 게티스
버그에 남북 양군의 격전이 되풀이되었다. 나흘째 밤이 되자,
리이 장군 휘하의 남부군이 마침 퍼붓는 소나기를 맞으며 후퇴
하기 시작했다.

리이 장군이 패배한 대군을 이끌고 포트맥 강까지 퇴각하자
강은 밤새 내린 비 때문에 범람 상태에 있었다. 도저히 강을 건
널 수 없었고, 등뒤에는 승세를 몰아오는 북군이 닥치고 있
었다. 남군은 절체 절명의 궁지에 몰린 셈이다.

링컨은 남군을 패멸시키고 전쟁을 종결시킬 기회가 온 것을 기뻐했다. 가슴은 기대에 부풀어서 전방 사령관 미이드 장군에게 작전회의 뭐고 다 집어치우고 적을 추격하라고 명령했다. 이 명령은 우선 전보로 미이드 장군에게 띄워지고 뒤이어 특사가 파견되어 지체 없이 공격을 개시하라고 명령한 것이다.

그러나 미이드 장군은 링컨의 명령과는 상반되는 짓을 하고 있었다. 작전회의를 열고 공연히 시간을 지체하면서 갖가지 구실을 붙여 공격을 거부했다. 그러는 사이에 강물이 줄어 리이 장군의 남부군은 무사히 강 저쪽으로 건너가 버렸다.

링컨이 화가 난 것은 당연한 일이었다.

"도대체 이게 어떻게 된 일이냐?"

그는 자기 아들을 잡고 소리쳤다.

"제기랄, 이럴 수가 있나. 적은 독안에 든 쥐였는데, 이쪽에서 팔만 내밀면 승리를 잡을 수 있었는데. 내가 무슨 말을 하든, 우리 군대는 손가락도 까딱하지 않았더란 말이다. 그런 경우라면 어떤 무능한 장군이라도 리이를 타파할 수 있었을 것이다."

낙담한 링컨은 미이드 장군에게 한 통의 편지를 썼다. 이 무렵의 링컨은 말솜씨가 매우 점잖아져 있었으므로 이 편지는 일견 온건한 투지만, 링컨이 꽤 화가 많이 나 있었다는 것을 알 수 있다.

'안녕하십니까.

나는 적장 리이의 탈출로 발생한 불행한 사태의 중요성을 귀하가 혹시 올바르게 인식하지 못하고 있다고는 생각하지 않습니다. 적은 우리의 손아귀에 다 들어와 있었던 것입니다. 추격만 했다면 이제까지 우리가 거둔 전과로 보아서 전쟁은 끝났을 것임에 틀림없습니다. 그러나 이 좋은 기회를 놓치고 만 이제는, 전쟁 종결의 희망이 거의 사라지고 말았습니다. 귀하로서는 지난 월요일에 리이의 남군을 공격하는 것이 최선이었습니다. 그것을 하지 않은 지금, 그가 강 건너편으로 물러났으니, 그를 다시 공격하는 일은 절대 불가능한 일이 되고 말았습니다. 그날 병력의 3분의 2밖에는 지금 쓸 수 없게 되었습니다. 금후 귀하의 활약에 기대할 일은 무리인 듯 싶습니다. 사실 나는 귀하에게 아무 기대도 하고 있지 않습니다. 귀하는 천재일우의 기회를 놓친 것입니다. 그로 인해 나 또한 끝없는 고통을 받고 있습니다.'

　미이드 장군은 이 편지를 읽고 어떤 생각을 했을까?

　사실 미이드는 이 편지를 읽지 않았다. 링컨이 써놓고 보내지 않았기 때문이다. 이 편지는 링컨이 죽은 뒤 그의 서류 속에서 발견된 것이다.

　이것은 나의 추측이지만 링컨은 이 편지를 써놓고 한참 동안 창 밖을 내다보고 있었을 것이다. 그리고 이렇게 중얼거렸을 것이다.

　"가만 있자, 보내는 일은 서둘지 않는 것이 좋겠다. 이렇게 조용히 백악관의 깊숙한 방에 앉아서, 미이드 장군에게 공격 명령을 내리는 일은 나로서는 아주 쉬운 일이지만 만일 내가 게티스버그 전선에 있으면서 이 1주일 동안 미이드가 본 것과 같은 유혈 참상을 보았다면, 그리고 부상자의 비명 소리, 단말마의 신음소리를 들었다면……, 아마 나도 공격을 계속할 수 없었을는지 모른다. 만일 내가 미이드처럼 소심한 성격이라면,

나도 같은 행동을 했을 것이다. 더구나 이미 지나간 일이다. 이 편지를 보내면 내 마음은 다소 편해질지 모른다. 그러나 미이드는 어떻게 될까. 자신의 행동을 정당화하려고 오히려 나를 비난할 것이다. 그리고 나에 대한 반감을 갖게 되고 앞으로 사령관으로서도 쓸모가 없게 되어 결국 군에서 떠나야 될 것이다."

그렇게 생각한 링컨은 편지를 서류철 속에 끼워뒀을 것이 틀림없다. 링컨은 지난날의 쓴 경험으로 심한 비난이나 꾸중은 대개의 경우 아무런 쓸모없는 짓임을 알고 있었기 때문이다.

데오도어 루즈벨트는 대통령 재임중에, 어려운 문제에 부딪치게 되면 항상 거실 벽에 걸려 있는 링컨 초상을 우러러보며 이렇게 중얼거렸다고 한다.

"링컨이었다면 이 경우 어떻게 했을까?"

우리도 남을 공격하고 싶을 때는 루즈벨트 대통령의 버릇을 따라,

"링컨이라면 어떻게 했을까?"

하고 생각해 보면 어떨까.

남의 결점을 고쳐주려는 기분은 분명히 훌륭한 것이고, 칭찬할 만한 것이기도 하다.

그러나 왜 우선 자신의 결점을 고치려고는 하지 않을까. 섣불리 남을 교정하기보다 자신을 고치는 것이 훨씬 이익이 되고 위험성도 적다. 이기주의적 입장에서 생각해 보면 분명히 그런 계산이 된다.

"자신과 싸우기 시작한 자는, 결국 자기가 가치있는 인간임을 증명하게 된다."

이것은 영국의 시인 브라우닝의 말이다. 자기와 싸우고 자기

를 완전한 인간이 되게 하기 위해서는 아마도 누구나 금년 1년
은 꼬박 걸릴 것이다.

그러나 그것에 성공을 하게 되면, 내년에는 멋있는 새해를
맞이할 수 있다. 내년부터는 내키는 대로 남을 헐뜯어도 된다.
허나 그러기 전에 자신이 완전해져야만 하는 것이 조건이다.

자기 집 현관이 더러워져 있으면서, 남의 집 지붕 위의 눈에
대해 잔소리를 하지 말라고 가르친 것은, 동양의 현인 공자(孔
子)였다.

내가 젊었을 때의 이야기인데, 당시 나는 어떻게 해서든지
나의 존재를 남들이 인정해 주기를 바랐다.

그 무렵 미국 문단에서 한참 잘 팔리고 있는 작가 리처드 허
딩 데이비드 씨에게 나는 어리석기 짝이 없는 편지를 보낸 일
이 있었다.

나는 그때 어떤 시시한 잡지에 작가론이라는 것을 쓰기로 되
어 있었다. 그래서 그의 작업 현황을 직접 취재하고 싶어진 것
이었다.

그런데 마침 그 몇 주 전 어느 인물로부터 내게 편지가 왔는
데, 그 편지의 말미에 다음과 같은 한 구절이 씌어져 있었다.

'문책재 필기자(文責在筆記者)'

나는 그 한 구절이 아주 마음에 들었다. 이 편지를 내게 보낸
인물은 굉장한 요인(要人)임에 틀림없다고 생각했다. 나는 그
무렵 조금도 바쁜 처지는 아니었지만, 어떻게든 작가 데이비드
에게 강한 인상을 주고 싶어서, 그만 그 한 구절을 내 편지의
끝머리에 인용하고 말았다.

작가는 회답'대신 내가 보낸 편지를 돌려보냈다. 돌아온 편

지의 여백에 이런 글귀가 적혀 있었다.

'무례한 짓은 적당히 하는 것이 어떤가?'

이 사건을 되돌아보건대, 분명히 나는 건방지고 나빴다. 그만한 욕을 먹어도 쌌다.

그러나 나도 배알이 있는 인간이기 때문에 역시 화가 났다. 몹시 분했다. 그로부터 10년 뒤 작가 리처드 허딩 데이비드 씨의 사망 기사를 신문에서 읽었다. 순간 내 가슴에 떠오른 것은 부끄럽지만 그때 받은 그 모욕에 대해서였다.

남으로부터 죽도록 원망을 받고 싶은 사람은 남을 신랄하게 비판하면 된다. 그 비판이 옳으면 옳을수록, 그리고 신랄하면 할수록 효과는 백퍼센트일 것이다.

남을 비난할 때, 그 상대를 논리의 동물이라고 생각해서는 안 된다. 상대방이 감정의 동물이며 편견에 차 있고, 자존심과 허영심에 의해 행동하고 있다는 것을 똑똑히 알아야 한다.

남을 비난하는 일은, 말하자면 위험한 불꽃놀이와 같은 것이다. 그 불꽃은 자존심이라는 화약의 폭발을 유발하기가 쉽다. 이 폭발은 때로는 사람의 목숨을 뺏을 수도 있다.

레나드 우드 대장이 그 좋은 실례이다. 그는 비난을 받았기 때문에 프랑스 전선에 파견되지 못했다. 1차대전 때의 얘기다. 그것이 그의 자존심을 몹시 상하게 했고, 죽음을 부른 원인이 되기도 했다.

영문학에 찬란한 빛을 더한 토머스 하디가, 영원히 소설을 쓰지 않게 된 것은 지각없는 비평 때문이었고, 영국의 천재 시인 토머스 채스터튼을 자살로 내몬 것 역시 비평이었다.

벤자민 프랭클린이 젊었을 때는 대인 관계가 거칠기로 유명했다. 뒷날 매우 외교적 기술을 터득하여 사람을 다루는 솜씨가 그럴 듯해졌고, 드디어는 프랑스 영국 대사로 임명되었다.

그의 성공 비결을 한 마디로 말하면,

"남의 나쁜 점은 절대로 입 밖에 내지 말고 그의 장점만 칭찬할 것."

이것은 그 자신의 말이니까, 틀림없을 것이다.

남을 비평하고 비난하고 잔소리를 늘어놓는 따위는 어떠한 바보라도 할 수 있다. 그리고 어리석은 자만이 그것을 하고 싶어한다.

이해와 관용은 유연한 품성과 극기심을 가진 자만이 가질 수 있는 덕이다.

영국의 사상가 칼라일은 이런 말을 했다.

"위인은 그를 소인 취급하는 사람에게 의해서 그 위대함을 더해 간다."

사람을 비난하는 대신 사람을 이해하는 것이 더 좋지 않을까. 왜 그 사람은 그런 일을 하게 되었는가를 잘 생각해 보는 것이 어떨까. 그러는 것이 이익이고 또 재미도 있다. 그렇게 하면 동정, 관용, 호의가 저절로 생기게 마련이다.

모든 것을 알고 나면, 모든 것을 용납하게 된다. 영국의 위대한 문학자 닥터 존슨은 이런 말을 했다.

"하나님일지라도 인간을 재판하시는 데는, 그 인간이 죽기까지 기다리신다."

하물며 인간인 우리가 그때까지 기다리지 않을 까닭은 없는 것이다.

제2장

상대의 중요성을 인정하고 표현하라

사람을 움직이는 비결은, 이 세상에 한 가지밖에는 없다. 이 사실을 알고 있는 사람은 매우 적은 것 같다. 그러나 사람을 움직이는 비결이란 역시 하나밖에는 없는 것이다. 즉 스스로 움직이고 싶은 마음을 가지게 하는 것―, 이것이 비결이다.

거듭 말하지만 그밖에 다른 비결은 없다.

물론 상대의 가슴에 총부리를 들이대서 손목시계를 풀어놓게 할 수는 있다. 모가지를 자르겠다고 협박하여 종업원으로 하여금 협력하게 할 수도 있다. 겁을 주어 어린이를 움직이게 할 수도 있다. 그러나 이러한 거친 방법에는 항상 재미 없는 일이 뒤따르기 마련이다.

사람을 움직이는 데는, 상대가 바라는 것을 주는 것이 유일한 방법이다. 그럼 사람은 무엇을 바라고 있는가?

20세기의 위대한 심리학자 지그문트 프로이트 박사에 의하면, 인간의 모든 행동은 두 가지 동기에서 출발한다. 즉 성충동과 위대한 사람이 되고 싶다는 욕망이 그것이다.

미국의 일류 철학자이며 교육가인 존 듀이 교수도 같은 말을 약간 다르게 표현하고 있다. 즉 인간의 가장 강한 충동은 '중요한 인물이 되려는 욕망'이라는 것이다. '중요한 인물이 되려는 욕구'란 실로 의미심장한 말이다.

여기서 우리는 그 말에 대해서 자세히 생각해 보려고 한다.

인간은 무엇을 욕망하는가? 설령 갖고 싶은 것이 그다지 없다는 인간에게도, 어디까지나 가져야만 직성이 풀릴 것이 한두 가지는 있는 법이다.

보통의 인간이라면 우선 다음에 드는 것들을 바라게 될 것이다.

1. 건강과 장수
2. 먹을 것
3. 수면
4. 돈과 돈으로 살 수 있는 것
5. 내세(來世)에의 생명
6. 성욕의 만족
7. 자손의 번영
8. 자기의 중요감

대개 이와 같은 욕망은 충족할 수 있다. 그렇지만 그 중 한 가지만은 예외이다. 이 욕구는 수명이나 먹는 욕구와 마찬가지로 상당히 집요한 것이고, 더구나 좀체로 만족할 줄을 모르는 욕구이다.

즉, 앞에 든 욕구 중의 여덟번째인 '자기의 중요감'이 그것이다. 이것은 프로이트가 말하는 '위대하고 싶은 욕망'이며 듀이의 '중요한 인물이기를 바라는 욕망'이다.

링컨의 편지 중 그 서두에,

'인간이란 누구나 칭찬받기를 좋아한다.'

라고 쓴 것이 있다. 우수한 심리학자 윌리엄 제임스는,

"인간이 가지는 성정 중에 가장 강한 것은 남에게 인정받기를 갈망하는 기분이다."라고 말했다.

여기서 제임스가 '희망한다'든가 '원망한다'든가 '동경한다'든가 하는 말을 사용하지 않고 '갈망한다'고 말한 것에 주의를 기울일 필요가 있다.

이것이야말로 인간의 마음을 끊임없이 뒤흔드는 타는 듯한 갈증이다. 이와 같은 남의 마음의 갈증을 정확하게 해갈시켜 줄 수 있는 사람은 흔치 않지만 그것이 가능한 사람이라야만 비로소 남의 마음을 내 손아귀에 잡을 수가 있는 것이다. 장의사 사람일지라도, 그러한 사람의 죽음에는 슬퍼할 것이다.

자기의 중요감에 대한 욕구는 인간을 동물과 구별하게 하는 중요한 인간적 특성이다.

여기에 대한 재미있는 이야기가 있다.

내가 미주리 주의 시골에서 살던 어린 시절의 이야기이다. 아버지는 듀로크 저어지 종의 좋은 돼지와 머리가 흰 순종의 소를 기르고 있었는데, 그것을 중서부 각지에 출품하여 1등상을 여러 번 받았다.

아버지는 그 명예의 블루 리본을 한폭의 모슬린 천에 핀으로 차례로 꽂아두었다. 손님이 오면 그 긴 천의, 한쪽은 당신이 들고 다른 한쪽은 내가 들게 하셔서 신나게 자랑을 하셨다.

돼지는 자신이 받은 상에 대해 관심이 없는데 반해 아버지의

관심은 굉장한 것이었다. 즉 이 상은 아버지에게 자기의 중요감을 주는 것이다.

만일에 우리들의 선조가 이 뜨거운 자기 중요성에 대한 욕구를 가지지 않았다면, 인류의 운명은 태어나지 못했을 것이다.

학력 없고 가난한 한 식품점 점원을 분발시키고, 앞서 그가 50센트로 구입한 몇 권의 법률서를 짐 밑바닥에서 꺼내 공부를 시작하게 한 것은, 자기의 중요감에 대한 욕구였다. 이 점원이란 다 아는 바와 같이 바로 링컨이다.

영국의 소설가 디킨즈로 하여금 위대한 소설을 쓰게 한 것도, 18세기 영국의 명 건축가로서 크리스토퍼 렌에게 불후의 명작을 남기게 한 것도, 또한 록펠러에게 평생을 뿌려도 다 못 쓸 많은 재산을 모으게 한 것도 모두가 자기의 중요감에 대한 욕구였다.

최신 유행의 스타일을 하고 새 자가용을 타고 내 아들에 대한 자랑을 하는 것도 다 이 욕구가 있기 때문임에 틀림없다.

뉴욕 경시총감을 지낸 마르르네는 많은 청소년이 나쁜 길에 들어서는 것도 이 욕구 때문이라고 말했다.

"요즈음의 청소년 범죄자는 마치 자아가 똘똘 뭉쳐 있는 것과 같다. 체포된 뒤에 그들이 맨 먼저 요구하는 것은 자기를 영웅 취급한 신문을 보여 달라는 것이다. 자기의 사진이 베이브 루스나 아인슈타인, 린드버그, 루즈벨트 등의 사진과 함께 실려 있는 것을 보면·전기 의자에 앉을 걱정 따위는 안중에도 없는 것이다."

자기의 중요감을 만족시키는 방법은 사람마다 다르다. 그 방법을 보면 그가 어떤 인물인가를 알 수 있다.

자기의 중요감을 충족시키는 방법에 따라서 그 인간의 성격이 판단되는 것이다. 이것은 매우 중요한 말이다. 예를 들어 존 D. 록펠러에 있어서 자기의 중요감을 만족시키는 방법은 얼굴도 모르는 중국의 빈민을 위해서 북경에 근대적 병원을 세울 자금을 기부하는 일이었다. 그런데 델린저라는 사나이는 도둑질, 은행강도, 드디어는 살인범이 되는 일도 마다하지 않았다.

경찰에 쫓겨 미네소타의 시골 농가에 뛰어든 그는,

"나는 델린저란 말이다!"

하고 소리쳤다. 자기가 흉악범임을 과시한 것이다.

"나는 너희들을 해칠 생각은 없다. 하지만 내 이름은 델린저란 말이다!"

델린저와 록펠러와의 중요한 차이는 자기의 중요감을 충족시키기 위해 취한 그 방법의 차이이다.

유명인이 자기의 중요감을 만족시키기 위해 애를 쓴 흥미있는 예는 역사상 곳곳에서 발견된다.

조지 워싱턴까지도 '미합중국 대통령 각하'라고 불리우기를 바랐다. 콜럼버스도 '해군대제독', '인도 총독' 따위의 호칭을 바랐다. 러시아의 캐더린 여황제는 자기에게 오는 편지 중에 '폐하'로 시작되지 않은 것은 거들떠보지도 않았다. 또 링컨 부인은 대통령 관저에서 그란트 장관 부인에게,

"어머, 당신 정말 염치 없군요. 내가 앉으라고 하기도 전에 자리에 앉다니요!"

하고 외친 일이 있었다.

버드 소장의 남극 탐험에 미국 백만장자들이 자금을 원조했는데, 거기에는 남극의 산맥들에 자기의 이름을 붙이라는 조건이 붙어 있었다.

또 프랑스의 대작가 빅토르 위고는 파리를 자기의 이름으로

바꾸었으면 하는 굉장한 욕망을 가지고 있었다. 저 위대한 세익스피어까지도 자기의 이름에 금박을 입히기 위해 많은 돈을 들여 가문(家紋)을 입수했던 것이다.

남의 동정과 주의를 끌므로써 자기의 중요감을 만족시키기 위해서 공연히 앓는 사람도 있다. 예를 들면, 맥킨리 대통령 부인이 있다. 그녀는 자기의 중요감을 채우기 위해서는 남편에게 중요한 국사를 젖혀놓고 그녀의 침실로 오게 하여 자기가 잠들 때까지 몇 시간 동안이나 애무를 계속하게 한 것이다.

부인은 또 이빨을 치료하는 사이에 쭉 남편을 곁에서 떠나지 못하게 하고 그러므로써 남의 주의를 끌고 싶은 자기의 욕구를 만족시키곤 했다. 어느때 대통령은 다른 약속이 있어서 아무래도 부인을 혼자 치과에 남겨둔 채 가야만 하는 경우에 부딪쳤다. 큰 소동이 일어난 것은 말할 것도 없었다.

나는 어떤 젊고 건강한 여성이, 자기의 중요성을 만족시키기 위해서, 병자가 된 이야기를 들은 일이 있다. 이 여성은 어느 날 갑자기 정체를 알 수 없는 벽에 부딪친 것 같은 느낌이 들었다. 아마도 그 벽이란 그녀의 나이였을지도 몰랐다. 이미 혼기는 지났고 앞날에는 희망 없는 고독한 세월이 그녀를 기다리고 있을 뿐이었으니까.

드디어 그녀는 자리에 눕고 말았다. 그로부터 10년간 그녀의 늙은 어머니가 하루 세 끼 식사를 침실로 날라다주면서 간호를 했다. 그런데 어느 날 피로에 지친 늙은 어머니가 쓰러져 그 자리에서 죽고 말았다. 딸은 며칠 동안 비탄에 젖어 있더니 이윽고 자리에서 일어나 전처럼 건강한 생활을 되찾았다.

전문가의 말에 의하면 현실의 세계에서는 자기의 중요감을 만족시킬 수 없기 때문에, 광기(狂氣)의 세계에서 그 만족을 얻으려고 실제로 정신 이상을 일으키는 사람도 있다고 한다.

미국의 병원에는, 정신병 환자가 다른 여러 병의 환자를 합친 수보다도 더 많이 수용되어 있다. 뉴욕 주에 사는 15살 이상의 인간은 20명에 한 사람 비율로 7년 동안 정신병원에 격리되었다는 통계가 나왔다.

그럼 정신 이상의 원인은 무엇인가?

이러한 거창한 질문에는 누구나 대답하기 곤란할 것으로 생각되지만 어떤 종류의 병, 예를 들면 매독 따위에 걸리게 되면, 뇌세포가 침해당해 발광한다는 것은 알려져 있다.

사실 정신병자의 반은 뇌 조직 장애, 알코올, 소독, 외상 등의 신체적 원인에 의한 것이다. 나머지 반은, 무서운 얘기지만, 그 뇌 세포에 아무런 조직적 결함도 찾아낼 수 없다는 것이다. 시체를 해부하여 뇌 조직을 가장 우수한 현미경으로 조사해 보아도 보통 사람과 조금도 다름이 없다 한다.

뇌 조직에 이상이 없는 사람이 왜 미치는가?

나는 전에 이 일을 어떤 일류 정신병원 원장에게 물은 일이 있었다. 정신병의 최고 권위자로 인정되는 원장의 말은,

"솔직한 얘기로, 그러한 인간이 왜 정신병자가 되는지 나도 알 수 없습니다."

하는 것이었다.

분명한 것은 아무도 모르고 있는 것이다. 그러나 현실의 세계에서는 채워지지 않는 자기의 중요감을 얻기 위해서 미친 사람이 되는 인간이 많은 것은 사실이라고 이 원장은 말했다.

그는 다음과 같은 말을 들려주었다.

"지금 나의 병원에 결혼에 실패한 여자가 한 사람 있지요. 그녀는 애정, 성의 만족, 아기, 사회적 지위 등에 기대를 걸고

결혼 생활에 들어갔습니다. 그런데 현실은 그녀의 희망을 무참히 짓밟고 말았습니다. 남편은 그녀를 사랑하지 않지요. 식사도 같이 하지 않고, 자기 몫만 2층의 자기 방으로 가져오게 합니다. 아기는 태어나지 않고, 지위도 시원치 않습니다. 그녀는 정신 이상이 되었습니다. 그리고 그 미친 세계에서 그녀는 남편과 이혼하고 지금은 영국의 귀족과 결혼했다고 믿게 되었고, 남이 자기를 스미스 후작 부인이라고 부르지 않으면 노발대발합니다. 또 그녀는 밤마다 아기를 낳는다고 믿고 있어요. 내가 진찰할 때마다 그녀는 어젯밤 아기를 낳았다고 말하고 있으니까요.”

그녀가 꿈꾸던 희망의 배는 현실이라는 암초에 부딪쳐 여지없이 깨지고 말았지만, 이제 그녀는 정신 이상이라는 빛나는 공상의 세계에 들어가 있고, 그녀의 꿈을 실은 배는 순풍에 돛을 달고 항구마다 입항하고 있는 것이다.

이것을 비극이라 할 수 있을까. 나는 알 수 없다. 원장도 이렇게 말하고 있다.

“가령 내가 간단히 그녀의 정신이상을 고칠 수 있다 하더라도 나는 전혀 그럴 생각이 없습니다. 지금 그 상태가 그녀로서는 행복할 테니까요.”

대체로 정신 이상자는 우리들 보통 사람보다 행복하며 그 미친 세계를 즐기는 경우가 많다. 그것이 나쁠 까닭은 없다. 그들은 결국 자신의 문제를 해결하고 있는 것이다. 기분 좋게 백만 달러짜리 수표를 끊을 수도 있고, 황제에게 소개장도 쓴다. 정신 이상자는 자기가 창조한 꿈의 나라에서 최대의 원망(願望)인 자기의 중요감을 찾아낸 것이다.

자기의 중요감을 갈망하는 나머지, 미친 세계에까지 들어와서 그것을 충족시켜 준다면 어떠한 기적이든지 일으킬 수 있을 것이다.

연봉 1백만 달러의 보수를 받는 사람은, 내가 아는 한 현재 로서는 두 사람밖에 없다. 월터 크라이슬러와 찰스 슈워브 이다.

앤드루 카네기는 이 슈워브라는 사나이에게 무슨 까닭으로 1 백만 달러, 즉 하루 3천 달러 이상의 보수를 주고 있는가? 그 가 천재이기 때문인가? 아니다. 제철에 관한 최고 권위자이기 때문인가? 천만의 말씀이다. 슈워브에 의하면, 그가 부리는 많은 부하들이 강철에 대해서는 그보다 훨씬 많이 알고 있다는 것이다.

슈워브가 이만한 돈을 받는 이유는 그가 사람을 조종하는 명 인이기 때문이라고 그 자신이 말하고 있다. 어떻게 조종하느냐 고 물었더니, 다음과 같은 비결을 말해 주었다. 그 말은 그야 말로 금언이었다. 동판으로 떠서 각 가정, 학교, 상점, 사무소 같은 곳의 벽에 걸어두면 좋을 것이다. 아이들도 산수의 구구 단을 외우는 시간에 이 말을 외우게 하면 어떨까. 이 말을 활용 하면 우리들 인생은 크게 변모할 것이다.

"나에게는 사람에게 열성을 띄게 하는 능력이 있습니다. 이 것이 나에게는 무엇과도 바꿀 수 없는 보배라고 생각합니다. 남의 장점을 살리기 위해서는 칭찬하고 격려하는 것이 제일 좋 은 방법입니다. 상관의 꾸지람을 받을수록 향상심이 해를 입습 니다. 나는 절대 남을 비난하지 않습니다. 사람을 움직이게 하 는 데는 장려가 절대 필요하다고 생각합니다. 마음에 드는 장 점을 찾아 아낌없이 칭찬하고, 진심으로 찬성할 일입니다."

이상은 슈워브의 방법이다. 그런데 보통 사람들은 어떤가?

정반대이다. 마음에 들지 않으면 함부로 나무라고, 마음에 들면 아무 말도 하지 않는다.

"나는 이제까지 세상의 훌륭한 사람들을 많이 만났지만, 아무리 지위가 높은 사람이라도 잔소리를 듣고 움직일 때보다 칭찬을 받고 움직일 때에 열성이 나고 일도 잘되는 것 같았습니다. 예외는 아직 하나도 없었지요."

슈워브의 단언이다.

사실은 이것이 앤드루 카네기의 대성공의 열쇠였다고 슈워브는 말하고 있다. 카네기 역시 남을 공사간에 칭찬하는 것으로 유명했던 것이다.

카네기는 남의 일을 자기의 묘석에까지 새겨 칭찬하려고 한 사람이었다. 그 스스로 쓴 그의 묘비명에는 이렇게 씌어 있다.

'자기 자신보다 현명한 인물을 가까이 모이게 하는 방법을 터득한 사람 여기 잠들다.'

진심을 다해 감사하는 것이, 록펠러가 사람을 다루는 비결이었다. 그에게는 다음과 같은 일화가 있다.

에드워드 베드포드라는 그의 공동 출자자가 있었는데, 어느 때 이 사나이는 남미에서 바보 같은 구매로 실패하여 회사에 1백만 달러의 손해를 입혔다. 다른 사람 같았으면 아마 노발대발했을 것이었다.

그러나 록펠러는 베드포드가 최선을 다한 것을 알고 있었다. 더구나 일은 이미 끝난 뒤였다. 거기서 그는 거꾸로 상대를 칭찬할 자료를 찾아내었다. 즉 베드포드가 투자액의 60%까지 회수할 수 있게 된 것을 알고 지체 없이,

"그것 잘됐다. 그만큼 회수한 것만도 대단한 솜씨인걸."

라고 말한 것이다.

　지그펠드라고 하면 브로드웨이를　현혹시킨 대흥행사인데, 어떠한 여자라도 굉장한 미인으로 둔갑시키는 교묘한 그 수단으로 명성과 성공을 얻은 사람이었다.

　아무도 거들떠보지 않는 초라한 여자들을 어디선가 늘 데려오는데, 그 여자가 그의 손을 거쳐 무대에 서기만 하면 영락없이 매혹적인 모습으로 둔갑하는 것이었다.

　상대를 믿고 칭찬하는 일이 발휘하는 힘을 충분히 알고 있는 그는, 친절심과 상냥함을 가지고 여자들에게 그녀들이 아름답다고 믿게 만든 것이었다.

　그는 국제적인 인물이기도 했다. 또한 그는 합창단 여가수들의 급료를 주 30달러에서 주 175달러까지 끌어올려 주었다.

　그는 기사적 예의도 알고 있었다. 출연 전날 밤에는 출연할 스타에게 축전을 치고, 코러스걸 전체에게 화려한 꽃다발을 보내곤 했다.

　어느때인가, 나는 공연한 호기심으로 단식이라는 것을 하고 싶어, 6일 밤낮을 아무것도 먹지 않고 지낸 일이 있었다. 엿새째 끝나는 날보다 이틀째 밤이 더 어려웠다.

　그러나 가족이나 집에서 부리는 사람에게 엿새 동안 먹을 것을 주지 않았다면 당연히 우리는 죄악감을 느끼게 될 것이다. 그런데도 먹을 것과 같을 정도로 누구나가 갈망하고 있는 칭찬을 하는 일에 대해서는 엿새는 고사하고 6주간, 아니 6년 동안이라도 한 마디 하지 않고 지내 버리는 것이다.

　〈빈의 재회〉라는 유명한 연극에서 주연을 한 알트레드 랑트는 이런 말을 했다.

　"나에게 가장 필요한 영양물은, 자기 평가를 올려주는 칭찬의 말이다."

우리는 아이나 고용인에게는 영양을 주고 있지만, 그들의 자기 평가에는 좀체 영양을 주려고 하지 않는다. 쇠고기나 감자를 먹여 체력을 강하게 해주지만 상냥한 말을 건네주는 일에는 인색한 것이다. 상냥한 칭찬의 말은 새벽녘에 별빛 속의 음악처럼 언제까지나 기억에 남는 것이고, 마음의 양식이 된다.

"뭐야, 시시하게시리! 겉치레 인사니 기분을 맞추는 일이니다 낡아빠진 수법이란 말이다. 그런 수단은 이미 다 해온 것들이다. 지성있는 인간에게는 결코 쉽게 통하지 않지……."

독자들 중에는 여기까지 읽고 나면 이렇게 말하는 사람도 있을 것이다. 물론 겉치레란 분별 있는 사람에게는 통하지 않는 것이기도 하다. 겉치레 인사말은 천박하고, 이기적이며, 성의가 없다. 그것이 통하지 않는 것은 당연한 일이고, 또 실제로 통용되지도 않는다. 하기는, 죽기 직전의 사람이 지푸라기라도 잡듯이 무엇이든 받아들이는, 칭찬에 굶주린 사람이 세상에 있는 것도 사실이다.

무드바니 형제가 한결같이 여러 차례 화제의 결혼에 성공한 것은 무엇일까?

'왕자'라는 별명으로 불리운 이 형제는 어떻게 하여 두 사람의 미인 영화 스타와, 세계적으로 유명한 가수와 그리고 10센트 스토어를 경영하는 여성 백만장자 바바라 하튼을 차례로 정복할 수 있었을까? 무슨 솜씨를 발휘한 것일까? 연예 정보지 〈리버티〉는 이렇게 쓰고 있다.

'무드바니 형제의 어디가 여성을 유혹하는지, 많은 사람들이 이상하게 생각하고 있다. 세상을 속속들이 죄다 알고 남성의 품성을 평가하는 데는 일류라는 대예술가 폴라 네글리에 의하면 무드바니 형제처럼 칭찬을 잘하는 사람은 없다는 것이다. 그런데 오늘날과 같은 메마른 세상에는 칭찬 기술이 대가 끊기고 말았다. 즉 무드바니 형제의 비결이란 그 기술을 재생시키는 것이라는 것이다.'

영국의 빅토리아 여왕까지도 겉치레 칭찬을 즐겨 듣는 경향이 있다. 그 시대의 재상인 디즈렐리도 여왕에 대해서는 겉치레 인사말을 마구 늘어놓았다고 고백했다. 그의 말을 빌리면 '도배를 하듯이' 겉치레 칭찬을 했다고 하는데, 그는 대영 제국의 재상 중에서도 흔치 않은 세련된 사교의 천재였다. 디즈렐리가 사용한 방법을 우리가 빌려 쓴다면 어떨까. 반드시 유효하리라고 할 수는 없다.

결국 겉치레 칭찬이란, 이익보다는 해를 더 가져다주는 것이다. 겉치레니까 가짜인 것이다. 위조 지폐와 마찬가지로 통용시키려고 해도 결국 할 수가 없게 된다.

겉치레 칭찬과 감사하는 말은 어떻게 다른가.

대답은 간단하다. 후자는 진실이며 전자는 진실이 아니다. 후자는 진심에서 나오지만 전자는 그저 입에서 나올 뿐이다. 후자는 몰아적(沒我的)인데 비해 전자는 이기적이다. 후자는 누구나 좋아하고 전자는 누구나가 싫어한다.

나는 최근 멕시코 시의 차파르티페크 궁전을 방문한 일이 있다. 거기에 오브레곤 장군의 흉상이 있었다. 흉상 아래에 다음과 같은 장군의 신조가 새겨져 있었다.

'적은 겁낼 것 없다. 달콤한 말을 지껄이는 친구를 겁내라.'

달콤한 말을 지껄인다―. 천만의 말씀. 나는 결코 감언을 농할 것을 권하는 것이 절대 아니다. 내가 권하는 것은 '새로운 생활법'인 것이다. 되풀이해서 말하지만 나는 '새로운 생활법'을 권하고 있다.

영국의 조지 5세 왕은 버킹검 궁전의 서재에 6개조의 금언을 걸어놓고 있었다. 그 하나에,

'값싼 칭찬은 주지도 말고 받지도 말라.'

라고 되어 있었다. 겉치레 칭찬은 바로 그 값싼 칭찬인 것이다. 또 겉치레에 대해서 다음과 같이 정의한 책을 읽은 일이 있다.

'상대방의 자기 평가에 꼭 맞는 말을 하는 것.'

이것이 기억해 둘 만한 정의이다.

미국의 사상가 에머슨은 이런 말을 남겼다.

'인간은 어떠한 말을 해도 그 본심을 속일 수는 없다.'

만일 겉치레 칭찬만 해서 모든 일이 잘될 양이면, 누구나가 칭찬을 남발하게 되고 이 세상에는 남을 움직이는 명인들만 살게 될 것이다.

인간은 무슨 문제가 있어서 그것에 마음을 빼앗길 때 외에는 대개 자기의 일만 생각하면서 살고 있다. 거기서 얼마 동안 자기 생각을 정지시키고 남의 장점을 생각해 보면 어떨까. 남의 장점을 알면 속이 들여다보이는 값싼 겉치레 칭찬 따위는 하지 않아도 될 것이다.

에머슨은 또 이런 말도 하고 있다.

"어떠한 인간이라도 어떤 점에서는 나보다 우수하다. 내가 배워야 할 것을 가지고 있다는 점에서."

자기의 장점과 욕구는 잠시 젖혀놓고 남의 장점을 생각해 보는 것이 어떨까. 그렇게 하면 겉치레는 아주 필요없게 된다. 거짓 아닌 진심으로부터 우러나오는 칭찬을 해보자. 슈워브처

럼 진심으로 찬성하고 아낌없이 칭찬하자. 상대방은 그것을 가슴 깊이 간직하고 평생 잊지 않을 것이다. 칭찬한 사람은 잊어도 받은 상대는 언제까지나 잊지 않는 것이다.

제3장
타인의 입장에 나를 둔다

해마다 여름이 되면 나는 메인 주에 낚시하러 간다.

그런데 나는 풀딸기가 좋은데 웬일인지 물고기는 지렁이를 좋아한다. 그래서 낚시를 할 때는 자기가 좋아하는 것은 생각지 않고 물고기가 좋아하는 것만 생각하기로 하고 있다.

사람을 낚는 경우에도 이 물고기 낚는 상식을 이용할 수 있을 것이다.

영국 수상 로이드 조지는 이것을 이용했다. 세계1차대전 때 그와 함께 활약한 연합국 지도자 윌슨, 오란도오, 클레망소 등이 벌써 오래전에 세상 사람들에게서 잊혀지게 되었는데, 그만이 여전히 그 지위를 고수하고 있다. 그 비결이 무엇이냐고 묻는 말에 그는 낚싯바늘에는 물고기가 좋아하는 먹이를 달아야 한다고 대답했다.

자기 자신이 좋아하는 것을 문제로 할 필요가 어디 있을까. 그런 것을 문제로 하는 것은 어린애스러운 유치한 일이다.

물론 우리는 자기가 좋아하는 것에 흥미를 가진다. 죽을 때까지 가지게 될 것이다. 그러나 자기 외에는 아무도 그것에 흥미를 가지지 않는다. 누구나가 우리처럼 자기 자신의 문제로 꽉 차 있는 것이다.

그러므로 사람을 움직이는 유일한 방법은 그 사람이 좋아하는 것을 문제로 삼고, 그것을 가지는 방법을 가르쳐줄 일이다.

이것을 잊어서는 사람을 움직일 재간이 없다. 예를 들어, 아들이 담배 피우지 않기를 바랄 때 설교를 해서는 안 된다. 자기의 희망을 늘어놓는 것도 좋지 않다. 담배를 태우는 사람은 야구 선수가 될 수 없고, 1백 미터 경주에서도 이길 수 없다는 것을 설명해 주면 된다.

이 방법을 터득하면 어린이도, 망아지도, 또 침팬지도 뜻대로 움직일 수가 있다.

이런 얘기가 있다.

어느때, 에머슨과 그의 아들이 망아지를 외양간에 집어넣으려고 했다. 그런데 에머슨 부자는 세상에 흔하디 흔한 잘못을 저질렀다. 즉 자기들의 희망만을 생각한 것이다.

아들이 망아지를 끌고 에머슨이 뒤에서 밀었다. 망아지 역시 에머슨 부자와 같은 일을 했다. 즉 자기의 희망만 생각하고 있었다.

망아지는 네 다리를 버티고 서서 움직이려고 하지 않았다.

그것을 보다못해 아일랜드 출신의 하녀가 도우려고 달려왔다. 논문이나 글을 쓸 수는 없지만 적어도 이 경우에만은 에머슨보다 상식을 갖추고 있었다. 즉 하녀는 망아지가 무엇을 바라고 있는가를 생각한 것이다.

그녀는 자기의 손가락을 망아지의 입 속에 집어넣어 그것을 빨게 하면서 손쉽게 망아지를 외양간으로 이끌어들였다.

인간의 모든 행위는 무엇을 바라는 것에서 출발한다. 그럼, 적십자사에 1백 달러를 기부하는 행위는 어떤가? 그것 역시 이 법칙에서 벗어나지 못한다. 사람을 구하고 싶다는 욕망 때문이다. 하나님 같은 몰아적 아름다운 행위를 하고 싶다고 생각한 때문이다.

'가난한 형제를 위해 주는 것은 주에게 봉사하는 일과 같으니라.'

아름다운 행위에서 태어나는 기쁨보다 1백 달러 쪽이 좋다고 생각하는 사람은 기부 따위는 하지 않을 것이다. 물론 거절할 수 없다든가, 평소 친한 사람의 부탁을 받았기 때문이라는 이유에서 기부를 하는 경우도 있을 것이다. 그러나 기부를 한 이상 무엇인가를 바라는 것은 분명하다.

미국의 심리학자 오바스트리트 교수의 명저 《인간의 행위를 지배하는 힘》에는 다음과 같은 구절이 씌어져 있다.

'인간의 행동은 마음속의 욕구에서 태어난다. 그러므로 사람을 움직이는 최선의 방법은 우선 상대방의 마음속에 강한 욕구를 일으켜주는 일이다. 감사하는 데 있어서도, 가정과 학교에 있어서도, 혹은 정치에 있어서도 사람을 움직이려는 자는 이 사실을 기억해 둘 필요가 있다. 그것을 하는 사람은, 만인의 지지를 받기에 성공하고, 못하는 사람은 한 사람의 지지를 받기에도 실패할 것이다.'

강철왕 앤드루 카네기도 원래는 스코틀랜드 태생의 가난한 사람에 지나지 않았다. 처음에는 한 시간당 2센트의 급료밖에는 받지 못했지만, 드디어는 각 방면에 3억 6500만 달러의 기부를 하기에 이르렀다.

그는 젊은 시절에 이미 사람을 움직이는 데는 상대가 바라는 것부터 생각하면서 얘기하는 방법밖에는 없다는 것을 깨닫고 있었다. 학교는 통틀어 겨우 4년밖에는 다니지 않았지만 남을 움직이는 방법은 알고 있었던 것이다.

이런 이야기가 있다.

카네기의 계수는 예일 대학에 다니는 두 아들에 대해서 병이 날 만큼 걱정하고 있었다. 아들들은 둘 다 저희들 일만 할 뿐, 집에는 편지 한 통 보내지 않는 것이었다. 어머니가 아무리 자주 편지를 해도 회답조차 없었다.

카네기는 조카들에게 편지를 써놓고, 회답에 대해서는 아무 말도 하지 않고, 과연 회답이 올 것인지 아닌지에 백 달러 걸자고 했다. 마침 걸겠다는 사람이 있었기에 그는 편지를 부쳤다. 시시콜콜한 얘기만 늘어놓은 편지였다. 다만 말미에 두 조카에게 5달러씩 보낸다고 지나가는 말처럼 적었다. 그러나 그 돈은 동봉하지 않았다.

조카들로부터 당장 감사의 회답이 왔다.

'앤드루 백부님, 편지 고맙습니다.……'

그 뒤의 구절은 상상에 맡긴다.

사람을 설득하여 무엇인가 시키려고 하면 입을 열기 전에 자신에게 물어볼 일이다.

'어떻게 하면 그렇게 하고 싶은 욕망을 상대에게 일으킬 수 있을까?'

이 생각을 일단 하고 나면, 멋대로 쓸 데없는 말을 함부로 하지 못하게 될 것이다.

나는 어떤 강습회 때문에 뉴욕 모 호텔의 대 홀을, 매 계절마다 20일 동안 야간만 빌리고 있었다.

어느해 계절이 막 시작되려는 때에 사용료를 3배 가까운 액수로 올리겠다는 통지를 호텔측으로부터 받았다. 그때는 이미 수강증은 인쇄가 끝났고 예매가 시작되어 있었기 때문에 나로서는 일반에게 발표할 수도 없었다.

따라서 나로서는 그러한 인상을 받아들일 수 없었다. 그러나 나의 기분을 호텔측에 말해보았자, 어떻게 될 리도 없었다. 호텔측은 호텔에 대해서만 생각하고 있는 것이다. 그래서 이틀쯤 지난 다음에 나는 지배인을 만나러 갔다.

"그 통지를 받았을 때는 놀랐습니다. 그러나 그렇다고 당신을 나무랄 생각은 없습니다. 내가 당신의 입장에 있었어도 아마 같은 통지를 냈을 테니까요. 호텔 지배인으로서는 될 수 있는 대로 호텔의 이익을 올리는 것이 의무입니다. 그것을 못하는 지배인이라면 당연히 해고가 되어야지요. 그런데 이번 사용료 인상에 관한 것인데, 그 인상이 호텔에 어떠한 이익과 불이익을 주는지 각각 따져보는 표를 만들어 봅시다."

나는 종이를 꺼내 그 가운데 금을 그어, '이익'과 '불이익' 난을 만들었다.

나는 이익의 난에 대 홀이 빈다 라고 쓰고 말을 계속했다.

"넓디넓은 대 홀을 댄스 파티나 집회용으로 빌려줄 수 있다는 이익이 발생합니다. 분명히 큰 이익이지요. 강습회에 빌려주기보다 상당히 비싼 사용료를 받을 수 있을 것입니다. 그런데 20일간이나 밤에 강습회만 한다는 것은 호텔로서는 손해가 되겠지요.

그럼 다음에 불이익에 대해서 생각해 봅시다. 우선 나에게서 들어올 예정이던 수익이 없어질 것입니다. 왜냐하면 나는 당신이 말하는 대로 인상된 사용료를 낼 수 없기 때문에 강습회는 다른 장소를 찾아봐야 하기 때문입니다.

그 다음으로 호텔의 불이익이 또 하나 있습니다. 이 강습회에는 지식인, 문화인이 많이 보이게 되는데, 그것은 호텔한테는 굉장한 선전이 될 것이 아닙니까? 사실 신문광고에 5천 달러를 쓴다 해도 이 강습회에 오는 사람만큼, 호텔을 구경하러 오지는 않을 겝니다. 이것은 호텔 쪽에서 보면 매우 유리한 선전 방법이 아닐까요."

이상 두 가지 불이익을 해당란에 적어 지배인에게 주었다.

"여기에 기록한 이익과 불이익을 잘 생각하신 연후에 최종적인 대답을 들려주십시오."

이튿날 나는 사용료를 3배가 아니라 5할만 올리겠다는 통지를 받았다.

이 문제에 있어서 나는 나의 요구를 한 마디도 하지 않았다는 사실에 주의를 기울여주기 바란다. 처음부터 끝까지 상대방의 요구에 대해서만 말했고, 어떻게 하면 그 요구가 충족될 것인지에 대해서 말한 것이다.

가령, 내가 인간의 자연스러운 감정에 따라 지배인의 방에 달려들어가 이렇게 소리쳤다 하자.

"이보시오. 지금 와서 3배나 올려 달라면 어쩌자는 거요? 입장권은 이미 다 찍었고 발표도 해버린 사실을 당신도 잘 알지 않소? 3배라니, 그런 엉터리가 어디 있단 말요!"

그러면 어떻게 되었을까? 서로 흥분하여 입에 침을 튀겼을 것이고, 그 결과는 말하지 않아도 뻔하다. 설령 내가 상대를 설득하여 그 잘못을 깨닫게 했다 해도 상대는 역시 물러나지 않았을 것이다. 자존심이 용납하지 않았을 테니까.

자동차왕 헨리 포드가 인간 관계에 대해 말한 기막힌 한 마디가 있다.

"성공의 비결이라는 것이 있다고 한다면, 그것은 남의 입장을 이해하고 자기의 입장과 동시에 남의 입장으로도 사물을 볼 수 있는 능력을 가지는 일이다."

과연 씹어볼 만한 말이 아닌가. 이같은 말은 아주 외워두었으면 한다. 사실 간단하고 알기도 쉬운 원리이지만, 그러나 대부분의 사람들은 대개의 경우 그냥 지나치게 된다.

그러한 예는 얼마든지 있다. 아침마다 배달되어 오는 편지가 그것이다. 대부분의 편지는 이 상식적 대원칙을 무시하고 있다.

한 가지 예로, 전국에 지사를 가지고 있는 광고 회사의 방송 부장으로부터, 각 지방 방송국장 앞으로 발송된 편지를 보자. (괄호 안은 나의 비평이다.)

안녕하십니까?

저희 회사는 라디오 광고 대행업체로서 항상 일류이기를 염원하고 있습니다.

(당신네 회사의 염원을 누가 상관하나. 이쪽은 머리가 뼈개질 문제가 산더미처럼 쌓여 있다. 집은 저당잡힐 것 같고 나무는 벌레 때문에 말라가고 있다. 주가는 떨어지고 오늘 아침엔 통근 차를 놓쳐 버렸고, 엊저녁은 웬일인지 조운즈네 무도회에 초대받지 못했다. 의사는 고혈압이니 신경염이니 한다. 그런데 사무실에 도착하니 이 편지다. 뉴욕의 젊은 녀석들에게 내가 설교를 듣게 생겼어. 이 편지가 상대에게 어

떠한 인상을 줄 것인지를 모른다면 광고업 따위는 집어치우고 양털 세제라도 만드는 것이 어떠냐?)

우리나라의 방송 사업이 시작된 이래 저희 회사의 업적은 실로 현저했고, 항상 업계의 선두 주자의 위치를 차지하고 있습니다.

(과연 당신네 회사는 업계 제일이라는 말이지. 그래서 그게 어쨌단 말이야? 설령 당신네 회사가 제너럴 모터스와 제너럴 일렉트릭을 합친 것보다 몇 배나 크다 해도, 그런 것은 아무래도 좋다. 나는 당신 회사가 얼마나 큰가 보다도 내 회사의 크기에 신경이 쓰인단 말이다. 조금만 신경을 쓰면 그만한 것쯤은 알만한데 그래, 당신 회사의 자랑만 듣고 있으면, 이쪽이 무시당한 느낌이 든단 말이다.)

저희 회사는 항상 각 방송국의 최근의 상황에 통달해 있기를 염원합니다.

(또 당신의 염원인가? 바보 같은 녀석! 너의 염원 따위 걱정할 겨를이 어디 있어. 나의 염원은 어떻게 하란 말이냐? 왜 그 말은 한 마디도 하지 않는 것이냐?)

다름 아니라 귀국의 주간 보고를 받고 싶습니다. 대리업자로서 필요한 상황은 빠짐없이, 작고 큰 것을 가리지 않고 알려주십시오.

(뻔뻔스러운 것도 정도 문제야. 멋대로 지껄이다가 갑자기 보고해라는 뭐야.)

귀국의 최근의 상황에 대해서 빨리 알려주시면 서로 이익이 되리라 믿습니다.

(젠장! 이런 시시콜콜한 등사지를 보내면서, 빨리 알려 달라니 형편없군. 아마 이런 쪽지를 가을 낙엽처럼 전국에 뿌렸겠지. 빨리라니! 나도 너희처럼 바쁜 몸이다. 그런데 도대체 무슨 권리로 이래라

저래라 명령하는 건가. 서로 이익이 된다……. 편지 끄트러미에 와서
야 간신히 이쪽 입장을 생각하기 시작한 모양인데, 그게 내게 어떻게
이익이 된다는 것인지 알 수 없지 않나.)

　광고업을 직업삼아 남에게 상품을 사고 싶은 마음을 일으키
는 전문가라는 인간이 이런 정도의 편지를 쓰고 있으니, 다른
직업의 사람들은 더할 나위도 없을 것이다.

　여기에 또 한 통의 편지가 있다. 운수 회사의 운수 계장으로
부터 나의 강습회 수강자 에드워드 바밀란 씨에게 보내온 것
이다.

　'안녕하십니까.
　이쪽 사정에 대해 말씀드리자면, 취급 화물의 대부분이 저녁
무렵 한꺼번에 쏟아져 들어오기 때문에 아무튼 발송 업무에 지
장이 많습니다. 결과는 이쪽 직원의 시간외 근무와 수송의 지
연을 초래합니다. 지난 11월 10일 귀사에서 510짝의 다량의 화
물이 도착했습니다만, 그때가 오후 4시 20분이었습니다.
　우리로서는 이러한 사태에 의해 일어나는 곤란을 피하기 위
해서 귀사의 협력을 바라는 바입니다. 앞서 말한 바와 같은 많
은 화물은 도착 시간을 좀더 빠르게 잡아주시든가 혹은 오전중
에 그 일부가 도착하도록 협력해 주십시오.
　이상과 같은 배려를 해주신다면, 귀사의 트럭이 대기하는 시
간도 단축되고 화물도 곧바로 그날 발송되게 될 것입니다.'

　이 편지에 대한 바밀란 씨의 감상은 다음과 같았다.

"이 편지는 그 의도와는 반대의 효과를 발생시킨다. 처음부터 자기의 사정에 대해 쓰고 있는데 도대체 이쪽은 그런 것에는 흥미가 없다. 그 다음에 협력을 요구하고 있는데, 그 협력으로 발생될 이쪽의 불편에 대해서는 일언반구도 없다. 끝에 가서야 겨우 협력하면 이쪽에도 이러이러한 이익이 있다는 말을 마지못해 거들었다. 가장 중요한 것은 뒤로 미루고 있기 때문에 협력은 고사하고 적개심을 일으키게까지 한다."

그럼 이 편지를 고쳐 써보자. 자기 사정만 강조하지 말고, 자동차왕 헨리 포드의 말마따나 남의 입장을 이해하고 자기의 입장에서와 마찬가지로 남의 입장에서도 일을 생각해 보자는 것이다.

다음과 같이 하면 가장 좋다고는 못하더라도 전보다는 나은 편지가 되지 않을까 싶다.

'안녕하십니까?'

저희 회사는 14년 동안 귀사의 사랑을 받아 깊은 감사를 하고 있습니다. 그리고 한층 더 신속하고 능률적인 서비스로 그 사랑에 보답코자 애를 쓰고 있습니다.

그런데 지난 11월 10일과 같이, 오후 늦게 한꺼번에 다량의 화물을 보내주시게 되면 유감스럽게도 기대에 벗어나는 경우가 더러 발생하게 됩니다. 왜냐하면 다른 하주들의 화물도 대개 오후 늦게 도착되기 때문입니다. 당연히 혼란이 생기게 되어 그것을 정리할 동안 귀사의 트럭도 기다리게 하지 않을 수 없고, 또 발송도 늦어집니다.

이렇게 되니 저희로서는 귀사에 미안하기 짝이 없습니다. 그러한 혼란을 피하려면 특별히 걸리는 일이 없으면, 오전중에 화물이 도착하는 것도 한 방법이 아닐까 싶습니다. 그렇게 해 주시면 귀사의 트럭이 기다릴 필요도 없고, 화물은 도착 즉시 발송이 가능해지고, 또 덕분에 저희 회사 종업원도 정시에 퇴근하여 가정에 돌아가 귀사 제품인 맛있는 마카로니로 저녁을 먹을 수도 있게 되겠습니다.

이상은 결코 작업상의 불만은 아니고 또 저희는 귀사의 영업 방침에 관여하려는 것은 절대 아님을 이해해 주시기 바랍니다. 저희로서는 한층 더 서비스를 강화하려는 생각에서 이러한 편 지를 올리는 것입니다.

말할 것도 없이, 귀사의 화물이라면 언제 도착하더라도 될 수 있는 한 신속히 처리하려고 전력을 다하고 있사오니 그 점 염려 놓아 주시기 바랍니다. 다망한 중에 회답은 주시지 않아 도 되겠습니다.'

오늘도 수천 명의 세일즈맨이 충분한 수입도 얻지 못한 채 실망하고 지쳐서 거리를 방황하고 있다. 왜일까? 그들은 항상 자기들이 바라는 것만 생각하고 있기 때문이다. 우리는 별로 무엇을 사고 싶다고 생각지 않는다. 그것을 그들은 모르고 있 는 것이다. 우리는 필요한 것이 있으면 스스로 걸어가서 살 수 있다. 우리는 자신의 문제를 해결하는 데 대해서는 항상 관심 을 가지고 있다.

그러므로 그 문제를 해결하는 데 있어, 세일즈맨이 팔려는 그 물건이 도움되는 것을 알면 자진해서 사게 된다. 세일즈맨 은 억지로 권유할 필요는 없는 것이다.

손님이란 사고 싶어서 사는 것은 좋아하지만, 남이 억지로

파는 것은 좋아하지 않는 것이다. 그럼에도 불구하고, 대부분
의 세일즈맨들은, 손님의 입장에 서서 물건을 팔 생각을 하지
못하고 있다.

좋은 예가 하나 있다.

나는 뉴욕 교외의 포레스트 힐즈에 살고 있다. 어느 날 정거
장으로 부지런히 가는 도중, 롱 아일랜드에서 오랫동안 부동산
소개업을 하는 사나이를 만났다.

이 사나이는 포레스트 힐즈에 대해서 잘 알고 있었기 때문에
내가 살고 있는 집은 건축자재로 무엇을 사용했느냐고 물어보
았다. 그는 모른다고 하면서 정원협회에 전화로 물어보라고
했다. 그만한 것이라면 나도 충분히 알고 있다.

그런데 그 이튿날 그로부터 한 통의 편지가 날아왔다. 어제
물은 것을 알아낸 것일까? 그러나 전화로 문의하면 1분도 걸
리지 않는 일이었다. 편지를 뜯어보니 그 문제는 아니었다. 어
제와 마찬가지로 전화로 물으라고 되풀이하고, 보험에 들어 달
라고 부탁하는 것이었다.

이 사나이는 나에게 도움이 될 만한 일에는 흥미가 없다. 자
기 자신에게 이익이 될 일에만 흥미가 있는 것이다. 만일 이 사
람이 남에게 도움이 될 일에 흥미를 갖기만 한다면, 나를 보험
에 끌어들이기보다 몇 천 배의 이익을 얻을 수 있게 됐을 텐데
…….

지적인 직업에 종사하고 있는 사람이라도 똑같은 잘못을 저
지른다. 어느때인가 나는 필라델피아에서 유명한 이비인후과에
들어간 일이 있었다. 그 의사는 나의 편도선을 보지도 않고 먼
저 직업부터 물었다. 그는 나의 편도선보다 내 주머니 사정에
더 흥미가 있었던 것이다. 남을 돕기보다 돈을 버는 데 흥미를

갖고 있는 그 의사는 결국 실패하고 말았다. 그의 인격을 경멸하여 나는 그대로 나와 버리고 말았으니까.

세상에는 이러한 사람이 대부분이다. 그러므로 자기보다 남에게 봉사하려는 소수의 사람들에게 있어서 이 세상은 매우 유리하게 되어 있는 것이다. 즉 경쟁자가 거의 없다.

"타인의 입장에 자신을 세울 수 있고, 타인의 마음의 움직임을 이해할 수 있는 사람은 장래를 걱정할 필요가 없다."

이것은 오웬 영의 말이다.

이 책을 읽고 '항상 상대의 입장에 서서, 상대의 입장에서 생각한다.'는 단 한 가지 사실만 배운다면, 당신은 이미 성공에의 첫발을 내디딘 셈이 된다. 대학에서 어려운 외국어나 고등 수학을 공부한 사람도 자기 자신의 마음의 움직임에 대해서는 전혀 모르는 일이 많다.

지난날 나는 뉴저지 주 뉴아크 시의 캐리어 냉난방기 제조회사에 '말솜씨'에 대한 강의를 하러 간 적이 있었다. 수강자는 대학을 나온 신입사원뿐이었다.

수강자 중 하나가 동료들을 권유하여 농구를 하게 하려고 애쓰고 있었다. 그는 여럿에게 말했다.

"농구를 하잔 말이다. 나는 농구가 아주 좋다. 몇 번인가 체육관에 가보았는데, 항상 사람이 모자라서 게임을 할 수가 없더란 말이다. 저번엔 두셋이서 공던지기만 하다가 얼굴에 공을 맞아 혼난 일도 있었지. 내일 저녁 모두들 와줘요. 난 농구를 아주 좋아해."

그는 상대가 좋아할 만한 말은 한 마디도 하지 않았다. 아무도 가기 싫어할 체육관이라면 누구나 안 가려 할 것은 뻔하다. 그가 농구를 얼마나 하고 싶어하는지, 그런 것은 이쪽이 알 바가 아니었다. 일부러 체육관까지 가서 공에 얻어맞아 아픈 변을 당하다니 그런 것을 하기 좋아할 사람은 없다.

다른 방법으로 권할 수 있었을 것이다. 농구를 하면 어떠한 이익이 있는가, 그 말을 그는 왜 하지 못했을까. 힘이 솟는다든가, 입맛이 난다든가, 머리가 맑아진다든가, 재미있다든가 이익이 될 구실은 얼마든지 있는 것이다.

여기서 오바스트리트 교수의 말을 되풀이해 둘 필요가 있다.

"우선 상대의 마음속에 강한 욕구를 불러일으킬 것. 그것을 할 수 있는 사람은 만인의 지지를 얻는 데 성공할 것이고, 그것을 못하는 사람은 한 사람의 지지를 얻기에도 실패한다."

나의 강습회에 참가한 한 수강자의 이야기인데, 그는 늘 자기의 어린 아들을 걱정하고 있었다. 그 아이는 지독한 편식을 하는데다가, 굉장히 말라 있었기 때문이었다.

세상의 다른 부모와 마찬가지로 그는 아내와 합세하여 아들에게 잔소리만 늘어놓고 있었다.

"엄마는 네가 이것을 먹었으면 한다."

"아빠는 말이다, 네가 몸이 튼튼한 훌륭한 사람이 되기를 바란단 말이다."

이런 말을 듣고 그 아이가 부모의 희망대로 했다면 그게 오히려 이상한 일이 된다.

30세인 아버지의 생각을 세 살짜리 꼬마에게 이해를 시키자는 것부터가 무리한 일이라는 것쯤은 누구나 다 알고 있다.

그래도 이 아버지는 그 무리를 억지로 밀고 나가려고 했다. 바보 같은 얘기지만 그 바보 같은 자신에게도 드디어 생각이 미치게 되었다.

"도대체 저녀석이 바라는 것은 무엇일까. 어떻게 하면 저녀석의 희망과 내 희망을 일치시킬 수 있을까?"

생각해 보면 간단했다. 꼬마는 세발 자전거를 가지고 있었는데, 그것을 타고 집 앞길에서 노는 것을 좋아했다.

그런데 이웃에 짓궂은 꼬마 하나가 있어서, 그 녀석이 세발 자전거를 빼앗아가곤 하는 것이었다. 자전거를 빼앗기면 아이는 울면서 엄마한테 돌아왔다. 엄마는 뛰어나가 자전거를 돌려주었다. 이런 일이 매일같이 계속되었다.

그럼 그의 아들이 가장 바라는 일이 무엇일까. 셜록 홈즈의 지혜를 빌릴 것도 없이 조금만 생각하면 이내 알 수 있다. 꼬마의 자존심, 분노, 자기의 중요감 등 이러한 마음속의 강렬한 감정이 꼬마를 움직여서 언젠가는 그 짓궂은 골목대장을 혼내주어야 하겠다고 결심하게 하는 것이다.

"엄마가 주는 것을 다 먹으면, 이제 곧 너도 그애보다 힘이 세어질 거야."

아버지의 이 한 마디로 편식 문제는 담박 해결이 되었다.

아이는 그 골목대장을 이기고 싶어서 무엇이든 잘 먹게 된 것이었다.

편식 문제가 해결되자 아버지는 또 다른 문제에 직면했다. 이 꼬마는 밤에 오줌 싸는 버릇도 있는 것이었다.

항상 할머니와 함께 자고 있었는데 아침마다,

"조니, 또 쌌구나……."

하고 야단야단쳤다. 꼬마는 그것을 완강히 거부하면서 오줌을 싼 것은 할머니라고 악을 쓰는 것이다.

그럴 때마다 어르기도 하고 달래기도 하고 엄마의 희망을 들려주기도 하지만 효과는 전혀 없었다. 거기서 부모는 오줌을 싸지 말아야 하겠다고 생각하게 할 방법을 고심해 보았다.

아이는 무엇을 원하고 있는가?

첫째, 할머니 같은 잠옷이 아니라, 아버지의 것과 같은 파자마가 입고 싶었다. 할머니는 꼬마의 오줌에 하도 골치가 아팠기 때문에 그것만 낫는다면 새 파자마를 사줘도 좋다고 했다. 다음으로 아이가 바라는 것은 자기 전용의 침대였다. 이것 역시 할머니는 이의가 없었다.

그래서 이튿날 어머니는 조니를 데리고 백화점에 갔다.

"이 사람이 무엇을 사겠다는데요."

여점원에게 눈짓을 하면서 어머니가 말하자, 여점원은 곧 눈치를 채고 꼬마에게 정중하게 인사를 했다.

"어서 오셔요. 무엇을 드릴까요, 도련님."

"내 침대를 사고 싶어요."

여점원의 정중한 대우에 자기 중요감이 만족된 꼬마는 기분이 아주 좋았다.

어머니의 눈짓에 따라 권하는 여점원의 힘을 빌려 결국 어머니가 원하는 침대를 꼬마는 고르기에 이르렀다.

이튿날 침대가 배달되어 왔다. 저녁에 아버지가 들어오자 조니는 힘차게 현관으로 뛰어나가며 소리쳤다.

"아빠, 빨리 이층에 올라가서 내가 사온 침대 좀 봐."

아버지는 그 침대를 보면서 아낌없이 아들을 칭찬했다.

"그런데 이 침대에는 오줌 안 싸겠지?"

조니는 절대 안 싼다고 약속했고, 사실 그 약속을 잘 지켜, 그 뒤는 오줌 싸는 버릇이 뚝 그쳤다. 자존심이 약속을 지키게 해준 것이었다. 자기 침대이고, 자기 혼자 힘으로 고른 침대이다. 어른 같은 파자마도 입고 있다. 어른처럼 행동하고 싶었다. 그리고 그대로 행동한 것이다.

더치맨이라는 전화 기사도 나의 강습회에 참가한 아버지인데, 그는 세 살 난 딸이 아침밥을 통 먹지 않는 데 골치를 썩히고 있었다. 달래도 보고 얼러도 보았지만 소용없었다. 그래서 어떻게 하면 이 아이가 아침밥을 먹을 수 있을까 하고 연구해 보았다.

이 아이는 엄마 흉내를 내기 좋아했다. 어른이 된 기분을 갖고 싶은 것이다. 그래서 어느 날 아침, 아이에게 아침밥을 지으라고 했다. 세 살짜리가 설마 밥을 지을 수는 없겠지만 흉내내는 사이에, 적당한 시기를 봐서 아버지가 나타났다. 아이는 기쁜 듯이 소리쳤다.

"아빠, 나 지금 밥 지어요."

그날 아침 아이는 오트밀을 두 접시나 먹었다. 아침밥이란 것에 흥미를 가졌기 때문이다. 그녀는 자기의 중요감을 만족시킨 것이다. 아침밥을 지음으로써 자기 표현의 방법을 발견한 셈이다.

"자기 표현은 인간의 중요한 욕구의 하나이다."

이것은 윌리엄 윈터의 말인데, 우리는 그 말을 이에 응용할 수 있을 것이다.

무슨 그럴 듯한 아이디어가 떠오른 경우, 그 아이디어를 상대방의 머리에도 떠오르게 유도하고, 그로 하여금 그것을 마음대로 요리하게 만들어보면 어떨까. 상대는 그 아이디어가 자기 자신의 것이라고 믿게 되고, 결국 두 접시분을 해치우게 될 것이다.

"우선 상대의 마음속에 강한 욕구를 불러일으킬 것. 그것을 할 수 있는 사람은 만인의 지지를 얻고, 그것을 못하면 한 사람의 지지를 얻는 데도 실패할 것이다."

이 말을 잘 기억해 두기 바란다.

이 책을 이용하는 아홉 가지 조항

1. 인간 관계의 원칙을 알기 위해서는 강한 의욕이 필요하다. 그 의욕을 불태울 것.

2. 하나의 장은 반드시 두 번 읽고 그 후 비로소 다음 장으로 넘어갈 것.

3. 이 책에서 말한 방법을 어떻게 실행하느냐, 수시로 책을 보며 생각해 볼 것.

4. 중요하다고 생각되는 부분에 방선을 그을 것.

5. 한 달에 한 번은 꼭 읽어 볼 것.

6. 이 책에 씌인 방법을 모든 기회에 실제 이용해 볼 것. 항상 책을 가까이 두고 일생의 문제를 해결할 때 참고할 것.

7. 이 책에 반대되는 행위를 하면 벌금을 내겠다고 친구에게 약속해 볼 것.

8. 이 책의 내용을 어떻게 이용하는가, 매주 점검할 것. 자기의 과오와 진보와 경험을 장래를 위해 점검해 두는 것이다.

9. 이 책 권말의 여백을 이용하여 그 내용을 실행한 방법과 날짜를 기록해 둘 것.

인간 관계를 위한 *aphorism*

1. 군자의 교제는 담담하기를 물과 같다. —장자—

2. 좋은 얼굴이 추천장이라면 좋은 마음은 신용장이다. —리튼—

3. 밝은 성격은 어떤 재산보다 더 귀하다. —카네기—

4. 만나서 직접 담판을 짓는 것이, 좋지 못한 감정을 일소하는 데에 최상의 방법이다. —링컨—

5. 친절은 이 사회를 결합하고 있는 금쇠사슬이다. —괴테—

제2부

상대방에게 호감을 갖게 하는 여섯 가지 방법

상대에게 성실한 관심을 표명하라
미소는 백만 달러의 값어치가 있다
이름을 기억하라
성의껏 들어라
관심의 원인을 파악하라
진실로 칭찬하라

제1장

상대에게 성실한 관심을 표명하라

　친구를 얻는 방법을 배우는 데 일부러 이 책을 읽을 것까지
는 없다. 이 세상에 그 방면에 가장 우수한 존재의 방법을 배우
면 된다.

　그 우수한 존재란, 날마다 길거리에서 그 우수한 자를 만나
고 있다. 이쪽이 가까이 가면 그는 꼬리를 친다. 멈추어 서서
어루만져주면 정신없이 호의를 보인다. 그러나 무슨 꿍심이 있
어서 이런 애정을 표현하는 것이 아니다. 집이나 땅을 팔려고
한다든가 결혼하려고 환심을 사는 것은 더욱 아니다.

　아무런 노력도 없이 살아갈 수 있는 동물은 개밖에는 없다.
닭은 계란을 낳고, 소는 우유를 공급하며, 카나리아는 노래를
불러야 하지만, 개는 다만 애정을 인간에게 바치는 것만으로도
살아갈 수 있는 것이다.

내가 다섯 살 때, 아버지가 노란 강아지 한 마리를 50센트에 사왔다. 이 강아지의 존재는 당시의 나에게 무엇과도 바꿀 수 없는 기쁨이며 광명이었다.

날마다 오후 4시 반쯤이 되면 강아지는 어김없이 마당에 앉아, 그 아름다운 눈으로 집안을 물끄러미 바라보았다. 내 목소리가 들리거나 혹은 먹이를 가진 내 모습을 얼핏 보기만 하면 총알처럼 달려와 미친 듯이 날뛰며 좋아했다.

그로부터 5년 동안 강아지 티피는 나의 둘도 없는 친구였다. 그러나 어느 날 밤, 10피트도 떨어지지 않은 내 눈앞에서 티피는 죽었다. 벼락을 맞은 것이다. 티피의 죽음은 평생 잊을 수 없는 슬픔을 내 어린 마음에 심어주었다.

티피는 심리학 책을 읽은 일이 없고, 또 그럴 필요도 없었다. 상대의 관심을 끌려고 애쓰기보다 상대에게 순수한 관심을 기울이는 것이 훨씬 더 많은 지기(知己)를 얻을 수 있다는 것을, 티피는 그 이상한 본능으로 알고 있는 것이었다.

되풀이하여 말하거니와 친구를 얻으려면 상대의 관심을 끌기보다, 이쪽에서 순수한 관심을 가지는 것이 옳고 빠른 길이다.

그런데 세상에는 남의 관심을 끌기 위해 헛된 노력을 계속하고, 그 잘못을 깨닫지 못하는 사람이 많다.

그들은 아무리 노력해도 물론 쓸모가 없다. 인간은 남의 일에 관심을 가지지 않는다. 아침 낮 저녁으로 하루 종일 그저 자기의 일에 관심이 있을 뿐이다.

뉴욕의 전화국에서 어떠한 언어가 가장 많이 쓰여지는가에 대해 통화 내용을 상세히 연구한 일이 있었다. 가장 많이 쓰이는 말은 '나'였다. 5백 통화 중에 3990번 '나'가 사용된 것이었다.

여러 사람과 함께 찍힌 자기 사진을 앞에 놓으면 우리는 우선 누구의 얼굴을 먼저 찾게 되는가? 자기가 타인의 관심거리가 된다고 생각하는 사람은 다음 질문에 대답해 보기 바란다.

"만일 당신이 오늘 밤 죽었다 하면 몇 사람이나 장례식에 참석해 줄까?"

혹은 다음 물음에도 대답하기 바란다.

"우선 당신이 상대에게 관심을 갖지 않는데, 어찌 상대가 당신에게 관심을 가질 까닭이 있을까?"

단순히 남을 감탄하게 하여 그 관심을 부르려 한다면, 결코 진실한 친구는 만들 수 없다. 진실한 친구란 그런 방법으로 만들어지는 것은 아닌 것이다.

나폴레옹이 그랬다. 그의 아내 조세핀과 헤어질 때 그는 이렇게 말했다.

"조세핀이여, 나는 세계 제일의 행운아다. 내가 진실로 믿을 수 있는 것은 그대뿐이다."

그 조세핀조차도 나폴레옹에게 있어서 과연 믿을 만한 인간이었는지는 극히 의심스럽다고 역사가는 말한다.

빈의 유명한 심리학자 알프레드 애들러는 그의 저서에서 다음과 같이 말하고 있다.

"남의 일에 관심을 갖지 않는 사람은 고난의 인생을 걷지 않으면 안 되고, 남에게 큰 걱정을 끼치게 된다. 인간의 모든 실패는 그들 사이에서 일어나는 것이다."

심리학 서적은 많지만 그 어느 것을 읽어도 이만큼 의미심장한 말은 흔치 않다. 이 애들러의 말은 되풀이해 음미할 가치가 있다.

나는 뉴욕 대학에서 단편소설 작법에 대한 강의를 받은 일이 있었는데, 그때 그 강사는 〈고리아즈〉 잡지의 편집장이었다.

그는 날마다 산더미처럼 쌓여 있는 책상 위의 원고 중에서 어느 것을 집어 읽어도 한두 절 읽으면, 그 작가가 인간을 좋아하는지 어떤지를 곧 알 수 있다고 한다.

"작가가 인간을 좋아하지 않으니까 세상 사람들 역시 그 작가의 작품을 좋아하지 않는다."

이것이 그 강사의 말이었다.

이 편집장은 소설 작법 강의 중에 두 번씩이나 강의를 중단하고 이렇게 말했다.

"설교를 하는 것 같아 미안하지만, 나는 목사와 같은 말을 하고 싶습니다. 만일 여러분이 소설가로 성공하고 싶거든 남에 대해 관심을 가질 필요가 있음을 명심하기 바랍니다."

소설을 쓰는 데조차 그것이 필요하다면, 얼굴을 마주 보고 사람을 다루는 데는 그것보다 세 배는 더 필요할 것이라고 생각해도 틀린 것은 없다.

하워드 서스톤은 유명한 마술사이다. 그가 브로드웨이에 왔을 때 나는 그의 분장실을 찾은 일이 있었다. 그야말로 마술의 왕자, 40년간 세계 각지를 순방하여 관객을 열광시킨 마술의 최고봉이었다. 6천만 명 이상의 손님이 그에게 입장료를 지불했고, 그는 2백만 달러 이상의 수입을 얻었다.

나는 서스톤 씨에게 그 성공의 비결을 물었다. 학교 교육이 그의 성공과는 아무런 상관이 없는 것은 분명했다. 그는 어려서 집을 뛰쳐나와, 부랑자가 되어 무임승차를 하고, 건초더미에서 잠을 자며, 남의 집 대문에서 먹을 것을 구걸하며 살아왔다. 글은 철도 연변의 광고판을 화물차에서 읽으며 배웠다.

그가 마술에 대해 특별히 우수한 지식을 가지고 있는가 하면 그렇지 않다.

마술에 대한 책은 산더미처럼 출판되어 있고, 그만큼 마술을 하는 사람은 얼마든지 있다고 한다.

그런데 그는 남이 흉내내지 못할 것을 두 가지 가지고 있다. 첫째는 관객을 끌어들이는 그의 인품이다. 그는 예술인으로서는 제1인자이며, 인정을 기민하게 캐치한다. 몸짓, 말버릇, 얼굴 표정 등 미세한 점에 이르기까지 미리 충분한 연습을 하고, 그 타이밍에 단 1초의 흐트러짐도 없다.

둘째, 서스톤 씨는 인간에 대해 진실한 관심을 가지고 있다. 그에 의하면 대부분의 마술사는 관객들 앞에 서면 마음으로는 이렇게 생각한다고 한다.

'이런, 얼간이들이 많이 모여들었구나. 이런 바보들을 속이는 것은 식은 죽 먹기나 마찬가지다.'

그런데 서스톤 씨는 다르다. 무대에 설 때는 늘 이렇게 생각한다는 것이다.

'나를 보러 온 손님들이 감사하다. 덕분에 나는 편안히 살 수 있다. 힘껏 연기해 보여야지.'

서스톤 씨는 무대에 서기 전에 마음속에,

"나는 관객을 사랑한다."

라고 몇 차례 되풀이해 되뇌인다고 한다. 바보스럽다고 생각하건, 웃긴다고 생각하건 상관없다. 나는 다만 세계 제일의 마술사의 비법을 있는 그대로 공개한 것이니까.

슈만 하인크 여사도 같은 말을 나에게 했다. 기아, 상심, 그 밖에 갖가지 슬픈 일들에 견디다못해 그녀는 아들을 데리고 자살을 기도한 일까지 있었다.

그럼에도 불구하고 그녀는 정진을 계속하여 끝내는 세계적인 와그너 가수가 된 것이다.

그녀의 말에 따르면, 그녀의 성공 비결 역시 인간에 대해 강한 관심을 가진 것이었다고 한다.

데오도어 루즈벨트의 절대적 인기의 비밀도 역시 그러한 사실의 바탕에서 찾을 수 있었다.

끝까지 그를 사모하며 따른 하인 제임스 에모스가 《하인의 눈으로 본 루즈벨트》라는 책을 뒷날 썼다. 이 책에 다음과 같은 구절이 있다.

'어느 날 나의 아내가 대통령에게 메추리란 어떻게 생긴 새냐고 물은 일이 있었다. 아내는 메추리를 본 일이 없었던 것이다.

대통령은 아내에게 메추리란 이러이러한 새라고 자세히 설명해 주었다. 그런 며칠 뒤, 우리집에 전화가 왔다. (에모스 부부는 오이스터 베이기였던 루즈벨트 저택 구내의 작은 집에서 살고 있었다.) 아내가 전화를 받았는데 전화를 건 사람은 다름 아닌 대통령 그 자신이었다. 지금 마침 그쪽 창 밖에 메추리 한 마리가 앉아 있으니 창에서 내다보면 자세히 볼 수 있을 것이라고 일부러 그 말을 하려고 전화를 한 것이었다.

이 조그만 일화는 대통령의 인품을 잘 얘기해 주고 있다. 대통령이 우리집 앞을 지날 때는, 우리가 보이건 안 보이건 반드시 "야아, 애니. 잘 있나 제임스." 하고 상냥하게 소리치는 것이었다. '

고용인들은 이러한 주인이면 존경하지 않을 수가 없을 것이다. 고용인이 아니더라도 누구나 다 좋아하게 될 것이다.

어느 날, 태프트 대통령 재임중에 전임 대통령 루즈벨트가 백악관을 방문했다. 그는 대통령을 할 때부터 근무하던 하인들의 이름을 죄다 기억하고 있어서, 부엌에서 일하는 하녀의 이름까지 친절하게 불러가며 인사를 했다. 이것은 그가 아랫사람들에 대해서 마음속으로 호의를 가진 증거가 될 것이다.

조리실에서 하녀인 애리스를 만났을 때 루즈벨트는 그녀에게 물었다.

"지금도 옥수수 빵을 굽고 있나?"

"네, 그렇습니다. 그러나 우리가 먹을 것을 가끔 구울 뿐이에요. 2층에 계신 분들은 드시질 않습니다."

그 말을 듣자 루즈벨트는 큰 소리로 말했다.

"음식 맛을 모르는군 그래. 대통령을 만나면 내가 말을 해두지."

애리스가 접시에 담아 내미는 옥수수 빵 한 조각을 집어 입으로 가져가면서 루즈벨트는 대통령 집무실로 갔다. 가는 도중에 정원사나 일꾼들을 만나면 그전과 조금도 다름없는 친절한 표정으로 그들 하나하나의 이름을 부르면서 말을 걸었다. 백악관 하인들은 그때의 일을 오랫동안 화제로 삼았다. 특히 아이크 후버라는 사나이는 기쁜 눈물을 흘리면서 이렇게 말했다.

"이 2년 동안 그렇게 즐거운 날은 없었어요. 이 기쁨은 돈으로는 도저히 따질 수 없다고 모두들 말하고 있습니다."

찰스 W. 엘리오트 박사가 대학총장으로서 널리 명성을 떨친 것도 역시 남의 문제에 대해서 강렬한 관심을 가졌기 때문이다.

박사는 남북전쟁이 지난 후 4년째부터 제1차대전이 발발하던 해의 5년 전까지 약 40년 동안에 걸쳐 하버드 대학 총장의 자리에 있었다. 그의 방법을 소개하기로 한다.

어느 날, 그란든이라는 신입생이 학생융자금 50달러를 빌리기 위해 총장실에 가서 융자 허가를 받았는데, 그때의 일을 그란든은 뒤에 다음과 같이 말했다.

'고맙다는 인사를 하고 물러나려는데, 엘리오트 총장은 나를 불러세웠다. 무슨 일인가 싶어 자리에 도로 앉자, ·
"자네는 자취를 한다면서?"
내가 놀라서 쳐다보니까 총장은 말을 계속했다.
"음식이 굳지 않는 사이에 그것도 양껏 먹을 수 있다면 자취도 그다지 나쁜 것은 아니지. 나도 학생시절에는 자취를 한 경험이 있다네. 자네 빌 로프라는 요리 만든 적이 있나? 재료인 쇠고기를 잘 삶으면 경제적인 좋은 요리가 된다네."
그리고 총장은 고기 써는 방법, 삶는 방법, 자르는 방법, 그리고 먹는 방법까지 자세히 설명했다.'

나의 경험에 의하면, 이쪽에서 진실한 관심을 보이면 아무리 바쁜 사람이라도 주의를 기울여줄 것이고, 협력도 해주기 마련이다. 예를 들어보자.
훨씬 전의 일인데, 나는 브룩클린 예술과학학원에서 소설작법 강의를 계획한 일이 있었다.
우리는 당시 유명한 작가 캐슬린 노리스, 파니 허스트, 아이다 터벨, 루퍼트 휴즈 등 소설가로부터 유익한 경험담을 들으려고 했었다.
그래서 우리는 그들의 작품을 애독하고 있고, 직접 그들에게서 성공 비결을 듣고 싶다는 뜻의 편지를 띄웠다.
각 편지에는 약 150명 학생들의 서명이 첨부되었다. 이 작가

들이 몹시 바쁜 몸이어서 강연 준비를 할 여유가 없을 것을 알고 있었기 때문에 편지에는 미리 이쪽의 질문을 표로 만들어 동봉했다. 이 방법이 그들의 마음에 들었던 것 같다. 작가들은 우리들을 위해서 멀리 브룩클린까지 와주었던 것이다.

같은 방법으로 나는 데오도어 루즈벨트 내각에서 재무장관을 지낸 레즐리 M. 쇼오랑, 태프트 내각의 법무장관 조오지 위카셈, 프랭클린 루즈벨트 등 다수의 유명인을 변론강좌의 수강자를 위해 출강시키는 데 성공했다.

인간이란 누구나 자기를 칭찬해 주는 사람을 좋아하는 법이다. 독일 황제의 예를 보자. 제1차세계대전에서 패전했을 때, 아마 그는 세계에서 제일 미움을 받는 인간이 되었을 것이다. 생명의 위험마저 느낀 카이젤 황제가 네덜란드로 망명을 할 무렵에는, 자기의 국민들까지도 그의 적이었다. 몇 백만의 인간이 그를 미워했고, 찢어 화형에 처해도 시원치 않다고 생각하고 있었다.

이 격분의 와중에서 한 소년이 진정한 마음으로 찬미의 편지를 카이젤 황제에게 보냈다.

'누가 무슨 생각을 하건, 저는 폐하를 언제까지나 저의 황제로 사랑합니다.'

이것을 읽고 카이젤은 깊이 감동하여 꼭 한 번 만나고 싶다는 회답을 보냈다.

소년은 그의 어머니와 함께 카이젤에게 갔다. 카이젤은 뒤에 이 소년의 어머니와 결혼을 하게 된다. 이 소년은 이 책을 읽을 필요가 없다. 나면서부터 '사람을 움직이는 법'을 알고 있었기 때문이다.

친구로 만들고 싶으면 우선 그 사람을 위해 봉사해야 할 것

이다. 그를 위해 자기의 시간과 힘을 바치고, 사려있는 몰아적
(沒我的) 노력을 기울여야 할 것이다.

원저 공이 황태자이던 무렵, 남미 여행 계획을 세웠다. 외국
에 가면 그 나라 말을 하고 싶다고 생각한 그는 출발 전 몇 달
동안 스페인어 공부를 열심히 했다. 남미에서 공의 인기는 굉
장한 것이었다.

오래전부터 나는 친구를 사귀면 그의 생일을 꼭 알아두는 버
릇을 붙이고 있다.

인간의 생년월일과 그 사람의 성격·기질에는 어떤 관계가
있다고 생각하느냐고 상대에게 묻는다. 그리고 다음에 그의 생
일을 묻는다. 가령 11월 24일이라고 상대가 대답했다 치자. 나
는 속으로 11월 24일을 몇 차례 외우고, 기회를 보아서 그것을
살짝 수첩에 적어둔다. 집에 돌아오면 생일장부에 그것을 옮
긴다.

해마다 정초에는 새 탁상 달력에 생일들을 적어둔다. 이렇게
하면 잊어 버릴 걱정이 없다. 생일마다 축전이나 축하의 편지
를 보낸다. 이것은 매우 효과적인 방법으로써, 그 사람의 생일
을 기억해 준 사람이 전세계에서 나 하나뿐인 경우도 종종 있
는 것이다.

친구로 만들고 싶으면 남을 열의 있는 태도로 맞을 것이다.
전화가 걸려온 경우도 같은 마음가짐이 필요한데, 전화를 받게
되어 매우 기쁘다는 태도를 보여주어야 한다.

뉴욕의 전화회사에서는 교환수들에게,

"네. 몇 번에 대드릴까요?"

하는 말 속에,

"안녕하세요. 전화를 이용해 주셔서 감사합니다."

하는 기분을 표현하도록 훈련하고 있다. 우리도 전화 응대는 그렇게 하는 것이 바람직하다.

그런데 이러한 방법이 과연 사업에도 보탬이 될까? 물론 된다. 실례는 얼마든지 있지만 여기서는 두 가지만 소개하기로 하겠다.

뉴욕의 어느 큰 은행에 근무하고 있는 찰스 월터즈는 어떤 회사에 대한 기밀조사를 하라는 명령을 받았다. 월터즈는 그 회사에 대한 정보에 밝은 인물을 꼭 한 사람 알고 있었다.

그 인물이란 어느 큰 공업회사의 사장이었다. 월터즈가 그 회사로 사장을 찾아갔을 때, 젊은 여비서가 사장실을 기웃거리면서,

"사장님 오늘은 드릴 우표가 없네요."
라고 말했다.

"열두 살 된 아들 녀석이 우표수집을 하거든요."
하고 사장은 월터즈에게 설명했다.

월터즈는 용건을 말하고 질문을 시작했는데, 사장은 말을 이리저리 돌리면서 알맹이 없는 대답만 했다. 아마도 이 문제에는 끌려들어가기 싫은 모양인 것 같아 월터즈는 그에게서 정보를 끌어내기란 우선 불가능한 것으로 판단했다.

"솔직한 얘기지만, 나도 그때는 어떻게 하면 될지 막막했습니다."

월터즈는 당시의 일을 회상한다.

"그러다가 문득 그 여비서가 하던 말을 생각해 냈다. 우표라 ……, 열두 살 먹은 아들……, 동시에 나는 우리 은행의 외국과를 생각했다. 외국과에는 세계 각국에서 오는 편지가 산더미 같으니까. 이튿날 오후에 나는 그 사장을 다시 찾아가 그의 아

들을 위해 우표를 좀 가져왔다고 말했다. 물론 대단한 환영을
받았다. 아주 기분이 상쾌해진 사장은 내가 준 우표들을 집어
보며 '이것 조오가 굉장히 좋아하겠는걸······.' 또는 '아, 이것
보게. 이 우표는 상당한 값어치가 되겠구먼.' 하며 기뻐했다.
사장과 나는 그 후 30분쯤 우표 얘기를 나누며 그의 아들 사진
도 보곤 했는데, 이윽고 사장은 내가 묻지도 않건만 내게 필요
한 정보를 얘기하기 시작했다. 1시간쯤 뒤에 나는 필요한 것을
다 알게 되었다. 그는 부하를 불러 묻기도 하고, 혹은 친지에
게 전화로 알아주기까지 하면서 친절을 베풀었다. 신문기자로
말하면 나는 소위 특종을 파낸 셈이었다."

또 하나의 예가 있다.

필라델피아에 사는 C. M. 내풀이라는 사람이, 어느 큰 체인
스토어에 몇 년째 석탄을 납품하려고 열심히 뛰고 있었다. 이
체인스토어에서는 연료를 시외의 업자에게서 사들이는데, 그것
을 실은 트럭이 늘 내풀의 가게 앞을 이것 보란 듯이 지나갔다.

어느 날 밤 내풀은 나의 강습회에 출석하여 체인스토어에 대
한 평상시의 불만을 털어놓고, 체인스토어는 시민의 적이라고
불평을 해댔다.

그러면서도 그는 석탄의 납품을 단념하지 않았다.

나는 무슨 다른 방법을 써보자고 제안했다. 그 시말을 간단
히 설명하면 이렇다. 즉 강습회의 토론 의제를 '체인스토어의
보급은 시민에게 과연 유해한가?'라는 문제를 채택한 것이
었다.

내풀은 나의 권유로 부정적 입장을 취했다. 즉 체인스토어를
변호하는 입장을 취한 것이다. 그는 평상시 적으로 생각하던
체인스토어 중역실에 찾아갔다.

"오늘은 석탄 팔러 온 것이 아닙니다. 다른 부탁이 있어서 왔습니다."

그는 토론에 대한 설명을 했다.

"사실은 체인스토어에 대해 여러 가지 알고 싶은데, 당신 말고는 가르쳐주실 적임자가 없습니다. 토론에는 꼭 이기고 싶습니다. 도와주십시오."

이하 내풀 자신의 말을 들어보자.

'나는 처음에 그 중역에게 꼭 1분만 만나겠다는 약속으로 그의 방에 들어갔다. 면회는 그러한 조건으로 허락이 된 것이었다. 내가 온 까닭을 말하자 중역은 내게 의자를 권했고 1시간 40분간 얘기를 했다. 그는 체인스토어에 관한 책을 저술한 다른 중역까지 소개해 주었고, 전미국 체인협회에 연락해서 이 문제에 대한 다른 토론 기록까지 입수해 주었다. 그는 체인스토어가 인류에 대해 진실로 봉사하고 있다고 믿고 있었고, 자기의 하는 일에 큰 긍지를 가지고 있었다. 얘기를 나누는 중에 그의 눈은 빛을 더해갔고, 나는 솔직하게 고백하여 지금까지 꿈에도 생각하지 못한 사실에 눈을 뜬 셈이었다. 그는 나의 사고법을 일변시킨 것이다.

일을 마치고 나오려는데, 그는 내 어깨에 다정하게 손을 얹고, 문밖까지 바래다주면서 토론에 이기기를 바란다고 했고, 그 결과를 꼭 알려 달라고 했다.

"봄되면 오십시오. 석탄을 주문하고 싶습니다."

마지막에 한 그의 말이었다.

나는 기적을 보는 느낌이 들었다. 내가 아무 말도 하지 않았는데, 그가 스스로 석탄을 사겠다고 말한 것이다. 내 석탄에 관심을 끌려는 방법으로 10년 걸려도 안 되던 것을, 그가 관심을 가진 문제에 이쪽에서 성실하게 접근함으로써 불과 2시간 만에 달성한 것이다.'

내풀은 별로 새로운 발견을 한 것은 아니다. 기원 전 1백 년에 로마 시인 파브리아스 시라스가 이미 다음과 같은 말을 했다.

"우리는 자기에게 관심을 가져주는 사람에게 관심을 가진다."

따라서 남이 나를 좋아하게 할 방법 중에 첫째는,

상대에 대해 성실한 관심을 가질 것

미소는 백만 달러의 값어치가 있다

얼마 전 나는 뉴욕에서 열린 어느 만찬회에 출석했다.

손님 중에 막대한 유산을 상속받은 부인이 있었는데, 그녀는 어떻게 하면 모두에게 좋은 인상을 줄 수 있을까 걱정하고 있었다. 호사한 흑표범 모피와 다이아몬드, 진주 따위를 갖고 있었는데 얼굴은 형편없었다. 얼굴에는 짓궂음과 멋대로 자란 성격이 그대로 나타나 있었다.

몸에 치장한 옷보다 얼굴에 나타나는 표정이 여성에게 얼마나 중요한지 모른다는, 남성이면 누구나 다 알고 있는 진실을 그녀는 모르고 있는 것이었다. (아내가 좋은 외투나 다이아반지를 사 달라고 조를 때를 위해 이 말은 꼭 기억해 둘 필요가 있다.)

찰스 슈워브는 자기의 미소는 백만 달러의 값어치가 있다고 했는데, 꽤나 정확한 자기 평가였다. 그의 그 굉장한 성공은 전적으로 그의 인품, 매력, 남이 좋아하게 만드는 능력 등에 의한 것이고, 그의 매력적 미소는 그의 인품을 만드는 가장 중요한 요소이기 때문이다.

어느때인가 나는 모리스 슈발리에와 오후 한때를 같이 지낸 일이 있었다. 정직하게 말하면 실망했다. 매우 무뚝뚝한 사람으로, 내가 상상하고 있던 그와는 판이한 인상이었다. 적어도 그가 미소짓기까지는 그렇게 생각했다. 그런데 일단 미소짓자 마치 구름 사이로 갑자기 태양이 빛나기 시작한 것처럼 느껴졌다. 만일 그 미소가 없었다면 모리스 슈발리에는 언제까지나 파리의 뒷골목에서 아버지의 직업을 따라 가구공 노릇을 하였을 것이다.

동작은 언어보다 웅변적이다. 미소는 이렇게 말한다.

"나는 당신을 좋아합니다. 당신 덕분에 나도 매우 즐겁습니다. 당신을 만나게 되어 기쁩니다."

강아지가 귀여움을 받는 까닭이다. 우리를 보면 개는 기뻐 어쩔 줄을 모른다. 자연히 우리도 개를 좋아하게 된다.

마음에도 없는 미소ㅡ. 그런 것에는 아무도 속지 않는다. 그러한 기계적인 것에는 오히려 화가 난다. 나는 진실한 미소에 대해서 얘기하고 있다. 마음이 따뜻해지는 미소, 마음의 밑바닥에서 우러나오는 미소, 천금의 가치가 있는 웃는 얼굴에 대해 얘기하고 있는 것이다.

뉴욕의 어느 큰 백화점 노무주임의 말에 따르면 점원으로서는 긴장하고 성실한 얼굴을 한 대학원을 나온 아가씨보다, 오히려 귀여운 미소를 가진 국민학교도 제대로 나오지 못한 아가씨를 더 채용한다고 한다.

미국 유수의 고무회사 사장의 이야기이다. 그가 관찰한 바에 의하면 일이 재미있어 못 견딜 지경이 아니면, 좀체 성공한 사람이 될 수 없다고 한다. 이 공업계의 거물은,

'근면은 희망의 문을 여는 유일한 열쇠'

라는 낡은 격언을 믿고 있는 것 같다. 그는 이렇게 말한다.

"마치 잔치라도 벌인 듯이 얼렁뚱땅 일을 진행시켜 성공한 사람을 더러 알고 있는데, 그러한 사람이 진실되게 일을 시작하려고 하면, 그 일이 안 되는 것이다. 일에 대해 흥미를 잃게 되고 끝내는 실패하고 만다."

자기와 상대해서 남이 즐겁기를 바라는 사람은, 우선 남과 어울려 자기가 즐길 필요가 있다.

나는 많은 실업가에게, 눈을 뜨고 있는 시간 동안에는 1시간에 적어도 한 번씩은 누군가에게 미소 보이기를 1주일 동안 계속하고, 그 결과를 나의 강습회에서 발표하라고 제안한 일이 있다.

그것이 어떠한 효과를 내었는지, 한 가지 예를 들겠다.

지금 나는 뉴욕 주식 장외중매인(場外仲買人) 윌리엄 B. 스타인하트의 수기를 들고 있는데, 이것은 별로 희한한 예는 아니고 비슷한 예는 헤아릴 수 없이 많다.

스타인하트의 수기는 이런 내용이다.

'나는 결혼한 지 18년 이상이 되는데, 아침에 일어나 출근하기까지의 사이에 웃는 얼굴을 아내에게 보인 일이 없고, 또 스무 마디 이상 지껄인 일도 없었지요. 이 세상에 둘도 없이 무뚝뚝한 사내였습니다.

선생께서 웃는 얼굴에 대해 발표하라고 하시기에, 시험적으로 1주일 동안만 해보고 싶어졌습니다. 이튿날 아침 머리를 빗으면서 나는 거울에 비친 무뚝뚝한 내 얼굴을 보며 혼자 중얼

거렸습니다.

"빌, 자네 그 얼굴을 고쳐야 하겠어. 웃는 얼굴을 보이란 말이다. 자 어서 해봐."

아침 식탁에서 나는 아내에게 "안녕." 하면서 싱긋 웃어 보였습니다.

상대가 깜짝 놀랄지 모른다고 선생이 말했지만, 아내의 반응은 예상 이상이어서 굉장한 쇼크를 받은 것 같았습니다. 이제부터 매일 이렇게 하겠다고 나는 아내에게 말했는데, 사실 오늘까지 두 달 동안 계속하고 있습니다.

내가 태도를 바꾼 뒤 이 두 달 동안, 지난날에는 모르던 큰 행복이 우리집에 찾아왔습니다.

지금은 아침마다 출근할 때, 나는 아파트 엘리베이터 보이에게 웃는 얼굴로 '안녕.'하고 말을 걸고, 수위에게도 말을 걸게 되었습니다. 지하철 창구에서 거스름 돈을 받을 때도 같습니다. 거래처에서도 이제껏 나의 웃는 얼굴을 본 일이 없는 사람들에게 웃음을 보냅니다.

그러는 사이에 모든 사람들이 나에게 웃음을 되돌려주게 되었습니다. 불만이나 딱한 사정을 갖고 오는 사람에게도 나는 밝은 얼굴로 대합니다. 상대의 말을 들으면서 웃는 얼굴을 잊지 않으면 문제는 훨씬 쉽게 해결됩니다. 웃는 얼굴 때문에 나의 수입은 훨씬 더 늘게 되었습니다.

나는 다른 중매인과 한 사무실을 사용하고 있습니다.

그가 쓰는 사무원 중에 호감이 가는 청년 하나가 있습니다. 미소의 효과에 기분이 좋아진 나는 어제 그 청년에게 인간 관계에 대한 나의 새로운 철학을 얘기했습니다. 그러자 그는 나를 처음 보았을 때는 굉장히 무뚝뚝하다고 생각했는데, 요즘은 다시 보고 있다고 솔직하게 말해 주었습니다. 나의 웃음에는 인정미가 넘쳐 있다고 합니다. 또 나는 남의 험담을 하지 않기로 했습니다. 험담을 하는 대신 칭찬을 합니다.

내가 바라는 것에 대해서는 한 마디도 하지 않고, 남의 입장에 서서 무엇을 생각하려고 노력합니다. 그렇게 하니까 문자 그대로 혁명적 변화가 일어났습니다.

나는 전과는 아주 다른 인간이 되었고, 수입도 늘고, 교우관계도 풍부한 행복한 인간이 되었습니다. 인간으로서 그 이상의 행복은 바랄 수 없을 것 같습니다.'

이 수기를 쓴 인물이 뉴욕의 장외주식 중매인이라는 사실을 잊지 말기 바란다. 뉴욕의 장외주식 중매인이라고 하면, 매우 어려운 직업으로, 백 사람 중 아흔아홉 사람까지도 실패를 한다. 그 위험한 직업에 종사하는 사람이 이 수기를 썼으니 그 의미가 더욱 깊다.

그럼 웃고 싶지 않을 때는 어떻게 할까?

방법은 두 가지 있다. 우선 첫째는 억지로라도 웃어보는 것이다. 혼자 있을 때면 휘파람 불거나 콧노래를 흥얼거려본다. 행복해서 견딜 수 없다는 투로 행동해 보는 것이다. 그러면 진짜 행복한 마음이 들게 되니 신기한 일이다.

하버드 대학의 교수였던 윌리엄 제임스의 말을 소개하겠다.

"동작은 감정에 따라 일어나는 것 같지만, 사실은 동작이란 감정과 병행하는 것이다. 동작은 의지로써 직접 통제할 수 있지만 감정은 그럴 수가 없다. 그런데 감정은 동작을 조정하는 데 따라 간접적으로 조정할 수가 있다. 따라서 쾌활성을 잃었을 때 그것을 회복하는 최선의 방법은, 사뭇 쾌활한 체 행동하고 쾌활한 체 지껄이는 일이다.”

세상 사람들은 다 행복을 추구하는데, 그 행복을 틀림없이 찾는 하나의 방법이 있다. 그것은 자기의 기분을 뜻대로 조정하는 방법을 연구하는 일이다. 어떤 기분을 갖는가에 달렸다. 행복은 외적 조건으로 얻는 것이 아니라, 자기의 기분 하나로 뜻대로 할 수 있다.

행복하고 불행한 것은 재산, 지위, 혹은 직업에 의해 정해지는 것이 아니다.

무엇을 행복이라고 생각하며, 무엇을 불행이라고 생각하는가—. 그 생각이 행·불행의 갈림길이 된다.

예를 들어 같은 곳에서 같은 일을 하는 두 사람이 있다고 치자.

이 두 사람은 대체로 같은 정도의 재산과 지위를 가지고 있음에도 불구하고 한쪽은 행복하고 다른 한쪽은 불행한 경우가 종종 있다. 왜일까? 가지는 기분이 서로 다르기 때문이다.

나는 중국을 여행할 때, 불과 7센트의 노임을 위해서 하루 종일 땀 흘리며 일을 하는 쿠리(중국인 막일꾼) 중에, 아주 행복한 얼굴을 하고 있는 자들이 많았던 것을 기억하고 있다. 뉴욕의 호화가 파크 에비뉴를 걸어보아도 그렇게 행복한 얼굴은 찾기 힘들 것이다.

“사물에는 본래 선과 악이 없다. 다만 우리들의 생각에 따라서 선과 악으로 갈리는 것이다.”

이것은 셰익스피어의 말이다.

“대부분의 사람들은 행복해지려는 의지의 강도에 따라 행복해지는 것이다.”

이것은 링컨의 말인데 명언이라 할 수 있다.

얼마 전에 나는 이 말을 증명하는 산 실례를 본 일이 있었다.

내가 뉴욕의 롱 아일랜드 역 계단을 오르고 있을 때, 내 바로 앞에 3~40명의, 다리가 불편한 소년들이 지팡이에 의지하여 악전고투 하면서 계단을 오르고 있었다. 시중드는 사람의 도움을 받고 있는 아이도 있었다. 나는 그 소년들이 밝은 표정을 하고 있는 데 충격을 받았다.

시중드는 사람에게 물으니 이렇게 대답했다.

"그렇습니다. 평생 불구가 된 것을 알고 아이들은 처음에 큰 쇼크를 받았지만, 시간이 지나는 사이에 쇼크가 엷어지고 대개는 자기의 운명을 체념하고, 끝내는 보통 다른 아이들처럼 쾌활해집니다."

그 말을 들은 나는 소년들의 마음에 머리가 수그러지는 기분이 되었다. 그들은 나에게 평생 잊지 못할 교훈을 주었다.

메리 픽포드가 더글라스 패어뱅크스와 이혼을 하려고 얘기를 진행시키는 중에 나는 그녀를 만난 일이 있었다. 그런 시기였기에 그녀는 틀림없이 비탄의 눈물을 흘릴 것이라고 생각하는 것이 당연했지만, 그녀는 보통 사람 이상으로 침착해 있었고, 마치 승리자처럼 보이기도 했다. 사뭇 행복해 보이는 것이었다. 그녀는 그 비결을 38페이지의 소책자로 썼다. 그 제목은 《하나님을 의지하여》이다.

전 세인트루이스 카디알스 팀의 3루수였고, 그 뒤 미국 굴지의 보험외교원이 된 프랭클린 베트가의 이야기인데, 그는 웃음을 잊지 않는 사람은 항상 환영을 받는다는 것을 훨씬 전부터 알고 있었다고 한다.

그래서 그는 남을 찾아가 그 방으로 들어가기 전에 반드시

멈춰 서서 자기가 감사해야 할 일들을 모조리 생각해 내고, 진심으로 미소를 띄고 방으로 들어가도록 한다고 한다.

보험외교원으로서 대성공을 거둔 것은 이런 간단한 테크닉 덕이었다고 그 자신은 말하고 있다.

다음에 인용하는 앨버트 하버드의 말을 잘 읽어주기 바란다. 읽기만 해서는 소용없다. 실행에 옮겨야 하겠다.

'집에서 나올 때는 언제나 턱을 당기고 머리를 곧게 세우고, 될 수 있는 한 크게 호흡할 것. 햇빛을 들이마시는 것이다. 친구는 미소로써 만나고, 악수에는 진심을 기울인다. 오해를 받을까 걱정하지 말고, 적에 대해 고민하지 않는다. 하고 싶은 일을 마음속에 단단히 결정한다. 그리고 똑바로 목표를 향해 돌진한다. 크고 멋있는 일을 하고 싶다고 생각하고, 그것을 끊임없이 염두에 둔다. 그러면 세월이 지남에 따라, 어느새 염원을 달성하는 데 필요한 기회가 내 손아귀에 잡혀 있음을 알게 될 것이다. 마치 산호충(珊瑚虫)이 조류에서 양분을 섭취하는 것과도 같다. 또 유능하고 성실하며 남에게 도움될 인물이 될 것을 명심하고, 그것을 늘 잊지 않는다. 그러면 세월이 지남에 따라 그와 같은 인물이 되어간다. 마음가짐의 효능이란 희한한 것이다. 올바른 정신상태, 즉 용기, 솔직, 명랑함을 항상 가지도록 할 것. 바람은 모두 성취된다. 인간은 마음가짐대로 되게 마련이다. 턱을 당기고 머리를 꼿꼿하게 세우자. 신이 되기 위한 준비 단계 ─. 그것이 인간인 것이다.'

옛날의 중국인은 현명했다.

중국인은 처세술에 능통했다. 그들의 격언에 이러한 음미할 만한 것이 있다.

'웃는 얼굴을 보이지 않는 자는 장사꾼이 되지 못한다.'

프랭크 어빙 프레처가 오펜하임 콜린즈 회사의 광고문 속에 다음과 같은 평범한 철학을 말하고 있다.

'크리스마스의 일

밑천이 필요없다. 그러나 이익은 막대하다.

주어도 줄지 않고, 받은 자는 풍족해진다.

한 순간만 보여도 그 기억은 영원히 계속된다.

어떠한 부자라도 이것 없인 살 수 없다. 어떤 가난뱅이도 이 것에 의해 부자가 된다.

가정에 행복을, 장사엔 선의를 갖게 한다.

우정의 암호.

지친 자에겐 휴양, 실의의 인간에겐 광명, 슬픈 자에겐 태 양, 고민하는 자에겐 자연의 해독제가 된다.

살 수도, 강요할 수도, 빌릴 수도 없다. 공짜로 주어야 비로 소 가치가 있다.

크리스마스 세일에서 지친 점원 중에 이것을 보이지 않는 자 가 있을 때는, 대단히 죄송하지만 손님의 것을 보여주시기 바 랍니다. 미소를 다 짜낸 인간만큼 웃음을 필요로 하는 사람은 없습니다.'

그러므로 남이 나를 좋아하게 하는 방법의 둘째는,

미소로써 남을 대할 것

제3장
이름을 기억하라

1898년 뉴욕 주의 로클란드 군에서 처참한 사건이 일어났다.

한 아이가 죽었기 때문에 그 날 그곳 주민들은 장례식에 갈 준비를 하고 있었다.

짐 파레는 마구간에 말을 꺼내러 갔다. 땅에는 눈이 쌓여 있고 추위는 유독 심했다. 말은 며칠씩이나 운동 부족이었다. 물통 있는 곳으로 데려가는 도중에 갑자기 말이 미치기 시작하더니 뒷발을 높이 들어 짐을 차 죽여 버리고 말았다.

스토니 포인트라는 그 마을에는 그 주에 장례식이 하나 더 생겨서 둘씩이나 치러야만 했다.

짐 파레는, 아내와 세 아들에게 조그만 보험금을 남기고 죽었다.

장남 역시 이름은 짐이라고 했는데, 겨우 열 살이었는데도 벽돌공장에 나가 일을 해야 했다. 모래를 섞어 곽에 넣어 그것을 햇빛에 말리는 것이 일이었다.

짐 소년에게는 학교를 다닐 여가가 없었다. 그러나 이 소년은 아일랜드인 특유의 쾌활성으로 모두들 호감을 갖게 되었고, 이윽고 자라서 정계에 진출했는데, 사람의 이름을 기억하는 묘한 능력을 가지고 있었다.

짐은 고등학교도 기웃거린 일도 없었지만, 46세 때에는 4개 대학에서 학위를 받았고, 민주당 전국위원장이 되었으며, 미합중국 우정장관(郵政長官)이 되었다.

어느 날, 나는 짐 파레와 만났다. 그의 성공 비결을 물으니 대답은 간단했다.

"근면."

"농담을 하십니까？"

하고 내가 말하자 그는 오히려 나의 의견을 되물었다.

"그럼 당신은 어떻게 생각하십니까？"

"당신께서는 1만 명의 이름을 외우고 있다고 들었는데요？"

내가 말하자 그는 그것을 정정했다.

"아니오, 5만 명입니다."

프랭클린 루즈벨트가 대통령이 된 데에는 이 짐의 능력이 크게 도움이 된 것이었다.

짐 파레는 석고회사 세일즈맨으로서 각 고장을 누비며 다녔고, 또 스토니 포인트 마을에서 일하는 사이에 사람의 이름을 기억하는 방법을 생각해 냈다.

이 방법은 처음에는 아주 간단한 것이었다. 처음 만난 사람으로부터는 꼭 그 이름, 가족, 직업, 그리고 정치에 대한 의견 등을 물었다. 그리고 그것을 아주 외워두었다. 그러자 다음에 만날 때, 1년 뒤라도 그 사람의 어깨를 치면서 부인이나 아이들에 대해 묻고, 정원의 나무가 잘 자라는가 따위의 말을 할 수 있었다. 지지자가 늘어난 것도 당연한 일이었다.

루즈벨트가 선거전에 나서기 몇 달 전에 짐 파레는 서부와 서북부의 여러 주 사람들에게 날마다 수백 통의 편지를 썼다.

다음에 그는 기차를 타고, 열아흐레 동안 20개 주를 돌았다. 그 나그네 길은 무려 1만 2000마일. 그 길은 마차, 기차, 자동차, 나룻배 따위 모든 교통수단을 이용했다. 마을에 닿으면, 재빨리 그 마을 사람들과 식사나 차를 나누며 흉금을 트고 얘기를 했고, 그것이 끝나면 또 다음 마을로 부지런히 떠났다.

동부에 돌아오자 이번에는 자기가 방문한 고장의 대표자에게 편지를 쓰고, 회합에 모인 사람들의 명부를 만들어 보내 달라고 부탁했다.

이렇게 하여 그에게 입수된 이름은 수만에 이르렀는데, 명부에 오른 사람은 하나도 빠짐없이 민주당 전국위원장 제임스 파레의 친절한 편지를 받았다. 그 편지들은 '필 군…….'이니, '조지 군…….' 따위로 시작되었고, '짐(제임스의 애칭)'으로 끝났는데, 문맥은 친한 친구에게 보내는 편지투였다.

인간은 남의 이름 따위에는 신경을 쓰지 않지만, 자기의 이름에 대해서는 크게 관심을 가진다는 것을 짐 파레는 일찍이 알고 있었다.

자기 이름을 기억했다가 친절하게 불러주면 사람들은 매우 기분이 좋고, 그것은 시시한 칭찬보다 훨씬 효과적이다.

거꾸로 상대방의 이름을 잊거나 잘못 쓰거나 하면, 귀찮은 일이 일어난다. 예를 들면, 나는 지난날 파리에서 변론술에 대한 강습회를 연 일이 있었다. 파리에 있는 미국인들에게 등사

판 안내장을 보냈는데, 영어가 서툰 프랑스인 타이피스트에게
겉봉투를 쓰게 한 것이 잘못이었다. 어느 미국 대은행의 파리
지점장으로부터 이름이 틀렸다고 대단한 항의를 받았다.

앤드루 카네기의 성공 비결은 무엇인가?

카네기는 강철왕이라고 불리우고 있지만, 그 자신은 강철에
대해서는 거의 백지였다. 강철왕보다 훨씬 강철에 대해 많은
것을 알고 있는 수백 명의 부하를 거느리고 있는 것이었다.

그리고 그는 그 부하들을 다루는 방법을 알고 있었다. 그것
이 그를 부자로 만든 요소이다.

그는 어릴 때부터 사람들을 조직하고 통솔하는 재능을 가지
고 있었다. 일찍이 열 살 때에 인간은 자신의 이름에 대해 굉장
한 관심을 가지는 것임을 발견했고, 그 발견을 이용하여 남의
협력을 얻곤 했다.

이런 예가 있다. 그가 아직 스코틀랜드에서 살고 있었던 소
년시절 때 얘기인데, 어느 날 그는 토끼 한 마리를 잡았다. 그
런데 그 토끼는 새끼를 배고 있었다. 때문에 이윽고 그의 토끼
장은 새끼 토끼로 하나 가득 차게 되었다.

그러자 그것들을 먹일 먹이가 모자랐다. 그러나 그에게는 멋
진 생각이 있었다. 이웃 아이들에게 토끼풀을 많이 뜯어오면
그 아이의 이름을 새끼 토끼에게 붙여주겠다고 말한 것이다.

이 계획은 멋지게 들어맞았다. 카네기는 이 어릴 때의 경험
을 결코 잊지 않았다.

뒷날 이 심리를 사업에 응용하여 그는 대단한 부를 구축
했다. 다음과 같은 일화가 있는데, 그는 펜실베니아 철도회사
에 레일을 팔려고 했다. 당시 에드가 톰슨이라는 사람이 그 철

도회사의 사장이었다.

카네기는 피츠버그에 거대한 제철공장을 세우고, 그것을 '에드가 톰슨 제철소'라고 명명했다.

펜실베니아 철도회사는 그 뒤 레일을 어디서 사들였을까. 그것은 독자의 상상에 맡기겠다.

카네기와 조지 풀먼이 침대차 판매경쟁을 할 때, 강철왕은 또다시 토끼의 교훈을 생각해 냈다.

카네기의 센트럴 트랜스포테이션 회사와 풀먼 회사는 유니온 패시픽 철도회사에 침대차를 팔려고, 서로 채산을 무시한 출혈경쟁을 하고 있었다. 카네기도 풀먼도 유니온 패시픽 수뇌부를 만나기 위해서 뉴욕에 나와 있었다.

어느 날 밤, 세인트 니콜라스 호텔에서 이 두 사람이 만났을 때 카네기가 먼저 말을 건넸다.

"야아, 풀먼 씨, 안녕하십니까. 지금 생각하니 우리는 서로 바보 같은 짓을 하고 있었군요."

"그건 무슨 뜻입니까?"

하고 풀먼이 물었다.

거기서 카네기는 그전부터 생각하던 것을 그에게 털어놓았다. 두 회사를 합병하자는 제안이었다. 서로 반목하기보다 손을 잡는 것이 옳다고 열심히 설득했다. 이윽고 풀먼은 카네기에게 이렇게 물었다.

"그럼 새 회사의 이름은 무엇이라고 합니까?"

그러자 카네기는 즉석에서 대답했다.

"물론 풀먼 파레스 차량회사라고 하지요."

"내 방에 가서 좀더 자세히 얘기합시다."

이 얘기가 공업사에 새로운 한 페이지를 추가하게 된 것이었다.

이와같이 친구나 거래 관계자의 이름을 존중하는 것이 카네기의 성공 비결 중의 하나였다.

카네기는 자기 밑에서 일하는 많은 노동자의 이름을 기억하는 것을 자랑으로 생각했다. 그리고 그가 기업의 진두에 서 있는 사이에는 파업이 한 번도 일어나지 않았음을 자랑했다.

이것은 다른 애기지만, 유명한 피아니스트 파테렙스키는, 침대차의 흑인 요리사에게 '미스터 코퍼'라고 정중하게 대함으로써 상대에게 자기 자신의 중요감을 맛보게 하고 있었다.

파테렙스키는 열성적인 청중의 희망에 답해서 15번이나 미국 전국 연주여행을 했다. 그 때마다 전용차를 타는데 연주가 끝난 뒤의 밤참은 반드시 그 요리인이 만든 것이었다.

파테렙스키는 이 흑인 요리인을 미국식으로 '조지…….' 따위로 마구 부른 일은 한 번도 없었다. 구라파식으로 어느때라도 '미스터 코퍼'라고 불렀다. 그것이 미스터 코퍼 자신에게는 얼마나 기쁜 일인지 몰랐다.

인간은 자기의 이름에 비상한 긍지를 가지고 있는 것으로, 어떻게든 그 이름을 후대에 남기려고 한다.

지금부터 2백 년 전에, 부자들은 책 저자에게 돈을 주고, '이 책을 아무개에게 바친다.'는 식으로 자기 자신의 이름을 넣게 했다.

도서관이나 박물관의 호화 콜렉션 중에는, 자기 이름을 세상에서 잊게 하고 싶지 않은 사람들에 의해 기증된 것들이 많다. 뉴욕 시립 도서관의 애스터 콜렉션이나, 레녹스 콜렉션이 그것이고, 메트로폴리탄 박물관에서는 벤자민 앨트맨이나 J.P. 모건의 이름을 영구히 전해 주고 있다. 또 교회 중에는 그 건물을 기부한 사람의 이름을 새긴 스테인드 글라스 창으로 장식된 것이 많다.

대부분의 사람은 남의 이름을 그다지 잘 기억하지 않는다. 바빠서 기억할 시간이 없다는 것이 그 이유이다.

아무리 바빠도 프랭클린 루즈벨트보다 더 바쁜 사람은 없을 것이다. 그 루즈벨트는 한 기계공의 이름을 기억하기 위해 시간을 아끼지 않았다.

그 얘기는 이렇다. 크라이슬러 자동차 회사가 루즈벨트를 위해서 특별한 승용차를 제작한 일이 있었다. W. F. 쳄벌린이 기계공 한 사람을 데리고 그 차를 대통령 관저에 가져갔다. 그때의 얘기를 쳄벌린이 나에게 보낸 편지에 다음과 같이 자세히 말하고 있다.

"나는 대통령에게 특수 장치가 많이 달린 자동차의 조작법을 설명했는데, 그는 내게 굉장한 인간조작법을 가르쳐주었습니다.

관저에 들어가니 대통령께서 나의 이름을 부르며 말을 걸었기 때문에, 나는 매우 기분이 좋아지고 마음이 편해졌습니다. 특히 감명 깊었던 것은, 나의 설명에 진심으로 홍미를 가져주신 것입니다.

이 차는 두 손만 사용하여 운전할 수 있게 되어 있습니다. 구경꾼이 많이 모여들었습니다. '이것 굉장한데. 단추만 누르면 자유롭게 조종할 수 있게 되었으니 상당해요. 어떤 장치를 했을까. 한가하면 어디 분해해서 안을 살펴봐야지.'라고 말씀하셨습니다.

대통령은 자동차를 구경하는 사람들 앞에서 나에게 '쳄벌린 씨, 이런 멋있는 차를 만들기 위해 평소 노력이 대단하셨겠습

니다. 감격합니다.'하면서, 라디에터, 백 미러, 시계, 조명 기
구, 차내장식, 운전석, 트렁크 속의 이름 박힌 스츠 케이스 등
을 하나하나 살폈습니다. 대통령은 나의 노력을 완전히 이해해
주셨습니다. 또 대통령은 부인과 노동장관 미스 퍼킨스 등 둘
레의 사람들에게 이 장치들을 보여주고 설명하는 것을 잊지 않
았습니다. 그리고 일부러 나이 먹은 흑인 하인을 부르더니 '조
지, 이 특제 스츠 케이스는 조심해서 다루어야 하겠다.'라고
하셨습니다. 조종연습이 끝나자 대통령은 '쳄벌린 씨, 아까부
터 연방준비은행 사람들을 30분이나 기다리게 했는데, 오늘은
이만해야 하겠습니다.'라고 하셨습니다.

　우리는 그 때 기계공 한 사람을 데리고 들어갔습니다. 관저
에 도착했을 때 그도 대통령에게 소개되었지만, 그 뒤는 잠자
코 있었습니다. 대통령은 그의 이름을 한 번밖엔 듣지 않으신
것입니다. 본래 이 기계공은 내성적 성격이라 쭉 구석에 가려
져 있었습니다. 그런데 이윽고 우리가 물러날 때가 되자 대통
령은 이 기계공을 찾아 그의 이름을 부르며 악수를 하시고 감
사하다고 치하하셨습니다. 그 말투는 결코 인사치레가 아니라
진심의 감사가 넘쳐 있었습니다. 나는 그것을 확실히 느꼈습
니다.

　뉴욕에 돌아온 며칠 뒤, 나는 대통령의 사인이 든 사진과 감
사장을 받았습니다. 대통령은 이런 여가를 어떻게 만들어내는
지 그것을 나는 알 수 없습니다."

　프랭클린 루즈벨트는, 남의 호의를 끄는 가장 간단하고 쉬우
며 가장 중요한 방법은 상대의 이름을 기억해 두었다가, 그에
게 자기의 중요감을 느끼게 하는 것임을 알고 있었던 것이다.

　그러나 그것을 알고 있는 사람이 이 세상에 도대체 몇 명이

나 될까?

처음 만나는 사람에게 소개되어 몇 분 동안 얘기하다가 막상 헤어질 때가 되어 상대의 이름을 기억할 수 없을 때가 가끔 있는 것이다.

'선거인의 이름을 기억하는 것―. 그것이 정치적 수완이라는 것이다. 그것을 잊는다는 것은 다시 말하면 자기 자신이 잊혀지는 것이나 다름없다.'

이것은 정치학의 제1조이다. 남의 이름을 기억하는 것은, 장사나 사교에 있어서도 똑같이 중요하다.

나폴레옹 3세는 대 나폴레옹의 조카가 되는 사람인데, 그는 정무 다양함에도 불구하고, 소개를 받은 사람의 이름은 전부 외우고 있다고 공언하고 있다.

그가 사용한 방법―. 그것은 지극히 간단하다. 상대의 이름을 잘 알아듣지 못할 때는 '한 번 더 말해 주십시오.'라고 부탁한다. 만일 그것이 상당히 까다로운 이름이면 어떻게 쓰느냐고 재차 묻는다.

상대와 얘기하는 중에 그는 여러 차례 그 이름을 되풀이하고, 상대의 얼굴과 표정 모습 등과 같이 머릿속에 넣어두는 것이다. 만일 상대가 중요한 인물이면 그는 머릿속에 넣어두려는 그 노력을 더욱 기울인다. 상대가 가면 재빨리 그 이름을 메모하고, 그 메모를 보며 정신을 집중하여 확실히 외운 뒤에 그 메모는 찢어 없앤다. 눈과 귀를 다 사용해서 기억해 두는 것이다. 이것은 꽤나 시간이 걸리는 방법이지만, 에머슨의 말을 빌리면,

"좋은 습관은 조그만 희생을 거듭함으로써 만들어진다."
는 것이다.

그러므로 남이 나를 좋아하게 하는 방법의 셋째는,

이름이란 그 사람에게 있어서 가장 유쾌하고 가장 중요한 영향을 가지는 것임을 잊지 말 것

제4장
성의껏 들어라

얼마 전의 일인데, 나는 어떤 브릿지 모임에 초대되었다.

그러나 사실 나는 브릿지 게임은 하지 않는다. 그런데 그 곳에는 나 외에 또 한 사람 브릿지를 하지 않는 금발의 여인이 와 있었다.

나는 로웰 토머스가 라디오에 나와 유명해지기 전에 그의 매니저를 한 적이 있다. 그의 그림판 여행기의 준비를 돕기 위해, 둘이서 유럽을 두루 여행한 일이 있었는데, 그 말을 듣자 그 금발 미인은 나더러 그 얘기를 해 달라고 했다.

"카네기 씨, 당신이 여행하신 고장의 아름다운 경치 얘기가 정말 듣고 싶어요."

나와 나란히 소파에 앉자, 그녀는 최근 남편과 같이 아프리카 여행에서 막 돌아왔다고 했다.

"아프리카! 그것 신나는군요. 나도 그전부터 아프리카 여행을 한 번 하고 싶다고 생각했습니다. 나는 알제리에 겨우 24시간 있어봤을 뿐, 아프리카는 그 외엔 백지입니다. 맹수가 있는 밀림에도 가셨습니까? 호오, 그것 참 잘됐습니다. 정말 부럽습니다. 제발 아프리카 얘기를 들려주십시오."

그녀는 45분 동안 아프리카 이야기를 들려주었다. 나의 여행담을 듣고 싶다는 얘기는 다시 하지 않았다. 그녀가 바란 것은 자기의 말에 귀기울여주고, 그녀의 자아를 만족시켜 줄, 열성 있게 들어줄 사람을 찾는 일이었다.

그녀는 변덕스러운가? 그렇지 않다. 그녀는 보편적 여성이었다.

예를 들면 이런 일이 있었다.

어느 날, 나는 뉴욕의 출판업자 J.W. 그린버그 주최의 만찬회 석상에서 어느 유명한 식물학자를 만났다.

나는 그제까지 식물학자와는 단 한 번도 얘기를 나눈 적이 없었다. 그런데 그의 말솜씨에 아주 반해 버리고 말았다. 회교도가 마취에 이용하는 인도의 대마초 이야기, 식물의 신종을 만들어낸 루더 버어뱅그의 이야기, 그밖에 옥내정원이니 감자 이야기 따위를 듣고 있는 사이에, 나는 문자 그대로 너무나 흥미가 있어 무릎을 잔뜩 내밀고 있었다.

내 집에는 조그만 옥내정원이 있어서 나는 옥내정원에 대한 몇 가지 의문을 가지고 있었는데, 그의 말을 듣고 그 의문이 완전히 풀려 버렸다.

우리는 만찬회 자리에 있었는데, 손님은 12~13명쯤 있었다.

그런데도 나는 무례한 줄 알면서도, 다른 손님은 거들떠보지 않고, 그 식물학자하고만 여러 시간 동안 얘기를 한 것이었다.

드디어 날이 새기 시작했기에, 나는 모두에게 작별을 고했다. 그 때 식물학자는 그집 주인에게 나를 칭찬하고 있었다. 그는 나더러 '이 세상에 흔치 않은 말솜씨'를 가지고 있다고 하는 것이 아닌가.

그 칭찬에는 어안이 벙벙했다. 그때 나는 아무 말도 하지 않았는데 어찌 말솜씨 칭찬을 받을 수 있을까.

애기를 하려고 해도 식물학에 대해 아무것도 아는 것이 없었으니, 화제를 바꾸지 않는 한 나에게는 애깃거리가 없었던 것이다. 애기할 것이 없으니 듣는 것만은 열심히 들었다. 진심으로 흥미를 가지고 들었다. 그것을 상대가 이해한 것이다. 따라서 그는 즐거워졌다. 이렇듯 흥미있게 듣는 태도는 우리가 누구에게나 줄 수 있는 최고의 찬사와 같은 것이다.

"어떠한 칭찬에도 움직이지 않는 사람일지라도, 자기의 이야기에 진심으로 정신을 빼앗겨 있는 사람에게는 움직이게 되는 것이다."

이것은 재크 우드필드의 말인데, 나는 그의 말에 정신을 빼앗겼을 뿐만 아니라 '아낌없는 찬사'를 준 셈이 되었다.

"말씀 듣고 매우 즐거웠고, 또 얻은 바가 많았습니다."

"나도 당신만큼 박식하면 좋겠습니다."

"당신을 따라 들판을 다녀보고 싶습니다."

"다시 한 번 꼭 만나고 싶습니다."

나는 이런 말들을 가끔 했는데, 그것들은 모두가 진심에서 우러나온 말들이었다.

그러므로 사실 나는 그저 애기를 열심히 듣는 상대로 그를 대했는데, 그에게는 그러한 내가 말솜씨가 훌륭한 사람으로 비친 것이다.

상담의 비결에 대해 찰스 W. 엘리오트 박사는 이렇게 말하고 있다.

"상담에는 특별한 비결 따위는 없다. 다만 상대의 말을 열심히 듣는 것이 중요하다. 어떠한 칭찬도 그만한 효과는 가지지 못한다."

그것은 뻔한 얘기이다. 대학을 나오지 않은 사람도 그만한 정도는 누구나 다 알고 있다.

그런데 비싼 집세를 내고 가게를 빌려 좋은 상품을 들여다놓고, 윈도우는 남의 눈을 끌게끔 치장하고, 선전광고에 많은 돈을 들이면서도, 말 잘 듣는 솜씨와 센스가 없는 점원을 고용하고 있는 장사꾼을 얼마든지 보고 있다.

손님의 말을 중도에서 꺾고, 손님의 의사에 반대되는 말을 지껄여, 일껏 찾아온 고객을 도리어 내쫓는 점원을 고용하고 있는 것이다.

이런 얘기가 있다. 이것은 J.C. 우튼이라는 사람의 경험인데, 이 경험담은 지난날 나의 강습회에서 발표된 것이다.

그는 뉴저지 뉴워크 시에 있는 한 백화점에서 옷을 한 벌 샀다. 집에 와서 입어보니 염색이 묻어나서 와이셔츠 칼라가 새까맣게 되었다.

그 옷을 가지고 그 백화점에 갔더니, 마침 살 때의 그 점원이 있었기에 도로 가져온 까닭을 말했다. 아니 말하려고 했다. 그런데 상대는 그에게 얘기할 기회를 주지 않았다.

"우리는 이것과 똑같은 옷을 이제까지 수천 벌 팔았지만, 불평을 말한 사람은 딱 한 명뿐입니다."

점원의 말을 글로 표현하면 이렇게 되겠는데, 그 말투는 마치,

"거짓말 말아. 너 같은 것에게 속을 줄 아니."

하는 것처럼 들렸다.

주고받고 하는 사이에 다른 점원 하나가 참견을 했다.

"검은 옷은 모두 처음 얼마 동안은 물이 옳습니다. 이 값이면 그런 옷밖에 살 수 없어요. 염료가 나빠서 그렇습니다."

"이렇게 되니까, 나도 더 이상 참을 수 없게 되었습니다."

우튼 씨는 그때의 일을 이렇게 말했다.

"처음 점원은 나의 정직성을 의심했습니다. 다음 점원은 내가 싸구려를 샀기 때문에 그렇다고 합니다. 나는 가슴이 끓었습니다. 옷을 바닥에 팽개치려 하는데 지배인이 왔습니다. 과연 지배인은, 그 지위에 있는 사람답게 나의 화를 가라앉혀 주었습니다. 화가 난 손님을 만족한 고객으로 바꾼 것입니다. 그가 사용한 방법―, 그것은 다음의 세 가지였습니다.

첫째, 그는 나의 이야기를 처음부터 끝까지 들어주었습니다.

둘째, 내 얘기가 끝나자 점원들은 또다시 일제히 자기들의 주장을 내세웠는데, 지배인은 나, 즉 고객의 입장에 서서 그들과 얘기를 주고받았습니다. 와이셔츠 칼라가 더러워진 것은 분명히 염색이 옳아서 그런 것이라고 말했을 뿐만 아니라, 손님에게 만족을 줄 수 없는 물건은 앞으론 절대 팔지 말라고 말했습니다.

셋째, 이 옷에 그러한 결점이 있는 줄은 몰랐다고 자기의 잘못을 인정하고, 이 옷 처분에 대해서는 내가 요구하는 대로 하겠다고 말했습니다.

조금 아까까지는 그 형편없는 옷을 돌려주려 하던 생각을 바꿔 물이 옳는 것은 일시적일까, 그것을 방지하는 방법은 없겠느냐고 그에게 물었습니다. 그는 1주일만 더 입어보는 것이 어

떠나고 권하면서, 그래도 만족치 못하면 그 때는 물론 물러주
겠다고 했습니다. 그리고 진심으로 미안하다고 거듭 사과했습
니다.

아주 만족해서 나는 그 백화점을 나왔습니다. 1주일이 지나
자 물도 더 이상 옮지 않게 되고, 그 백화점에 대한 나의 신뢰
감도 회복되었습니다."

이 지배인은 지배인 자격이 있다. 그리고 그 점원들은 아마
평생 동안 점원으로 끝나든가, 아니면 고객을 상대할 필요가
없는 포장부 같은 곳으로 밀려나게 될 것이다.

사소한 일에 핏대를 세우며 불평하는 사람이 있다. 그 중에
는 상당히 악질적인 사람도 있지만, 이러한 악질일수록 참을성
있게 진심으로 자기의 얘기를 들어주는 사람, 아무리 화가 나
서 독사처럼 이빨을 드러내 있더라도 그의 말에 열심히 귀기울
여주는 사람에 대해서는 대개 얌전해지는 것이다.

몇 년 전의 일인데, 이러한 일이 있었다.

뉴욕 전화국 구내에 교환수를 못살게 구는 전화 가입자가 있
었다. 차마 들을 수 없는 악담과 잡소리를 내리퍼붓는 것이
었다. 수화기의 전선을 끊어 버리겠다고 위협하기도 하고, 청
구서가 틀렸다고 요금을 내지 않기도 하고, 신문에 투서도 하
고, 끝내는 공익사업위원회에 진정을 하고 전화국을 상대로 소
송마저 걸었다.

전화국에서는 국내(局內) 제일의 분쟁해결 명수로 하여금 이
귀찮은 가입자를 만나러 가게 했다. 이 국원은 상대를 만나자,
상대로 하여금 한껏 불평과 울분을 퍼붓게 한 다음, 그의 말을
끝까지 잘 듣고 과연 그렇다는 듯 동정의 표정을 지었다.

이에 대해서 그 국원은 나중에 이렇게 말했다.

"처음에는 그가 고래고래 소리치는 것을 3시간 가까이나 말 없이 들어주었습니다. 그 뒤에도 여전히 그의 말에 귀기울였지 요. 결국 전후 네 번 만났는데, 네번째 만날 때에는, 나는 그가 설립을 계획하는 한 회합의 발기인이 되어 있었습니다. 그 회 합의 명칭은 전화 가입자 보험협회라는 것이었는데, 지금도 내 가 아는 한 그 사나이 외에 회원은 나 하나밖에는 없는 것으로 압니다.

나는 그의 말을 끝까지 그의 입장이 되어 들어주었습니다. 전화국원의 이러한 태도를 대한 것은 그로서는 처음 있는 일로 서, 나를 마치 자기의 친구처럼 대했습니다. 그와는 도합 네 번 만났는데, 그를 찾은 목적에 대해서는 한 마디도 하지 않았 습니다. 그러나 네번째 만났을 때는 그 목적은 완전히 달성되 어 있었습니다. 밀려 있던 전화료도 전부 지불되었고, 위원회 에 낸 제소도 취하되었습니다."

이 귀찮은 가입자는, 가혹한 착취에서 공민권을 방어하는 전 사로 자처하고 있었던 것임에 틀림없다.

그러나 실은 자기의 중요감을 갈망하고 있는 것이었다. 자기 의 중요감을 얻기 위해서 그는 불평을 늘어놓았다. 국원에 의 해서 그 중요감이 만족되자, 그의 망상이 만들어낸 불평은 금 방 사라지고 만 것이었다.

데트머 모직물회사라고 하면 오늘날에는 세계 유수의 회사가 되어 있지만, 설립 후 아직 미미한 존재였을 무렵, 초대 사장 줄리앙 F. 데트머의 사무실에 한 고객이 화가 머리끝까지 나서 쳐들어왔다.

그때의 사정을 데트머 사장은 나에게 이렇게 말했다.

"그 손님에게는 15달러의 미수금이 남아 있었습니다. 그러나 그는 그럴 리가 없다고 주장합니다. 우리로서는 절대 틀림없다는 자신이 있었기 때문에 재삼 지불독촉장을 보냈었죠. 그러자 그는 불같이 노해서 멀리 시카고의 내 사무실로 달려와서, 지불은 고사하고 앞으로는 데트머 회사와는 일체 거래를 끊겠다고 한 것입니다.

나는 그의 말을 꾹 참고 끝까지 들었습니다. 도중에 몇 번 반격을 할까 싶었지만 그것이 이익이 될 수 없다고 판단해서, 그로 하여금 자기의 말을 죄다 털어놓게 했습니다. 할 말을 다하고 나자 그는 흥분도 가라앉고 이쪽 말을 들을 상태가 된 것으로 보였습니다. 그 시기를 잡아 나는 조용히 말했습니다. 즉, 일부러 시카고까지 오게 해서 미안하기 짝이 없다고 했고, 좋은 말을 해주어서 감사하다고 한 다음, 담당 직원이 그런 심려를 끼치게 한 것을 보니까 다른 고객에게도 그렇게 했는지 모르는데, 그렇게 되면 큰일이고 이런 문제는 당신이 오시지 않더라도 내가 찾아뵈어야 할 일이라고 했습니다.

내가 이렇게 나오리라고는 꿈에도 생각지 못한 그였습니다. 나에게 항의하려고 시카고까지 왔는데, 오히려 미안하다는 인사를 받고 보니 김이 팍 샌 셈이지요. 거기다 한 술 더 떠서 나는 이렇게 말했습니다.

우리네 사무원은 수천이라는 거래선의 계산서를 취급해야 합니다. 그런데 당신은 성실한 분이고, 계산서는 우리 회사와 단독으로 거래하고 있는 터이니까 아무래도 잘못은 이쪽에 있는 것 같습니다. 15달러 건은 취소하겠습니다.

그리고 나는 당신의 기분을 잘 알고 있으며, 내가 당신이라도 그와같이 행동했을 것이라고 말했습니다.

그가 우리와는 거래를 하지 않겠다고 했던 터라, 나는 진심으로 다른 거래처를 추천할 생각을 하고 있었습니다. 그리고 전에도 그가 시카고에 오면 내가 점심 대접을 했었기 때문에 그날도 점심에 초청했습니다. 그는 심드렁하게 따라왔는데, 점심 식사 뒤에 사무실에 돌아오자, 이제까지 유례가 없었을 정도의 많은 상품을 주문하는 것이었습니다. 기분이 썩 좋아서 돌아간 그는, 한 번 더 자기의 서류를 조사한 결과, 문제의 청구서를 발견해 냈다면서 사과문과 함께 15달러를 송금해 왔습니다.

그 뒤 그에게 아들이 태어나자, 그는 이름을 데트머라고 붙였습니다. 그후 그는 죽을 때까지 22년 동안 나의 좋은 친구였고 고객이었습니다."

상당히 오래전의 애기인데, 가난한 네덜란드인 이민의 사내아이가 학교에서 돌아오면 주 50센트 받고 빵집 창문을 닦는 일을 하고 있었다. 집이 가난해서 날마다 바구니를 들고 거리에 나가 석탄차가 흘리고 간 석탄찌꺼기를 긁어모았다.

그 소년의 이름은 에드워드 보크라고 했고, 학교에는 6년도 다니지 못했지만, 그 후 미국 굴지의 잡지 편집자가 되었다.

그의 성공 비결은 요컨대 이 장에서 말한 원리를 응용한 것이었다.

열세 살 때 그는 학교를 그만두고 웨스턴 유니온 전보회사에 주급 6달러 25센트의 급사로 채용되었다.

그는 향학심이 불탔기 때문에 독학을 시작했다. 교통비를 절약하고, 점심을 굶으며 저축한 돈으로 《미국평전 전집》을 사자, 그것으로 전대미문의 일을 했다. 즉 유명인의 전기를 읽고, 그 유명인에게 편지를 내어 그의 소년시절 얘기를 들려 달라고 부탁했다. 유명인 스스로가 말하게 한 것이다.

그는 당시 대통령 선거에 입후보한 제임스 A. 가필드 장군에게 편지를 써서, 소년시절에 운하에서 배를 끌었다는 것이 사실이냐고 물었다.

가필드로부터 대답이 왔다.

그란트 장군에게도 편지를 썼다. 어느 전투에 대해 듣고 싶다고 썼는데, 그란트는 지도까지 그려가며 설명한 회답을 보내왔고, 이 열네 살짜리 소년을 만찬에 초대하여 여러 가지 얘기를 들려주었다.

그는 에머슨에게도 편지를 썼고, 에머슨으로 하여금 즐겨 자신의 얘기를 하게 했다.

그 어린 전통회사의 사환은 이윽고 많은 유명인과 편지를 주고받게 되었다. 에머슨을 비롯해서 필립스 부룩스, 올리버 웬델 홈즈, 롱펠로우, 링컨 부인, 루이저 메일 올코트, 셔먼 장군, 제퍼슨 데이비스 등이 그 속에 포함되어 있었다.

그는 이들 유명인들과 문통을 했을 뿐만 아니라, 휴가가 되면 그들을 찾아가 따뜻한 환영을 받았다.

이 경험에 의해 얻은 자신감은 그에게 있어서 중요한 것이었다. 그 유명인들은 이 소년의 꿈과 희망을 크게 부풀게 했고, 드디어는 그의 생애를 일변시켜 버렸다.

거듭 말하거니와 이것은 다름 아닌, 이 장에서 말한 원리를 응용한 것에 지나지 않는다.

아이자크 F. 마카슨은 방문기자로 제1인자인데, 그에 의하면 첫인상을 좋게 주는 데 실패하는 것은, 대체로 주의 깊게 상대의 말을 듣지 않기 때문이라고 한다.

"자기가 할 말만 생각하느라고 귀를 막아 버리는 사람이 많다. 높은 자리에 있는 사람은 아무튼 말하는 사람보다 잘 듣는 사람을 좋아하는 것이다. 그러나 잘 듣는다는 재능은 다른 재능보다 훨씬 갖기가 어려운 것 같다."

그는 이렇게 말하고 있는데, 잘 듣는 사람을 좋아하는 것은 비단 높은 사람 뿐만은 아니다.

〈리더스 다이제스트〉 잡지에 언젠가 이런 말이 실려 있었다. '세상에는 자기 넋두리를 들려주기 위해서 의사를 찾는 환자가 많다.'

남북 전쟁이 한창일 때, 링컨은 고향인 스프링필드의 옛친구에게 편지를 내어 워싱턴에 와 달라고 부탁했다. 중요한 문제에 대해서 상의하고 싶다는 것이었다.

이 친구가 화이트 하우스에 오자 링컨은 노예해방선언을 발표하는 것이 과연 이익일까, 아닐까를 몇 시간에 걸쳐 그와 얘기했다.

링컨은 자기의 의견을 다 말한 후에 투서니 신문기사 따위를 읽었다. 그 기사들은 어느 것은 해방에 반대했고, 어느 것은 찬성하고 있었다. 이렇게 몇 시간에 걸친 얘기가 끝나자, 링컨은 친구와 악수를 교환했고, 친구의 의견은 한 마디도 듣지 않고 돌려보냈다.

처음부터 끝까지 링컨은 혼자 떠들었는데, 그것으로 기분이 아주 개운해졌다. 그 친구도 링컨이 자기만 떠들어댄 뒤에 상당히 기분이 좋아진 것 같았다고 뒤에 말했다.

링컨에게는 남의 의견을 들을 필요가 없었던 것이다. 다만 자기의 무거운 마음을 가볍게 해줄 사람, 진심으로 귀기울여줄 사람이 필요했을 뿐이었다.

마음에 고민이 있을 때는 누구나 다 그렇다. 화를 내는 고객, 불평하는 고용인, 상심한 친구들은 모두 자기의 넋두리를 들어줄 사람이 필요하다.

남의 미움을 받거나, 뒤에서 비웃음을 당하거나, 경멸당하고 싶거든, 다음의 조항을 지키면 된다.

1. 상대의 이야기를 오래 듣지 말 것.

2. 처음부터 끝까지 자기의 말만 지껄여댈 것.

3. 상대가 말을 하는 사이에 무슨 의견이 있으면 지체없이 상대의 말을 가로막을 것.

4. 상대는 나보다 머리가 굼뜨게 돌아간다. 그런 인간의 시시한 말에 언제까지건 귀를 기울일 필요는 없다. 따라서 그의 말을 중도에서 가차없이 꺾을 것.

세상에는 이 조항들을 엄수하는 인간이 있는 것을 독자는 이미 알고 있을 것이다. 나도 유감스럽게도 그런 사람을 알고 있다. 유명인 중에도 그런 사람이 있으니 놀라운 일이다.

그런 인간은 답답해서 상대할 수 없다. 자아에 도취하여 자기만 잘난 체 생각하는 친구들이다.

자기 말만 하는 인간은 자기의 일밖에는 모른다.

콜럼비아 대학 총장 니콜라스 M. 버틀러 박사는 그것에 대해서 다음과 같이 말하고 있다.

"자기 일만 생각하는 인간은 교양이 없는 인간이다. 예를 들면 아무리 교육을 받았더라도 교양이 몸에 배지 않은 인간인 것이다."

말을 잘 하는 사람이 되고 싶거든, 잘 듣는 사람이 되어야 할 것이다.

찰스 N. 리이 부인은 그것에 대해 다음과 같이 말하고 있다.

"흥미를 가지게 하기 위해서는 우선 이쪽에서 흥미를 가져주어야 한다."

상대가 즐겨 대답할 만한 질문을 할 일이다. 상대가 자기 자신에 대한 일이나, 그가 잘 하는 일에 대해 얘기하게 해야 할 것이다.

당신의 이야기 상대는, 당신에 대해 가지는 흥미의 백 배 이상의 흥미를 자기 자신에 대해 가지고 있다. 중국에서 백만 명이 굶어 죽는다 해도, 미국 사람은 자기 자신의 치통이 더 중대한 사건인 것이다. 목에 난 종기가 아프리카에 지진이 40번이나 일어난 것보다도 더 큰 관심사다. 남과 얘기할 때는 이 사실을 잘 기억해 둘 일이다.

따라서 남이 나를 좋아하게 하는 방법의 네번째는,

잘 듣는 사람이 될 것

관심의 원인을 파악하라

오이스터 베이기의 데오도어 루즈벨트의 저택을 방문한 사람은 누구나가 그의 박식함에 놀라곤 했다.

"루즈벨트는 상대가 카우보이건 의용기병이건 혹은 정치 외교관 그밖에 누구이건, 그 사람에게 적당한 풍부한 화제를 가지고 있다."

가마리엘 블래드포드의 말인데, 그럼 어떻게 그럴 수가 있느냐 하면, 그것은 아주 간단하다.

루즈벨트는 누구든 찾아오는 사람이 있는 것을 알면, 그 사람이 특히 좋아할 만한 문제에 대해서 전날 밤 늦게까지라도 연구해 둔다는 것이다.

루즈벨트도 다른 지도자들과 마찬가지로, 사람의 마음을 잡는 지름길은 상대가 가장 깊은 관심을 가지고 있는 문제를 화제로 삼는 일임을 알고 있었던 것이다.

예일 대학 전 문과대 교수 윌리엄 라이언 휄프스는 어릴 때 이미 이 사실을 알고 있었다. 그는 《인간성에 대해서》라는 논문 중에 이렇게 쓰고 있다.

"나는 여덟 살쯤 됐을 때, 어느 주말에 스트라트포드의 린제이 숙모한테 놀러 간 일이 있었다. 저녁 때, 한 중년 남자가 찾아와서 한참 동안 숙모님과 즐겁게 얘기를 주고받더니 그 사람은 이윽고 나를 상대로 얘기하기 시작했다. 그 무렵 나는 보트에 미쳐 있었는데 그 사람의 얘기는 나를 아주 열중하게 만들었다. 그 사람이 돌아가자 나는 정신없이 그를 칭찬했다. '아, 굉장한 사람인데! 보트를 그렇게 좋아하는 어른은 흔치 않아요.' 그러자 숙모는 그가 뉴욕의 변호사이며, 보트에 대해서 아무것도 모르고 더구나 보트 얘기는 재미없어 했다는 것이다. '그럼 왜 보트 얘기만 했죠?' 하니까 숙모의 말이, 그것은 그가 신사이기 때문이라는 것이었다. 내가 보트를 좋아하는 것을 재빨리 알고, 내가 좋아할 만한 말을 했다는 것이다. 상대를 기분 좋게 해주었다는 것이었다."

휄프스 교수는 그때의 숙모의 말을 평생 잊지 않는다고 쓰고 있다.

지금 보이 스카우트 일로 활약하고 있는 에드워드 L. 채리프로부터 온 편지를 소개하겠다.

'어느 날, 나는 남의 호의에 매달릴 수밖에는 다른 방법이 없는 문제에 부딪쳤습니다. 구라파에서 열리는 스카우트 대회가 목전에 다다라 있었고, 그 대회에 대표 소년 한 명을 보내고 싶은데, 그 비용을 어느 대기업 사장에게 기부해 달라고 할 참이었습니다.

그 사장을 만나러 가기 전에, 나는 알맞은 얘기를 들었습니다. 그 사람이 1백만 달러의 수표를 발행하고, 이미 지불 날짜가 지난 그 수표를 액자에 넣어 장식을 해놓고 있다는 것입니다. 사장실에 들어가자, 우선 나는 그 수표를 구경 좀 시켜 달라고 했습니다. 백만 달러짜리 수표! 그러한 고액 수표를 실제로 봤다는 얘기를 소년 단원들에게 하고 싶다고 했습니다. 사장은 쾌히 그것을 보여주었습니다. 나는 감격하면서 그 수표를 발행하게 된 동기에 대해 물었습니다.'

독자들도 짐작하겠지만 채리프 씨는 보이 스카우트니 구라파 대회, 혹은 자기의 희망에 대해서는 한 마디도 하지 않았다. 상대가 관심을 가진 것에 대해서만 말을 꺼냈다.

그 결과는 다음과 같았다.

'그러는 사이에 사장은, 그런데 당신의 용건은 무엇입니까, 하고 내게 물었습니다. 거기서 나는 용건을 꺼냈습니다. 놀랍게도 사장은 나의 요구를 즉각 받아들였을 뿐만 아니라, 이쪽이 예기치 않은 것까지 제의했습니다. 나는 대표 소년 한 명만 구라파에 보내게 해 달라고 했는데, 그는 5명의 소년과 나까지 가게 해주었던 것입니다.

1천 달러의 신용장을 써주면서 7주 동안 있다가 오라고 했습니다. 그는 또한 구라파 지점장에게 소개장을 쓰고, 우리의 편의를 봐주라고 지시했습니다.

그리고 그 자신 구라파에서 우리와 만나 파리를 안내해 주었습니다. 그 이후 그는 우리 일행을 계속 돌봐주고, 집이 가난한 대원에게 일거리를 준 일도 여러 번 있었습니다.

아무튼, 내가 처음 그의 관심이 무엇인지 모르고 그의 흥미를 끄는 데 실패했더라면, 결코 일이 그렇게 잘 풀리지는 못했을 것입니다.'

이 방법이 과연 장사에 이용될 수 있을지 어떨지, 한 예로 뉴욕의 일류 제빵회사 듀바노이 상회의 헨리 G. 듀바노이 씨의 경우를 들어보자.

듀바노이 씨는 전부터 뉴욕의 어느 호텔에 자기 회사의 빵을 납품하려고 애를 쓰고 있었다. 4년 동안 날마다 호텔 지배인의 방에 찾아갔다. 지배인이 나가는 회합에도 빠짐없이 참석했다. 그 호텔의 손님이 되어 들기도 했지만 모두 소용없었다.

듀바노이 씨는 그때의 노력에 대해 이렇게 말하고 있다.

"거기서 나는 인간 관계를 연구해 보았습니다. 그리고 전술을 고쳐 세웠습니다. 이 사나이가 무엇에 관심을 가지고 있는지, 즉 어떠한 일에 열을 올리고 있는지를 조사하기 시작했습니다.

그 결과 그는 미국 호텔협회의 회원인 것을 알았습니다. 그것도 평회원이 아니라, 그의 열성 때문에 그 협회의 회장이 되고, 국제 호텔협회의 회장도 겸하고 있었습니다. 협회의 대회가 어디서 개최되건 비행기를 타고 꼭 출석하는 열성입니다.

거기서 나는 다음날 그를 만나 협회 얘기를 꺼냈습니다. 반응은 굉장했습니다. 그는 눈을 빛내면서 30분 동안 협회 얘기를 했습니다. 협회를 육성하는 일은 그에게는 더없는 즐거움이었고, 정열의 원천이기도 했습니다. 그러는 사이에 그는 내게도 입회를 권유해 왔습니다.

그와 얘기하는 사이에 나는 빵에 대해서는 한 마디도 입 밖

에 내지 않았습니다. 그런데 며칠 뒤 호텔 용도계로부터 전화
가 걸려와서 나에게 빵의 견본과 가격표를 가지고 오라고 했습
니다.

호텔에 가보니 용도계가 나에게 하는 말이, 당신이 무슨 방
법으로 설득했는지 모르지만, 우리 지배인이 갑자기 당신에게
반한 것 같다는 것입니다.

생각해 보십시오. 그 사나이와 거래를 터보려고 무려 4년 동
안이나 꽁무니를 따라다닌 것입니다. 만일 그가 무엇에 열중이
고, 무엇에 관심이 있다는 것을 몰랐다면, 나는 오늘도 그의
꽁무니를 계속 따라다니고 있을 것입니다."

그러므로 남이 나를 좋아하게 하는 방법의 다섯번째는,

상대가 관심을 가진 일을 재빨리 간파하여 그것을 화제로 삼
을 것

제6장

진실로 칭찬하라

뉴욕 8번가의 어느 우체국에서 나는 등기우편을 부치기 위해 줄을 서서 순서를 기다리고 있었다.

등기계의 직원은 날마다 똑같은 일을 하는 것에 지친 것 같았다. 나는 생각했다. '어디 저 사나이가 내게 호감을 갖도록 만들어 보자. 그러기 위해서는 나의 일이 아니라 그의 일로 무슨 그럴 듯한 말을 해야만 하겠다. 그에 대해 내가 정말 감탄할 만한 것은 무엇일까?'

이것은 꽤나 어려운 문제로서 특히 상대가 초면일 때는 더욱 그렇다. 그러나 이 경우는 우연히 그것이 해결되었다. 나는 그에 대해서 그럴 듯한 것을 곧 발견했다.

그가 내 봉투의 무게를 달 때, 나는 진심을 다해 이렇게 말했다.

"당신의 그 아름다운 머리털……, 정말 부러운데요."

깜짝 놀란 눈으로 나를 쳐다본 그의 얼굴에 이내 미소가 번졌다.

"아니오. 요즘 아주 거칠어졌습니다."

그는 겸손하게 말했다.

전엔 어땠는지 모르지만, 지금도 그 머리는 멋있다고 나는 진심으로 감탄했다. 그의 기뻐하는 모습은 보통이 아니었다. 우리는 그밖에도 몇 마디 주고받았는데 나중에 그는 이렇게 실토했다.

"사실은 많은 분들이 그렇게 말해 주십니다."

그날 그는 신나는 기분으로 점심을 먹었을 것이다. 집에 가선 아내에게도 말했을 것이다. 거울을 보고 역시 멋있구나! 하고 혼잣소리를 하기도 했을 것이다.

이 이야기를 어느 공개석상에서 나는 한 일이 있었다. 그러자 누군가가 퉁명스럽게 질문했다.

"그래서 당신은 그에게서 무엇을 기대하셨습니까?"

내가 무엇을 기대했느냐고!

남을 기쁘게 한다든가 칭찬을 했다 해서 무슨 보수를 받아야 한다고 생각하는 얼빠진 친구들은 틀림없이 실패할 것이다.

아니, 나도 역시 보수를 바라고 있었다. 내가 바란 것은 돈으로 살 수 없는 것이었다. 그리고 분명히 나는 그것을 얻었다. 그를 위해 무엇인가 해주고, 그에겐 아무런 부담도 주지 않았다는 상쾌한 기분이 그것이었다. 이러한 기분이란 언제까지나 즐거운 추억으로 남는 법이다.

인간의 행위에 대해서 중요한 법칙이 한 가지 있다. 이 법칙을 따르면 대개 분쟁은 피할 수 있다.

그것을 지키기만 하면 친구는 한없이 늘어나고, 항상 행복감을 맛볼 수 있다. 그러나 이 법칙을 깰 것 같으면 담박 한없는 분쟁에 말려들게 된다.

그 법칙이란—.

'항상 상대에게 중요감을 갖게 할 것.'

이미 말한 바와 같이, 존 듀이 교수는 중요한 인물이 되고 싶다는 원망(願望)은 인간의 가장 뿌리 깊은 욕구라고 했다.

또 윌리엄 제임스 교수는 인간의 근원을 이루는 것은, 남에게 인정을 받고 싶다는 원망이라고 말한다.

이 원망이 인간과 동물을 구별하는 것임은 이미 말한 바와 같지만, 인류의 운명도 이 원망에 의해 진전되어 온 것이다.

인간 관계의 법칙에 대해서, 철학자들은 수천 년에 걸쳐 사색을 계속해 왔다. 그리고 그 사색 속에서 단 하나의 중요한 교훈이 탄생한 것이었다. 그것은 결코 새로운 교훈은 아니다.

그것은 인간의 역사만큼 낡은 것이다. 3천 년 전 페르시아에서 조로아스터는 그 교훈을 배화교도(拜火敎徒)들에게 전했다. 2400년 전에 중국에서는 공자가 그것을 설파했다. 도교(道敎)의 교조인 노자가 그것을 제자들에게 가르쳤다.

그리스도교보다 5백 년 일찍 석가는 신성한 갠지스 강가에서 그것을 설파했다. 그보다 1천 년 전에 힌두교의 성전에 그것이 설파되어 있다.

그리스도는 1900년 전에 유태의 바위산에서 그 가르침을 내렸다. 그리스도는 그것을 다음과 같은 말로써 설교했다. (이 세상에서 가장 중요한 법칙이라 할 수 있을 것이다.)

"모든 사람이 너에게 해주기를 바라는 일은, 너 또한 사람들에게 그렇게 하라."

인간은 누구나 주위 사람들에게 인정을 받고 싶다고 생각한다. 자기의 가치가 인정되기를 바라는 것이다. 작지만, 자기의 세계에서는 자기가 중요하다는 것을 느끼고 싶은 것이다. 뻔한 공치사는 듣고 싶지 않지만, 진심에서 우러나오는 칭찬에 굶주려 있는 것이다.

자기의 주위 사람들로부터, 찰스 슈워브의 말마따나, '마음으로 인정하고 아낌없이 칭찬'받고 싶다고 우리는 모두가 그렇게 생각하고 있는 것이다.

그러므로 그 '황금률'에 따라, 사람들이 나에게 해주었으면 하는 일을 사람들에게 해주는 것이 어떨까.

그러면 그것을 어떻게 언제 어디서 하면 될까. 언제든지 어디서든지 해볼 일이다.

이러한 예가 있다.

어느 날 나는 라디오 시티(뉴욕 록펠러 센터에 있는 세계적 환락 중심 지구)의 안내계에서 헨리 수벤의 사무실 전화번호를 물었다. 예쁜 유니폼을 입은 그 안내계는 자랑스럽게 가르쳐주었다.

"헨리 수벤……(사이)……18층……(사이)……1816호실."

나는 서둘러 엘리베이터에 다가가다가 되돌아와서 안내계에 물었다.

"방금 가르쳐주는 방법은 정말 멋있어요. 명료하고 정확한 것이 일종의 예술과 같아. 좀체 흉내낼 수도 없겠는걸."

기쁜 듯이 볼을 붉히면서, 그는 왜 사이를 떼면서 말하는지, 왜 그런 독특한 발음을 하는지에 대해서, 그 까닭을 말했다. 나의 간단한 칭찬으로 그는 가슴이 부풀어 있는 것이었다.

18층까지 올라가면서, 나는 인류의 행복의 무게를 조금이나

마 많게 한 상쾌한 뒷맛을 느끼고 있었다.

이 칭찬의 철학은, 외교관이나 자선회 회장이 되기까지는, 그것을 응용할 만한 길이 없다든가 하는 따위의 것이 아니다. 날마다 응용하여 크게 마술적 효과를 얻을 수가 있는 것들이다.

예를 들면 레스토랑에서 웨이터가 주문한 것과 다른 것을 가져왔을 때,

"귀찮게 해서 미안하지만, 나는 커피보다 홍차를 더 좋아합니다."

하고 정중히 말하면 웨이터는 즐겁게 바꾸어다 준다. 상대에게 경의를 표했기 때문이다.

이러한 정중한 말투는 단조로운 일상 생활의 톱니바퀴에 치는 윤활유 역할을 한다.

예를 하나 더 들겠다.

홀 케인은 《그리스도 교도》, 《안 섬의 재판관》, 《안 섬의 사나이》 등의 소설을 쓴 유명한 작가인데, 본래는 대장장이 아들이었다. 학교는 8년밖엔 다니지 않았지만, 나중에는 세계 굴지의 부자 작가가 되었다.

홀 케인은 14행 시나 민요를 좋아해서, 영국의 시인 단케 가브리엘 로제티에 경도되어 있었다. 그 결과 그는 로제티의 예술적 공적을 추켜세운 논문을 쓰고, 그 복사를 로제티에게 보냈다.

로제티는 반가워했다.

"나의 능력을 이만큼 높이 사는 청년은 틀림없이 훌륭한 인물일 것이다."

아마도 로제티는 그렇게 생각했을 것이다. 이 대장장이 아들

을 런던으로 불러 자기의 비서로 채용했다. 그것이 홀 케인의 인생 전기가 되었다.

그는 새 직업에 종사함으로써 당시의 유명한 문학자들과 가깝게 지낼 수 있었고, 그들의 조언과 격려를 받아 나중에 문학적 명성을 세계에 떨치게까지 된 것이다.

안 섬에 있는 그의 저택 그리버 캐슬은, 세계 방방곡곡에서 밀려오는 관광객의 메카가 되었다.

그가 남긴 재산은 250만 달러에 이른다고 하는데, 만일 유명한 시인에 대한 찬미의 논문을 그가 쓰지 않았더라면, 아마 가난한 이름없는 생애를 보냈을는지도 모를 일이었다. 마음으로부터의 칭찬은 이와같이 헤일 수 없는 위력이 있다.

로제티는 자기를 중요한 존재라고 생각하고 있었다. 당연한 일이다. 인간은 거의 예외없이 누구든지 그렇게 생각한다.

세계의 어느 나라 인간이라도 그렇게 생각하는 것이다.

미국인 중에는 동양인에 대해서 우월감을 가지는 사람이 있다. 그런데 어떤 동양인은 그들 역시 미국인보다 훨씬 우수하다고 생각한다.

인도교도에 대해서 우월한 느낌을 가지건 말건 그것은 외국인의 자유이겠지만, 인도교도들은 자기들이 외국인보다 한없이 우수하다고 생각하고 있다.

그러므로 이교도인 외국인의 그림자가 그 위에 드리워진 음식은 더럽혀진 것이라고 해서 절대로 먹지 않는다.

에스키모인에 대해서 우월감을 느끼는가 아닌가는 어디까지나 개인의 자유이지만, 에스키모인이 백인에 대해서는 어떠한 생각을 가지고 있는지를 소개해 두겠다.

에스키모인 사회에도 부랑자가 있다. 그러한 게으르고 쓸모 없는 자들을 가리켜 에스키모인은 '백인 같다'고 저주한다. 이 만큼 경멸을 뜻하는 다른 말은 없다고 한다.

어느 국민이건 각각 다른 국민보다 자기들이 우수하다고 생 각한다. 그것이 애국심을 낳고 전쟁도 일으킨다. 사람은 누구 나 남보다 자기가 어딘지 나은 곳이 있다고 생각한다.

그러므로 상대의 마음을 확실하게 잡는 방법은, 상대가 상대 나름의 세계에서 중요한 인물이라는 것을 솔직이 인정하고, 그 사실을 상대에게 날쌔게 알릴 일이다.

에머슨이 어떠한 인간일지라도 자기보다 어떤 점에서 우수하 고, 배울 점을 갖추고 있다고 말한 것을 잊지 말기 바란다.

그런데 가련한 것은, 남에게 보여줄 미점(美點)을 갖추지 못 하고, 그것 때문에 오는 열등감을 허무한 자기 선전 따위로 얼 버무리려고 하는 사람이다.

셰익스피어는 그러한 것을 가리켜 이렇게 표현하고 있다.

"오만불손한 인간이여! 형편없는 것을 가지고 천사를 울리 는 짓을 함부로 하고 있다."

칭찬의 원칙을 응용하여 성공을 거둔 세 사람의 이야기를 소 개하겠다. 세 사람 다 내 강습회의 수강자이다.

우선 코네티커트의 변호사 이야기이다. 부인은 친척에게 불 리하기 때문에 이름을 밝히지 말아 달라고 하니, 편의상 그 이 름을 R이라고 하자.

나의 강습회에 참가한 지 얼마 뒤에 R씨는 부인과 함께 롱 아일랜드에 있는 그의 친척을 찾아갔다.

R씨는 칭찬의 원칙을 실험한 결과를 강습회에 보고하기로

되어 있었기 때문에 우선 이 늙은 숙모를 시험해 보기로 했다.

그래서 그는 진심으로 감탄할 만한 것을 찾아내려고 집안을 둘러보았다.

"이 집은 1890년경에 지은 집이겠군요?"

하고 그가 묻자 숙모는 대답했다.

"그래, 바로 1890년에 지었단다."

"내가 태어난 집도 이렇게 생긴 집이었어요. 훌륭한 건물입니다. 정말 잘 지었어요. 널찍하고……, 요즘은 왜 이런 집을 짓지 않는지 모르겠어요."

그 말을 듣자 숙모는 기분이 좋아 맞장구를 치기 시작했다.

"정말 그래요. 요즘 젊은 사람들은 집의 아름다움에 대해서는 관심이 없다니까. 좁아 터진 아파트에 전기 냉장고, 그리고 놀러 다니려고 자가용이나 가지는 것이 젊은 사람들 꿈이 아냐?"

옛날을 회상하며 그리워하는 느낌이 그 목소리에 확연히 나타나 있었다.

"이 집은 내게는 꿈의 집이다. 이 집에는 사랑이 담뿍 담겨 있어요. 이 집이 섰을 때, 남편과 나의 오랜 꿈이 실현됐었지. 설계는 건축가에게 맡기지 않고 직접 우리 손으로 했다니까."

그리고 그녀는 R씨를 안내하여 집안을 구경시켰다. 그녀가 여행의 기념으로 소중하게 간직한 기념품들을 본 R씨는 진심으로 감탄하는 소리를 내었다.

스코틀랜드의 페이즐리 천으로 만든 숄, 옛 영국제 찻잔, 위지우드의 도자기, 프랑스제 침대와 의자, 이태리의 그림, 프랑스 귀족관에 있었다는 비단 홑이불 같은 것이 그 중에는 끼어 있었다.

집안의 안내가 끝나자 숙모는 R씨를 차고로 데리고 갔다. 그곳에는 새 차나 다름없는 패카드 한 대가 자키로 들려진 채 있었다. 그것을 가리키며 숙모는 조용히 말했다.

"남편이 돌아가시기 조금 전에 이 차를 샀는데, 나는 아직 이 차를 타본 일이 없어요……. 조카는 이해심이 깊군. 나는 이 차를 조카에게 주고 싶어요."

"저에게요? 숙모님 그건 곤란합니다. 물론 그 기분은 알겠지만, 저는 이 차를 받을 수가 없습니다. 전 숙모님과 아무런 인척 관계도 지금은 없지 않습니까. 친척 중에는 이 패카드 차를 바라는 사람도 있을 텐데요."

하고 R씨가 사양하자 숙모는 손을 내저었다.

"친척! 친척이야 있지. 이 차를 갖고 싶어 내가 죽기만 기다리는 친척들이 있지. 그러나 그런 사람에게 이 차를 줄 수는 없어요."

"그러면 중고차 시장에 팔면 되겠군요."

"팔아? 내가 이 차를 팔 것 같아요? 어디 사는 누군지도 모르는 사람이 이 차 타는 것을 내가 참을 수 있을 것 같아요? 이 차는 남편이 나를 위해 사준 차예요. 팔다니, 꿈에도 그럴 수는 없어. 조카에게 주겠어요. 당신은 아름다운 것에 대한 가치를 아는 사람이니까."

R씨는 어떻게 해서든지 그녀의 기분을 상하게 하지 않고 거절하려고 했지만 숙모는 말을 듣지 않았다.

넓은 집안에 오직 홀로 지난날을 회상하며 살아가는 노부인은 조그만 칭찬의 말에도 굶주려 있었던 것이다.

그녀도 한때는 젊고 아름답기로 평판이 난 시절이 있었다. 사랑의 집을 짓고, 구라파 각지에서 구입해 온 가구로 방을 장식한 때가 있었다.

그런데 이제는 노년의 고독을 씹는 신세가 됐고, 따라서 조그만 칭찬의 말도 뼈에 사무치게 고마웠을 것이다. 그런데 그러한 조그만 칭찬이나마 아무도 그녀에게 주려 하지 않았다.

그래서 R씨의 이해 있는 태도를 본 그녀는 사막에서 우물을 찾은 듯 기뻤고, 아끼던 패카드 승용차를 R씨에게 주지 않으면 심정이 풀리지 않도록 된 것이었다.

다음은 도날드 M.맥마흔 씨의 얘기다.

뉴욕에 있는 루이스 앤드 발렌타인 조원회사(造園會社)의 정원사장(庭園師長)을 하고 있는 맥마흔 씨의 경험은 다음과 같다.

"강습회에서 '사람을 움직이는 방법'에 대한 강의를 들은 지 얼마 뒤에, 나는 유명한 법률가의 집 정원을 만들고 있었다. 그러자 그 집 주인이 정원에 나와, 석남화(石楠花)와 철쭉을 어디다 심었으면 좋겠느냐고 물었다.

나는 그에게 '선생님은 즐거우시겠습니다. 이렇게 훌륭한 개를 많이 키우셔서요. 매디슨 스퀘어 가든의 개 품평회에서 선생님네 개가 상을 많이 탔다는 소식 들었습니다.'라고 말을 걸었다.

이 조그만 찬사가 나타낸 반응에 대해 나는 깜짝 놀랐다.

그는 기쁜 듯이 '그건 즐거운 일이고말고. 우리 개들을 좀 구경 하겠소?'라고 했다. 1시간 가까이나 그는 자랑스런 개와 상패들을 나에게 보였고, 드디어는 혈통 족보까지 가지고 나와 개의 우열을 좌우하는 혈통에 대한 설명을 했다.

끝으로 그는 '당신네 집에 사내아이가 있소?'하고 묻기에,

있다고 했더니, '그 아이도 개를 좋아하오?'라고 물었다.
'네, 그애는 개를 굉장히 좋아합니다.'라고 나는 대답했다.

그러자 그는 놀랍게도 '좋아, 그 아이에게 한 마리 주지.' 했던 것이다.

그는 강아지를 키우는 방법에 대한 설명을 한참 하다가, 잠깐 생각에 잠기더니 '말만으로는 잊기가 쉽지. 써주지.' 하며 집으로 들어갔다. 그리고 혈통서와 설명서를 타이프로 쳐서, 사려면 백 달러 넘는 강아지를 나에게 주었다. 뿐만 아니라 자기의 귀중한 시간을 1시간 반이나 나에게 쪼개준 셈이다. 이것이 그의 취미와 그 성과에 대해 보낸 솔직한 칭찬에 대한 보상이었다."

코닥 사진기로 유명한 조지 이스트맨은, 소위 활동사진에 있어서 없어서는 안 될 투명 필름을 발명하여 21만의 재산을 구축한 세계 유수의 대실업가이다.

그만큼 큰 사업을 이룬 사람일지라도, 우리와 똑같이 조그만 찬사에도 굉장한 감격을 한 것이었다. 그 얘기를 소개하기로 하겠다.

꽤 오래전의 일인데, 이스트맨은 로체스터에 이스트맨 음악학교와 그의 어머니를 기념하는 극장 킬본 홀을 건축중이었다.

뉴욕의 고급 의자 제작회사의 제임스 애덤슨 사장은 이 두개의 건물에 쓸 좌석의 주문을 받고 싶어했다.

그래서 애덤슨은 건축가에게 연락을 취해 이스트맨과 로체스터에서 만나기로 약속했다. 애덤슨이 약속한 장소에 도착하자, 건축가가 그에게 주의를 했다.

"당신은 이 주문을 받고 싶겠지요. 만일 당신이 이스트맨 씨의 시간을 5분 이상 차지하면 성공의 가망은 우선 없다고 할밖에 없습니다. 이스트맨은 까다로운 사람이고 바쁜 사람이니까, 얘기를 간단히 끝내야 될 것입니다."

애담슨은 그대로 할 작정이었다.

방에 들어가니, 이스트맨은 책상에 마주 앉아 산처럼 쌓인 서류를 뒤적거리고 있었다. 이윽고 그는 머리를 쳐들고 안경을 벗더니 건축가와 애담슨 쪽으로 걸어왔다.

"안녕하시오. 두 분의 용건은 무엇입니까?"

건축가의 소개로 인사가 끝나자 애담슨 씨는 이스트맨 씨에게 말했다.

"아까부터 저는 이 방의 꾸밈새가 훌륭한 데 감탄하고 있습니다. 이렇게 훌륭한 방에서 일을 하시기가 퍽 즐거우시겠습니다. 저는 실내장식이 전문입니다만, 이제까지 이렇게 훌륭한 방을 본 일이 없었습니다."

조지 이스트맨 씨가 대답했다.

"그 말을 듣고 보니 이 방을 처음 꾸밀 때의 일이 생각납니다. 꽤 좋은 방이지요. 처음에는 나도 일하기가 즐거웠지만, 요즘은 너무 바빠서 몇 주일 동안이나 이 방이 훌륭하다는 것을 잊고 있기가 일쑤입니다."

애담슨 씨는 벽 판자에 가까이 가서 만져보면서,

"이것은 영국산 떡갈나무이군요. 이태리산 떡갈나무와는 조금 다른 데가 있지요."

그러자 이스트맨 씨가 대답했다.

"그렇습니다. 영국에서 수입해 왔습니다. 재목에 대해서는 잘 아는 친구가 있어서 나를 위해 골라준 것입니다."

그리고 이스트맨 씨는 방의 균형, 색채, 조각의 장식, 그밖에 그 자신이 연구한 곳 등, 이것저것 애담슨 씨에게 설명해 주었다.

두 사람은 방안을 구경하며 돌았는데, 벽 근처에서 멈추어 섰다. 이스트맨 씨가 사회사업으로써 자기가 세운 여러 시설에 대해 자상하게 얘기하기 시작한 것이다.

로체스터 대학, 종합병원, 동종요법의원, 우애 홈, 아동병원 등등의 이름이 등장했다.

애담슨 씨는 이스트맨 씨가 인류의 고통을 덜기 위해 그의 재산을 사용하는 이상주의적 방법에 대해 진심으로 찬양했다.

이윽고 이스트맨 씨는 유리 상자를 열고, 처음에 그가 입수했다는 사진기를 꺼냈다. 어느 영국인으로부터 사들인 발명품이었다.

애담슨 씨는 이스트맨 씨가 사업을 시작할 무렵의 고생에 대해 질문했다. 그러자 이스트맨 씨는 가난한 소년시절을 회고하고, 과부인 어머니가 하숙업을 하는 한편, 자기는 일급 50센트로 어느 보험회사에 다녔다는 것 등을 실감 있게 말했다.

가난의 공포에 밤낮 떨던 그는 어떻게 해서든지 가난에서 빠져나가 어머니를 싸구려 하숙업에서 해방시켜야 하겠다고 결심했다고 한다.

애담슨은 계속 질문했고 건판(乾板)을 실험할 무렵의 얘기에 귀기울였다.

사무실에서 하루 종일 일한 일, 약품이 작용하는 짧은 시간을 이용해 잠을 자면서 밤새도록 실험을 한 일, 가끔은 72시간 잠 한숨 자지 않고 옷도 갈아입지 못하던 일을 이스트맨 씨는 얘기했다.

제임스 애담슨 씨가 처음에 그 방에 들어간 것은 10시 15분이었고, 5분 이상 걸려선 안 된다고 했는데, 이미 2시간이나 지나 있었다. 그래도 얘기는 여전히 계속되었다.

마지막에 이스트맨 씨는 이렇게 말했다.

"지난번 일본에 갔을 때, 의자를 사다가 집 현관에 두었는데 햇빛을 받으니 칠이 벗겨져서 페인트를 사다가 내가 손수 다시 칠했지요. 어떻습니까, 나의 페인트칠 솜씨를 보지 않으시렵니까? 그럼 집으로 오십시오. 점심 식사 뒤에 의자를 보여드리지요."

점심 식사 뒤에 이스트맨 씨는 애담슨 씨에게 의자를 보여주었다. 하나에 1달러 50센트도 하지 않을 의자로서, 백만장자에게는 어울리지 않았지만 자기가 페인트칠을 했다는 것이 자랑이었다.

9만 달러에 이르는 극장 좌석의 주문이 누구의 수중에 떨어졌을까. 그것은 말할 필요도 없다.

그 후 제임스 애담슨 씨와 이스트맨 씨는 생애의 오랜 친구가 되었다.

우리는 이 굉장한 효과를 가지는 칭찬의 법칙을, 어디서보다 먼저 자기의 집에서 시작해 보는 것이 좋겠다. 가정만큼 그것이 필요한 곳은 없고, 가정만큼 그것을 잊고 있는 곳도 없다.

어떠한 아내에게도 반드시 장점은 있다. 적어도 남편이 그것을 인정했기에 결혼이 성립된 것이다.

그런데 당신은 아내의 매력에 찬사를 보내지 않은 지가 벌써 몇 년이 되는가?

몇 년 전 나는 뉴 브란즈위크 주의 미라미치 강 상류까지 낚시를 간 일이 있었다. 캐나다 대삼림 깊숙이 인적이 없는 곳에

서 캠프를 했다. 읽을 것이라고는 단 한 장의 시골 신문뿐. 그
것을 구석구석 샅샅이 읽었는데, 그 속에 트로시 딕스 여사가
쓴 기사가 실려 있었다. 상당히 좋은 기사였기 때문에 오려내
서 지금도 보존하고 있다.

그 기사에 의하면, 그녀는 신부에게 주는 충고는 귀가 아플
정도로 들었지만, 충고는 오히려 신랑에게 다음과 같은 것을
해야 한다는 것이다.

'칭찬을 잘하게 되기까지는 절대로 결혼해서는 안 된다. 독
신일 때는 여성을 칭찬하건 안 하건 자유이지만, 일단 결혼을
하면, 상대를 칭찬하는 일이 필수조건이다. 이것은 자기의 안
전을 위해서도 불가결이다. 솔직하게 말하면 안 된다. 결혼 생
활은 외교의 현장이다.

만족한 나날을 보내고 싶으면 결코 아내의 집안 일을 비난하
거나, 짓궂게 자기 어머니와 비교하는 일은 하지 말아야 한다.
거꾸로 항상 아내가 하는 일을 칭찬하고, 재색 겸비한 이상적
여성과 결혼한 것을 드러내 기뻐할 것이다. 설령 비프스테이크
가 쇠가죽처럼 질기고, 토스트가 새까맣게 탔더라도 결코 불평
을 해서는 안 된다. 오늘은 마침 잘 구어졌다고 가볍게 칭찬하
라. 아내는 남편의 기대에 부응하려고 열심히 노력할 것이다.'

이 방법은 갑자기 시작해서는 안 된다. 아내가 이상하게 생
각한다. 우선 오늘 저녁이나 내일 저녁, 그녀에게 꽃이나 캔디
를 사갖고 들어가는 것이 좋을 것이다. 그래야 하겠다고 생각
만 하지 말고 정말 실천할 일이다.

그리고 웃는 얼굴에 한두 마디 칭찬의 말을 건다. 이것을 실

천하는 남편과 아내가 결합하면 세상의 이혼은 훨씬 줄 것이다.

여성의 사랑을 받는 방법을 알고 싶거든 그 비결을 전수하는 것이 좋다. 꽤 좋은 방법인데 고백하자면 그것은 내가 고안한 방법이 아니라, 트로시 딕스 여사의 것을 슬쩍한 것이다.

여사는 23명의 여성의 마음과 그리고 그녀들의 저금을 차례로 차지한 유명한 결혼사기범과 인터뷰를 한 일이 있었다. (인터뷰 장소는 형무소였다.) 여성에게 사랑을 받는 비결을 묻자 사기꾼은 이렇게 대답했다.

"별로 비결다운 것은 없습니다. 상대의 얘기만 자꾸하면 됩니다."

이 방법은 남성에 대해서도 효과가 있다.

"상대인 남자의 얘기만 자꾸 하라. 그러면 그는 당신의 말에 몇 시간이고 귀기울일 것이다."

여성에게 특히 인기가 있는 영국의 대정치가 디즈렐리의 말이다.

그러므로 사람의 호감을 얻는 방법의 여섯째는,

상대에게 중요감을 준다―, 특히 성의있게 해야 할 것이다

여기까지 읽은 다음, 일단 책을 덮어두고, 이 칭찬의 철학을 당신의 주변 인물들에게 응용해 볼 것을 권한다.

아마도 나타날 효과는 놀라운 것이 됨을 의심치 않는다.

인간 관계를 위한 *aphorism*

6. 자신이 원하지 않는 것을 남에게 베풀지 말라. −논어−

7. 어떤 때라도 인사는 덜하기보다도 넘치게 하는 쪽이 좋다. −톨스토이−

8. 타인과의 교제에 있어서 절제는 영혼의 평정을 보증한다. −상피에르−

9. 세상에는 사전 같은 사람이 있다. 가끔 회상하게 되지만 그렇다고 별로 진척도 없으며, 게다가 전혀 재미도 우습지도 않은 사람들이다. −W. 펜−

10. 세상에는 물고기를 잡을 수 있는 사람과 다만 물을 탁하게 하는 사람이 있다. −중국의 속담−

상대방을 설득하는 열두 가지 방법

✳

제1장

논쟁을 피하라

1차대전 직후의 어느 날 밤 나는 런던에서 귀중한 교훈을 얻었다. 당시 나는 로스 스미스 경의 매니저를 하고 있었다. 로스 스미스 경은 대전중 타레스티나의 공중전에서 혁혁한 무공을 세운 오스트레일리아의 하늘의 용사로서, 종전 직후 30일 동안에 세계의 반을 위험을 무릅쓴 여행에 성공하여 세계를 깜짝 놀라게 한 사람이었다.

그것은 그 당시로는 전대미문의 대시도이었고, 일대 센세이션을 일으켰다. 오스트레일리아 정부는 그에게 5만 달러의 상금을 주었고 영국 여왕은 그를 작위 나이트로 훈장을 내리고, 그는 대영제국의 화제의 중심이 되었다. 말하자면 영국의 린드버그였다.

어느 날 밤, 그를 위해 열린 연회에 나도 참석했다.

모두가 자리에 앉았을 때, 내 옆에 있던 한 사나이가 '인간이 마구 깎으면 하나님이 곱게 다듬어 주신다.'는 인용구에 관계가 있는 재미있는 얘기를 했다.

그 사나이는 그것이 성서에 써 있는 구절이라고 했다. 그러나 그것은 잘못 안 것으로 나는 그것이 어디서 나온 말인지 알고 있었다.

거기서 나는 나의 중요감과 우월감을 채우기 위해서 그의 잘못을 지적했다.

"뭐? 셰익스피어의 한 구절이라고? 그럴 리가 있나. 그런 무식한 소리가 어디 있어. 그것은 성서 구절이에요. 이것은 틀림없는 사실이라니까."

그는 굉장한 기세로 내게 대들었다. 그 사나이는 나의 오른쪽에 앉아 있었는데, 왼쪽에는 나의 오랜 친구인 프랭크 가몬드가 앉아 있었다.

가몬드는 우리의 주장을 가만히 듣고 있더니, 식탁 아래로 나의 다리를 슬쩍 건드리면서 살며시 귀띔을 했다.

"딜, 그건 자네가 틀렸어. 저편의 주장이 맞아. 분명히 성서 속의 구절이야."

그날 밤, 연회가 끝나고 돌아오는 길에 나는 가몬드에게 말했다.

"프랭크, 그건 분명 셰익스피어야. 자네가 그걸 모르지는 않을텐데……."

"자네 말이 맞았어. 햄릿의 제5막 제2장에 나오는 말일세. 그걸 왜 내가 모르겠나. 그러나 딜, 우리는 영광스런 자리에 초대된 손님이 아니었던가. 왜 그 남자의 잘못을 꼭 증명해야 하는가. 그것을 증명하면 상대가 자네를 존경할까? 상대방의 체면도 생각해 주어야지. 더구나 상대가 자네의 의견을 물은 것도 아니지 않았나. 자네 의견 따위는 듣고 싶지 않았어. 그런데 논쟁을 하는 이유가 뭔가. 어떤 경우에도 모난 것은 피하는 것이 좋아.”

그 어떤 경우에도 모난 일은 피하는 것이 좋다던 그 친구는 이미 이 세상 사람이 아니지만 그 교훈만은 지금도 나의 가슴 깊이 새겨져 있다.

천성적으로 나는 논쟁을 좋아했기 때문에 이 교훈은 특히 필요했다.

젊었을 때의 나는 세상의 모든 것에 대해서 형과 논쟁을 했다. 대학에서는 논리학과 변론을 연구했고, 토론회에 참가했다. 굉장히 이론을 좋아했고, 증거를 눈앞에 들이대기까지는 결코 항복하지 않았다.

이윽고 나는 뉴욕에서 토론과 변론술을 강의하게 되었다.

지금 생각해 보면 식은땀이 나지만, 그 방면의 책을 쓸 계획을 세운 일도 있었다.

그 후, 나는 모든 경우에 일어나는 토론을 경청하고 비판하고 스스로도 거기 참가해서 그 효과를 지켜보았다. 그 결과 토론에서 이기는 유일한 길은, 이 세상에 단 한 가지밖에 없다는 결론에 도달했다.

그 방법이란 토론을 피하는 길이다. 독사나 지진을 피하듯 말다툼은 피해야 한다.

그 토론이란, 거의 예외없이, 자기 주장이 옳다고 더욱 더 확신을 시키게 만드는 것이다. 그것에 이기기란 불가능하다. 만일 지면 진 것이고, 이겼다 해도 역시 지고 있는 것이다.

왜냐하면, 가령 상대를 완벽하게 해치웠다 하고, 그 결과는 도대체 어떻게 될까. 해치운 쪽은 당장은 기분이 좋겠지만, 당한 쪽은 열등감을 가지게 되고 자존심이 상할 것이며, 분개할 것이다.

'인간은 억지로 설득된다 해도 이해하지 못한다.'

벤 상호생명보험회사에서는 외무원의 지침으로 다음과 같은 방침을 확립하고 있다.

'다투거나 토론하지 말 것.'

진정으로 외무에 능한 것은 토론을 잘하는 데 있는 것이 아니다. 토론의 토자도 필요없다. 인간의 마음이란 토론으로 변하는 것이 아니다.

그 좋은 예가 있다.

몇 년 전의 일인데, 나의 강습회에 패트릭 J. 오헤어라는 토론을 좋아하는 아일랜드인이 참가했다.

교육은 그다지 받지 못했지만 매우 토론을 즐기는 사람이었다. 이전엔 자가용 운전수였다. 트럭 세일즈맨을 하려고 했지만 여의치 않았고, 그래서 강습회에 나온 것이었다.

두세 마디 질문을 해보니, 항상 손님에게 싸울 듯 토론을 걸고, 손님을 공격하곤 한 것을 알 수 있었다.

판매하려는 트럭에 손님이 조금이라도 불평을 할 양이면 무서운 기세로 대들었다. 그리고 토론에서는 대개 이겼다.

그는 뒤에 이렇게 회고했다.

"그 사무실을 나올 때 나는 속으로 '어때 한방 먹었지?' 하고 혼잣말을 중얼거렸다. 분명히 한 대 먹였지만, 트럭은 한 대도 팔지 못했다."

내가 처음에 한 일은 패트릭에게 말솜씨를 가르치는 일이 아니라, 그의 입을 다물게 하여 토론을 시키지 않는 일이었다.

그 패트릭 오헤어 씨가 지금은 뉴욕의 화이트 모터 회사에서 이름을 날리는 세일즈맨이 되어 있다.

그럼 그 방법을 그의 얘기를 빌어 알아보자.

"지금 가령 내가 판매를 나가서 상대가 '화이트의 트럭? 그건 틀렸어. 공짜로 준다 해도 난 안 사겠어. 팔겠으면 후즈이트의 트럭으로 하겠어.' 했다고 합시다. 그러면 나는 대답합니다. '지당한 말씀입니다. 과연 후즈이트의 트럭은 좋은 물건입니다. 그것은 사두면 틀림이 없지요. 회사도 최고이고 판매계 사람들도 다 좋은 사람들입니다.'

이렇게 하면 상대는 더 할 말이 없어집니다. 토론의 여지가 없어지는 것이지요. 이쪽이 그렇다고 동의하고 있는데도, 하루 종일 '후즈이트가 최고'를 되풀이할 수는 없을 겁니다. 그 때 화제를 바꾸어 가지고, 화이트사 트럭의 장점에 대해서 얘기하기 시작하는 것입니다.

지난날의 나였다면, 이런 경우 정색을 하고 후즈이트를 끌어내리기 시작했겠지요. 내가 정색을 하면 할수록 상대는 후즈이트 편을 듭니다. 그러는 사이에 나의 경쟁 상품이 더욱 좋은 물건으로 되어 버리는 것입니다.

지금 생각하니까, 그렇게 장사를 하려고 한 것이 부끄럽습니다. 나는 오랫동안 말다툼과 논쟁으로 손해만 봤어요. 그러나 지금은 입을 꼭 다뭅니다. 덕분에 장사는 아주 잘 되지요."

벤자민 프랭클린은 곧잘 이렇게 말했다.

"토론하고 반격하고 하는 사이에 상대를 꺾은 일도 있을 것이다. 그러나 그것은 허망한 승리라는 것이다. 상대의 호의는 결코 얻어낼 수 없을 것이기 때문에……."

그러므로 여기서 잘 생각해 볼 일이다.

이론 투쟁으로 화려한 승리를 얻는 것이 좋을까, 아니면 상대의 호의를 얻는 것이 좋을까. 이 두 가지는 결코 양립할 수 없는 것이다.

보스턴 트랜스크립트 신문에, 어느때인가, 다음과 같은 짓궂은 시가 실려 있었는데 꽤 의미심장했다.

여기 윌리엄 제이 영원히 자다.
옳고 옳은 길을 걸어 잠들다.
옳지 않은 길을 걸은 자와 똑같이 잠들다―.

옳고 옳은 토론을 아무리 해봐도 상대의 마음은 변하지 않는다. 그 점에서 옳지 않은 토론을 하는 것과 하등 다를 것이 없다는 것이다.

우드로우 윌슨 내각의 재무장관 윌리엄 G. 마카도우 씨는, 오랜 정치 생활에서 '무지한 사람을 토론으로 이기기는 불가능하다.'는 것을 깨달았다고 말하고 있다.

나의 경험으로는, 지능지수 여하에 상관없이 어떠한 인간일지라도 그 생각을 바꾸는 것을 토론으로 하려고 해서는 우선 불가능하다는 것이다.

실례를 들어보자.

소득세 고문을 하고 있는 프레드릭 S. 파즌스라는 사나이가 어느때, 세무감사관과 1시간에 걸쳐 말다툼을 하고 있었다. 9천 달러의 한 항목이 문제가 된 것이다.

파즌스의 주장은 이 9천 달러는 사실상 회수 불가능이기 때문에 과세의 대상이 되지 않는다는 것이었다.

"회수 불능이라고! 그런 말이 어디 있습니까. 당연히 과세 대상이 됩니다."

감사관은 아무래도 양보하지 않았다.

이 때의 사정을 파즌스 씨는 나의 강습회에 나와 공개했다.

"그 감사관은 냉혹·거만·고집불통으로, 아무리 이유를 들려 주고 사실을 듣고 해도 전연 받아들이지 않았습니다. 토론을 하면 할수록 더 완강해집니다. 거기서 나는 말다툼을 그만두고, 화제를 바꾸어 상대를 칭찬하기로 했습니다.

나는 '정말 당신의 일은 대단한 것이군요. 이 문제 따위는 사소한 것이겠지만, 더 중요하고 어려운 문제가 있겠군요. 나도 이것이 직업이니까 세금에 대한 연구는 하고 있습니다만 내 지식도 책에서 얻는 것에 지나지 않습니다. 그러나 당신은 실제 현장에서 그 지식을 얻고 계십니다. 나도 당신과 같은 일을 했으면 싶을 때가 있습니다. 공부가 될 테니까요.'하고 말했는데, 그것은 나의 진심이기도 했습니다.

그러자 감사관은 느긋하게 의자에 걸터앉아서는, 자랑스럽게 자기의 경험담을 늘어놓기 시작했습니다. 자기가 적발한 교묘한 탈세 사건을 얘기하는 중에, 그 말투가 차츰 부드러워지더니, 기분이 풀려갔습니다. 나중에는 자기의 아들 얘기까지 나에게 하는 것입니다. 돌아갈 때 그는 문제의 항목에 대해서는 잘 생각한 뒤에 2~3일내에 회답을 보내겠다고 했지요.

사흘 뒤에 그는 나의 사무실에 다시 나타나서 세금이 내가 신고한 대로 결정되었다고 통지해 주었습니다."

이 감사관은, 인간의 가장 보편적인 약점을 드러내 보인 것이었다. 그는 자기 중요감을 바랐던 것이다. 파즌스 씨와 논쟁을 하는 사이에는 자기의 세무관으로서의 권위를 가지고 자기 중요감을 만족시키고 있었다. 그런데 자기의 중요감이 인정되고, 논쟁이 끝나고 자아의 확대가 이루어지자, 즉시 그는 친절한 인간으로 변한 것이었다.

나폴레옹의 집사 콘스탄트는 황후 조세핀과 곧잘 당구를 쳤다.

그가 쓴 《나폴레옹의 사생활 회고록》에 다음과 같은 자신의 고백 대목이 있다.

"나의 당구 솜씨는 상당한 것이었지만, 황후에 대해서는 항상 승리를 양보하도록 했다. 그것이 황후로서는 대단히 기쁜 일인 것 같았다."

이 고백은 귀중한 교훈을 내포하고 있다. 우리도 고객이나 연인, 혹은 남편이나 아내와 말다툼을 하게 되는 경우, 승리를 상대방에게 양보하는 것이 좋겠다.

석가모니는 이런 진리를 설파했다.

'미움은 미움으로써는 영원히 사라지지 않는다. 사랑으로써만 비로소 사라질 수 있다.'

오해는 논쟁을 가지고는 결코 해소되지 않는다. 외교성, 위로, 그리고 상대의 입장에 동정적 생각을 가지고 대해야 비로소 해소될 수 있다.

링컨은 언젠가 동료와 싸움만 하는 한 청년 장교를 나무란 일이 있었다.

"자기의 향상을 바라는 자는 싸움 따위를 할 시간이 없다. 더구나 싸움의 결과, 기분이 언짢아지거나 자제심을 잃게 되는 것을 생각하면 더욱 싸움질은 할 수 없다. 이쪽에 반쯤의 정의밖에 없을 때는, 아무리 중요한 일일지라도 상대에게 양보할

것이다. 이쪽이 열 가지가 다 옳았다고 생각되는 경우라도 조
그만 일이면 양보하는 것이 좋다. 좁은 길에서 개를 만나면 권
리를 주장하다가 물리기보다는, 개에게 길을 내주는 것이 현명
하다. 설령 그 개를 죽일 수 있다 해도 깨물린 상처는 낫기가
어렵다.”

그러므로 사람을 설득하는 방법의 첫째는,

논쟁에 이길 가장 좋은 방법은, 그 논쟁을 피하는 일임을 명
심할 것

제 2 장

잘못을 들추지 말라

데오도어 루즈벨트가 대통령이 되었을 때, 자기가 생각하고 있는 일 이백 가지 중에 일흔다섯 가지가 옳으면 자기로서는 그것이 최고로 바라는 바라고 남에게 말한 일이 있었다.

20세기의 위인이 그렇다면 우리는 도대체 어떻게 되는 것일까.

자기가 생각하는 바가 55퍼센트까지 옳다고 자신하는 사람은, 웰가에 나가서 하루 백만 달러를 벌어 요트를 사고 절세의 미인과 결혼을 할 수 있다. 그러나 55퍼센트에 미칠 자신도 없다면 그러한 인간에게 남의 잘못을 지적할 자격이 과연 있을까?

눈길, 말투, 몸짓 등을 가지고도 상대의 잘못을 지적할 수 있지만 이것은 드러내놓고 상대를 공격하는 것이나 다를 바

없다.

 도대체 상대의 잘못을 왜 지적해야 하는 것일까—. 상대가 동의해 주기를 바라서? 천만의 말씀이다. 상대는 자기의 지능, 판단, 긍지, 자존심에 뺨을 맞고 있는 것이다.

 맞으면 당연히 반격을 해올 것이다. 자기의 생각을 바꾸려 할 이치가 없다. 아무리 플라톤이나 칸트의 논리를 들려주어도 상대의 의견은 변하지 않는다. 상처를 입은 것은 이론이 아니라 감정이기 때문이다.

 "그럼 당신에게 그 까닭을 설명하겠습니다."
하는 따위의 전제는 금물이다.
 그것은 마치,
 "너보다 내가 머리가 더 좋다. 그러니 너의 생각을 바꾸어주어야 하겠다."
하는 것이나 다름없다.
 그것은 도전이나 마찬가지다. 상대에게 반항심을 일으켜 전투 준비를 시키는 것과 같다.

 남의 마음을 바꾸는 일은 가장 좋은 조건 밑에서마저도 매우 어려운 일이다. 이쪽에서 나서서 그 조건을 악화시킬 필요는 없지 않을까. 그것은 스스로 손발을 묶는 것과도 같다.

 남을 설득하고 싶으면 상대가 눈치채지 않게 해야 할 것이다. 아무도 눈치채지 않게 교묘하게 하여야 한다.

 "가르치지 않는 척하면서 남을 가르치고, 상대가 모르는 일은 모르는 것이 아니라 잊고 있는 것이라고 말해 준다."
 이것이 비결이다.
 체스터필드 경(17세기 영국의 정치가, 외교관.)이 아들에게 준

처세훈 중에 다음과 같은 한 구절이 있다.

"될 수 있으면 남보다 현명해져라. 그러나 현명하다는 사실을 남이 눈치채게 하지 말라."

나는 20년 전에 믿고 있던 일을 지금은 거의 믿지 못하게 되었다. 지금도 믿고 있는 것이 있다면 구구단 정도일까.

그런데 아인슈타인의 책을 열고 그 구구단마저도 의심스럽게 되었다.

앞으로 20년이 더 지나면 나는 이 책에다 내가 말한 사실마저도 믿을 수 없게 되는지 모른다. 지금으로서는 전과 달라 만사가 확신을 가지지 못하게 되었다.

소크라테스는 제자들에게 늘 이렇게 말했다.

"나는 한 가지만 알고 있다. 그것은 내가 아무것도 모른다는 사실이다."

나는 어떻게 달라져도 소크라테스보다 현명할 수는 없다. 그러므로 남의 잘못을 지적하는 일은 일체 하지 않기로 했다. 그 방침 덕분에 나는 꽤 이득을 보았다.

상대가 틀렸다고 생각될 때는, 생각 뿐만 아니라 틀린 것이 분명할 때일지라도, 이렇게 말을 꺼내는 것이 바람직하다고 생각한다.

"사실 나는 그렇게 생각하지 않았는데요, 아마 내가 잘못 생각한 것이겠지요. 나는 곧잘 잘못 생각하곤 합니다. 틀렸으면 고치고 싶습니다. 그러니 사실을 한 번 더 따져봅시다."

여기의 '아마 내가 잘못 생각한 것이겠지요. 나는 곧잘 잘못 생각하곤 한답니다. 다시 한 번 따져봅시다.' 하는 말은 이상하리만큼 효과가 있다. 이 말에 반대하는 사람은 어느 세상에도 없을 것이다.

이것은 또한 과학자적인 방법이기도 하다.

북극 탐험가로서 유명한 과학자인 스테판은 물과 고기만으로 11년간 북극권 생활을 계속한 체험을 가진 사람인데, 나는 그로부터 어떤 실험에 대한 얘기를 들은 일이 있었다.

그 실험에 의해서 무엇을 증명하려고 했느냐고 내가 물으니, 그는 이렇게 대답했다.

"과학자란 아무것도 증명하려고 하지 않습니다. 다만 사실을 발견하려 할 뿐입니다."

나는 지금도 이 과학자의 말을 잊을 수 없다.

우리도 과학적으로 사물을 생각해야 하지 않을까. 그럴 생각만 있다면 할 수 있을 것이다.

"아마 내가 잘못 생각한 것이겠지요."

라고 말해서 사고가 일어날 까닭은 없다. 결코 없다. 오히려 그것으로 논쟁이 그치고 상대도 이쪽에 관대하고 공정한 태도를 갖고 싶어하게 되고, 자기도 틀렸을지 모른다는 반성을 해볼 마음이 일어날 것이다.

상대가 분명히 나쁜 줄을 알고 있을 경우, 그것을 노골적으로 지적하면, 어떠한 사태가 일어날 것인가? 그 좋은 예를 한 가지 들겠다.

뉴욕의 젊은 변호사 S씨가 미국 최고 재판소 법정에서 변론을 하고 있었다.

논쟁이 한창일 때, 재판관이 S씨에게 "해사법(海事法)에 의한 기한의 규정은 6년이었지요."

라고 말했다.

S씨는 한참 동안 말없이 재판관의 얼굴을 쳐다보더니 이윽고 무뚝뚝하게,

"각하, 해사법에는 기한의 규정은 없습니다."

라고 대답했다.

이 때의 일을 S씨는 나의 강습회에 나와 다음과 같이 말했다.

"한 순간 법정은 물을 끼얹은 듯이 조용해지고 차가운 공기가 장내에 흘렀다. 내가 옳고 재판관이 잘못 알았던 것이다. 나는 그것을 솔직이 지적했을 뿐이었다. 그러나 상대는 그것으로 나에게 호의를 가졌을까? 아니다. 나는 지금도 내가 옳았다고 생각한다. 그때의 변론도 흔치 않게 잘된 것이었다고 믿는다. 그러나 상대에게 납득시킬 힘은 전혀 없었다. 잘못을 지적하여 이 분야 최고의 유명 인물에게 창피를 주는 대실책을 저지른 것이었다."

원리 원칙대로 움직이는 사람이란 거의 없는 것이다. 대개의 인간은 편견을 가지고, 선입감, 질투심, 시기심, 공포심, 자부심 따위에 침식되어 있다. 그리고 자기의 주의, 종교, 이발업, 클라크 케이블을 좋아하느냐 아니냐 따위를 좀체 바꾸려고 하지 않는다.

만일 남에게 그 잘못을 지적해 주고 싶으면 다음의 문장을 읽은 다음에 하는 것이 좋겠다. 제임스 하베이 로빈슨 교수의 명저 《정신의 발달 과정》의 한 구절이다.

'우리는 그다지 큰 저항을 느끼지 않고 자기의 생각을 바꾸는 경우가 종종 있다. 그런데 남이 나의 잘못을 지적하면, 화가 나고 짓궂어진다. 우리는 실로 멋대로 된 동기에서 여러 가지 신념을 가지게 된다. 그러나 그 신념을 누가 바꾸려고 나서

면 우리는 한사코 반항한다. 이 경우 우리가 중요하게 생각하는 것은 분명히 신념 그 자체가 아니다. 위기에 처한 자존심인 것이다.

나의 ……라는 아무렇지도 않은 말이, 사실은 세상에서 가장 중요한 말이다. 이 말을 올바로 포착하는 것이 사려 분별의 기초가 된다. 나의 식사, 나의 집, 나의 강아지, 나의 아버지, 나의 나라, 나의 하나님……. 나의 아래에 무엇이 와서 붙건 나의라는 말에는 힘이 들어 있다.

우리는 자기의 것이라면, 시계건, 자동차건, 혹은 천문·지리·역사·의학 그밖의 어떤 지식이건, 아무튼 그것이 상처를 입으면 굉장히 화가 난다. 우리는 진실이라고 믿어 속아온 것을 언제까지나 믿고 싶은 것이다. 그 신념을 흔드는 것이 나타나면 화가 난다. 그리고 무슨 구실을 붙여서 그 신념에 매달리려고 한다. 결국 우리의 소위 그 논쟁은 대개의 경우 자기의 신념을 고집하기 위한 논리를 찾으려는 노력으로 끝나는 것이 된다."

언젠가 나는 실내장식가에게, 방 가구의 덮개를 만들게 한 일이 있었다. 청구서가 온 것을 보고 나는 숨이 막히는 느낌이 되었다.

며칠 뒤, 한 부인이 와서 그 덮개를 보았다. 값이 얼마라는 말을 듣자 그 부인은 승리자처럼 소리쳤다.

"어머, 꽤 비싸군요. 상당히 벌게 해주셨네요."

사실 그녀가 말한 그대로였다. 나는 바가지를 쓴 것이었다. 그러나 자기가 어리석다는 것을 폭로하는 말에 즐겨 귀기울일 사람은 거의 없다. 나 역시 자기 변명을 했다. 싼 것은 비지떡

이라든가, 좋은 예술품은 특가품보다 비싼 것이 당연하다든가
…….

다음날 또 다른 부인이 와서 같은 물건을 보고 이번엔 칭찬
을 하면서 자기도 돈에 여유가 생기면 같은 것을 주문하고
싶다고 말했다. 그에 대한 나의 반응은 전날과는 딴판이었다.

"그러나 사실을 말하면 나도 이런 것을 살 돈이 없습니다.
해놓고 보니 아무래도 바가지를 쓴 것 같아서 후회가 됩니다."

우리는 자기의 잘못을 스스로 인정하는 일이 가끔 있다. 그
리고 그것을 남이 지적해 왔을 때 상대의 방법이 부드럽고 교
묘하면 아주 손을 들고 자신의 솔직성에 긍지마저 느끼는 일이
있다. 그러나 상대가 힘으로 잘못을 지적해 오면, 그렇게 되지
는 않는다.

남북전쟁 때, 전국에 이름을 떨친 편집장 호라스 글리리라는
사나이가 있었는데, 링컨의 정책에 크게 반대를 했다.

이 사나이는 논박, 비난 따위의 기사로써 링컨의 의견을 바
꾸게 하려고 몇 년 동안이나 노력을 했다. 링컨이 부스의 총탄
에 쓰러지던 날까지 그는 링컨에 대한 불손한 인신 공격을 그
치지 않았다.

그럼 효과는 있었던가? 물론 없다. 조소나 비난으로 의견을
바꾸게 할 수는 없다.

사람을 다루는 법과 자기의 인격을 닦는 방법을 알고 싶거
든, 벤자민 프랭클린의 자서전을 읽으면 된다. 일단 읽기 시작
하면 눈을 뗄 수 없을 것이다. 그것은 미국 문학의 고전이기도
하다.

이 자서전에서 프랭클린은 어떻게 하여 논쟁을 좋아하던 자
기의 나쁜 버릇을 극복하고, 유능함과 유연한 대인 관계와 외

교적 수완에 있어서 미국 최고의 인물이 되었느냐를 말하고 있다.

프랭클린이 아직 혈기 왕성한 청년시절, 그의 친구 중에서 퀘이커교 신자가 있었는데, 그 사나이로부터 아무도 없는 곳에서 철저한 설교를 당했다.

"벤, 자네는 틀렸어. 의견이 다른 상대에 대해서는 마치 뺨이라도 치는 듯한 격한 논쟁을 하더군. 그게 싫어서 자네의 의견을 듣는 사람은 아무도 없게 되지 않았나. 자네가 곁에 없는 것이 친구들에게는 오히려 편하단 말일세. 자네는 자기가 뭐든 제일 많이 안다고 생각하고 있지. 그러므로 아무도 자네에게는 말을 할 수가 없어. 사실 자네와 얘기를 나누면 불쾌해질 뿐이기 때문에 앞으로 절대 상대하지 않겠다고 모두들 생각하고 있는 거야. 그러니까 자네의 지식은 언제까지나 그 이상 향상되지 않을 거야. 형편없는 지식밖에는 갖지 못할 것일세."

이 지독한 비난을 고스란히 받아들인 것이 프랭클린의 위대한 점이다. 이 친구가 말한 대로 자기는 지금 파멸의 심연을 향하고 있다고 깨달은 것은, 그가 위대했고 현명했기 때문이었다. 거기서 그는 반전을 했다. 이제까지의 거만하고 완강한 태도를 즉시 일축해 버린 것이다.

프랭클린은 다음과 같이 말하고 있다.

"나는 남의 의견에 대해 정면으로 반대하든가 자기의 의견을 단정적으로 말하지 않기로 했다. 결정적으로 의견을 뜻하는 말, 예를 들면 '확실히'라든가 '의심할 바 없이' 하는 따위의 말은 일체 사용하지 않고, 그 대신 '나로서는 이렇게 생각하는데……' 따위로 표현하기로 했다.

상대가 분명히 틀린 것을 주장하더라도 즉시 그것을 반대하지 않고 상대의 잘못을 지적하는 것도 삼갔다. 그리고 '과연 그럴 수도 있겠지만, 그러나 이 경우는 다소 사정이 다른 것처럼 생각되는데…….' 하는 식으로 말을 꺼냈다.

이렇듯 이제까지의 방법을 바꾸어보니까 꽤 이득이 있었다. 사람들과의 얘기가 이제까지보다 훨씬 쉽게 진행되었다. 조심스럽게 의견을 말하면 상대는 곧 납득을 했고 반대하는 사람도 적어졌다. 자신의 잘못을 인정하는 것이 그다지 어렵지 않게 되고 또 상대의 잘못도 쉽게 인정하게 할 수가 있었다.

이 방법을 쓰기 시작한 초기에는 나 자신의 성질을 누르는 것이 상당히 괴로웠다. 그렇지만 참다보니 나중에 습관이 되었다. 아마 지난 50년 동안 내가 독단적인 말투로 말하는 것을 들은 사람은 아무도 없을 것이다.

새 제도의 설정이나 구제도의 개혁을 내가 제창하면 모두 쉽게 찬성하여 준 것도, 또는 시의회 의원이 되어 시의회를 움직일 수 있게 된 것도, 주된 요인은 나의 제2의 천성이 된 이 방법 덕분이었을 것이다.

본래 나는 말솜씨가 시원치 않아 결코 웅변가라고 할 수는 없다. 말을 선택하는 데 시간이 걸리고, 선택한 말을 적절하지 못한 곳에 사용하는 일이 많다. 그러나 나는 대부분의 경우 내 주장을 관철시킬 수 있었던 것이다."

이 프랭클린의 방법이 과연 장사꾼에게도 적용이 될지 어떨지, 한 가지 예를 들어보기로 하겠다.

뉴욕의 리버티가에서 제유(製油) 관계의 특수 장치를 팔고 있는 F. J. 마하니 씨의 얘기이다.

그는 롱 아일랜드의 소중한 고객으로부터 주문을 받았다. 상대에게 청사진을 보여주었는데 그것으로 만족한다는 말을 듣고 제작을 시작했다.

그런데 뜻하지 않은 장해 요인이 나타났다. 고객이 그 장치에 대해서 자기의 친구에게 말했더니 친구의 말이 그 장치는 중대한 결함이 있다고 한 것이다. 형편없는 것을 주문했다고 했고 나중엔 그 장치가 넓으니 짧으니 하고 내리깎았으므로, 고객은 마하니 씨에게 전화를 걸어 제작중인 주문품을 인수할 수 없게 되었다고 통고했다.

이 때의 일을 마하니 씨는 다음과 같이 말하고 있다.

"나는 그 제품을 철저히 검토한 결과 틀림이 없다는 결론을 내렸다. 고객과 그의 친구의 말은 전혀 얼토당토 않은 것이었다. 그렇지만, 지금 당장 그 말을 해서는 모든 것이 끝장 날 것만 같았다.

나는 그를 만나러 롱 아일랜드로 달려갔다. 그의 사무실에 들어가자 그는 무서운 기세로 나에게 불평을 해대는 것이었다. 상대는 너무나 흥분이 되어 당장 나를 칠 기세였다. 그런 뒤에 자, 어떻게 하겠나? 하는 것이었다.

나는 아주 조용히, 당신의 희망대로 하겠다고 말했다.

'당신은 돈을 지불할 분이니까 당연히 희망하는 물건을 가지실 수 있습니다. 그러나 누군가 책임을 져야 하겠지요. 이제까지 든 비용이 9천 달러이지만 당신을 위해서라면 그것은 제가 손해를 볼 작정이니 당신이 옳다고 믿으시거든 새 설계도를 주십시오. 새 물건을 만들겠습니다. 하지만 그 때는 책임을 당신이 지셔야 합니다. 그러나 저의 설계대로, 지금도 저는 그것이 옳다고 생각합니다만, 제작을 계속하게 하신다면 물론 책임은 제가 져야 되겠지요.'

내 얘기가 끝날 무렵에는 그의 흥분도 상당히 가라앉아 있었다. 끝내 그는 '좋아요. 당신 말대로 합시다. 그러나 그게 틀린 것이 밝혀지면 혼날 줄 아시오.' 라고 그는 말했다.

나는 틀리지 않았다. 그래서 그는 계속 같은 장치를 주문했다. 아무튼 그때 그에게서 받은 모욕은 대단한 것이었다. 나를 엉터리라고 했다. 논쟁을 안하게끔 참는 것은 괴로웠다. 그러나 참은 가치는 충분히 있었다.

만일 그때 상대를 공격했다면 어떻게 되었을까. 소송이 제기되어 더욱 괴로웠을 것이고 많은 손해를 보았을 뿐만 아니라, 귀중한 고객을 잃는 결과가 되었을 것이다. 나는 상대의 잘못을 지적하는 것으로는 결코 이익이 발생하지 않는다고 확신한다."

또 한 가지 예를 들어보자.

이러한 이야기는 세상에 흔히 있을 것이다.

뉴욕의 가드너 W. 테일러 목재 회사의 세일즈맨 R. U. 크로레는 오랫동안 거래선의 목재 검사계들과 논쟁을 거듭했다. 그럴 때마다 상대를 해치웠다.

그러나 그것으로는 결코 이익을 얻을 수 없었다. 크로레에 의하면, 목재 검사계란 야구 심판 같은 것으로 일단 판정을 내리면 결코 그것을 고치려고 하지 않는다는 것이다.

그는 논쟁에는 이겼지만 그 덕분에 회사는 1천 달러의 손해를 보았다. 그래서 그는 나의 강습회에 참가하여 지금까지의 방법을 바꾸어 논쟁은 일체 그만두기로 결심했다. 그것으로 어떠한 결과가 얻어졌는가. 강습회에서 그가 말한 체험담을 들어보자.

어느 날 아침 나의 사무실 전화가 요란하게 울렸다. 앞서 발송한 한 차분의 목재가 품질이 나쁘기 때문에 받을 수 없다고 어느 거래처 공장에서 불평을 늘어놓는 것이었다. 짐 부리기를 중단했으므로 빨리 도로 반품해 가라고 한다. 거의 4분의 1 가량의 짐을 내린 다음에 검사계가 불합격품이 섞여 있다고 보고했기 때문에 이런 사태가 발생된 것이다.

나는 즉시 공장에 가면서, 가장 적절한 조치는 무엇일까 하고 생각해 보았다. 이러한 경우 여느 때 같으면 나는 목재 등급 판정 기준에 대해 상대방의 잘못을 지적했을 것이다. 그러나 이번에는 강습회에서 배운 원칙을 응용해 보리라고 마음먹었다.

내가 그 공장에 도착하자, 검사계는 잔뜩 부어 금방이라도 덤빌 기세였다. 나는 그와 함께 현장에 가서, 아무튼 목재를 전부 내려봐. 달라고 부탁했다. 그리고 이제까지 하던 대로 합격품과 불합격품을 선별해 달라고 검사계에 부탁했다.

검사계가 선별하는 것을 한참 바라보니, 그가 지나치게 엄격해서, 판정 기준을 잘못 적용하는 것을 알 수 있었다. 문제의 목재는 백송재(白松材)인데, 그의 지식은 견목재(堅木材)에 한정되어 있었고, 백송재는 낙제라는 것을 알았다.

백송재는 나의 전문이었다. 그러나 나는 그의 방법에 대해 감히 이의를 말하지 않았다. 한참을 보고만 있다가, 불합격 이유를 물었다. 그러나 상대의 잘못을 지적하는 일은 결코 하지 않고 앞으로 어떠한 목재를 보내면 만족하실지 그것을 알고 싶다고 말했다.

상대가 하는 대로 맡기고 협조적인 친절한 말투로 묻는 사이에 상대의 기분이 점차로 풀리고 험악한 공기도 풀렸다. 내가 가끔 하는 주의 깊은 질문이 상대에게 반성의 계기를 주었다. 아마도 자기가 퇴짜를 놓는 목재는 주문한 대로의 등급품인데, 자기의 적용 기준이 잘못되었는지도 모른다고 생각하기 시작한 것 같았다. 나로서는 바로 그 점을 지적하고 싶었지만 꾹 참고 내색도 하지 않았다.

차츰 그의 태도가 달라졌다.

끝내 그는 나에게, 사실은 백송재에 대한 경험은 많지 않다고 말하고, 내리는 목재 하나하나에 대해 오히려 질문을 시작했다. 나는 그 목재들이 다 합격품이라고 말하고 싶었지만, 역시 참고 마음에 들지 않는 것은 기꺼이 반품하겠다고 말했다.

드디어 그는 불합격품이라고 한 것에 대해 자책을 느끼는 데까지 왔다. 그리고 끝내 잘못이 자기에게 있음을 인정하고 처음부터 더 나은 고급품을 주문했어야 할 것을 그랬다고 했다.

결국 내가 돌아온 뒤, 한 번 더 검사를 하고, 전부 인수하겠다는 연락과 함께 물품대의 전액을 수표로 지불해 왔다.

조그만 마음 씀씀이와 상대의 잘못을 지적하지 않는 것으로, 이 한 사건만으로 150달러의 이익을 올렸고, 그밖에 돈으로 얻을 수 없는 선의까지 입수할 수 있었다.

이 장에서 말한 것은, 결코 새로운 것이 아니다. 1900년 전에 그리스도는 '빨리 너의 적과 화해하라'고 가르쳤다.

즉 상대가 누구이건 논쟁을 해서는 안 된다. 상대의 잘못을 지적하여 노여움을 사지 말고 외교적 수완을 약간 이용하라는 것이다.

기원 2200년 전에 이집트의 아크토이 왕이 왕자에게 '사람을 납득시키기 위해서는 외교적이어야 한다.'고 가르친 바도 있다.

그러므로 사람을 설득하는 방법의 둘째는,
상대방의 의견에 경의를 표하고, 결코 그의 잘못을 지적하지
말 것

제3장

자신의 잘못을 인정하라

나는 지도상으로 보면 대뉴욕 시의 거의 중심부에서 살고 있는 셈이 된다. 그런데 나의 집 바로 옆에는 원시림이 있으니 재미있는 현상이 아닐 수 없다.

이 수풀 속에는 검은 딸기가 봄이 되면 온통 흰 꽃을 피우고, 다람쥐가 둥지를 만들고 새끼를 키우는가 하면 잡초는 말의 키만큼이나 높이 자라고 있다. 이 자연 그대로의 수풀은 포레스트 공원이라고 불리우고 있다.

이 공원의 모습은 아마도 콜럼버스가 미국을 발견하던 때나 지금이나 그다지 변한 것이 없을 것이다.

나는 렉스라는 이름의 조그만 보스턴 불독을 데리고 그 공원으로 산책을 잘 간다. 렉스는 사람을 좋아해서 결코 물거나 하지 않는 개이다. 거기다 공원에서는 좀체 사람을 만나지 못하기 때문에 나는 렉스에게 입마개도 하지 않는다.

어느 날 공원 안에서 기마 경관을 만났다. 그 경찰관은 자기의 권위를 발휘할 기회가 없어 근질거렸던 것 같았다.

"입마개도 하지 않고 개를 풀어놓아 데리고 다니다니 그게 무슨 짓이오. 법률에 위반되는 것을 모르시오?"

그 경찰관이 말하자 나는 조용히 대답했다.

"네, 그것은 잘 알고 있습니다. 그러나 이 개는 사람에게 해를 끼치지 않는다고 생각했기 때문에……."

"생각했다고? 생각했다니 그게 무슨 소리오. 당신이 어떻게 생각하든 법률이 달라지지는 않아. 당신의 개는 다람쥐나 어린이를 물어 뜯을지도 모르지 않겠소? 오늘은 그냥 보내주지만 다음에 또 그러면 재판을 받을 줄 아시오."

나는, '다음부터 조심하겠습니다.'라고 순순히 약속했다.

나는 약속을 지켰다.

그러나 며칠이 지나자 입을 막는 것을 개가 좋아하지 않았고, 나도 들킬 때는 들킬 때대로 하리라고 각오했다.

한참 동안은 잘 되었다. 그런데 어느 날 드디어 올 것이 오고 말았다. 나와 렉스가 언덕길을 뛰어 올라가자, 갑자기 거기 법의 수호자가 밤색 말을 타고 나타났다.

나는 당황했지만, 아무것도 모르는 렉스는 경관에게 달려 갔다. 끝내 일은 귀찮게 되어 버렸다.

나는 단념하고, 경관이 무엇이라 하기 전에 선수를 쳐서 말했다.

"드디어 현행범으로 잡혔군요. 내가 잘못한 일입니다. 아무런 할 말이 없습니다. 지난주 당신에게 두 번 다시 그러면 벌금을 물게 된다고 주의를 받았습니다만."

"그렇군요. 하지만 사람이 있을 때는 이렇게 작은 개니까, 놔주고 싶은 것이 인정이기도 하겠지요."

경찰관의 말은 부드러웠다.

"과연 그렇습니다. 그러나 법은 법 아니겠습니까?"

"하지만 이렇게 작은 개라면 아무런 해도 끼치지 않을 테니까."

경관은 오히려 나의 말에 반대했다.

"아니지오, 다람쥐를 물지도 모르는데요."

"그건 당신의 지나친 걱정이오. 정 그렇다면 이렇게 합시다. 저쪽 언덕 저편에 데려다가 아주 풀어주시오. 그러면 내 눈에 띄지 않을 테니, 만사 해결되는 것이 아니겠오?"

경찰관도 인간이다. 역시 자기의 중요감이 갖고 싶었던 것이다.

내가 자신의 잘못을 인정했을 때, 그의 자기 만족감을 충족시킬 유일한 방법은 나를 용서함으로써 자기가 대범한 것을 보이는 일이었다.

그러나 만일 내가 변명이라도 하려고 했다면, 결국 경관과 말다툼을 하게 되었을 테니 그 결과는 독자들이 다 짐작할 바와 같다.

경찰관과 싸우는 대신 나는 그가 옳고 내가 잘못했음을 인정했다. 즉시 기분 좋게 성의를 갖고 인정했다.

그러자 서로 양보하는 일이 시작되었고, 나는 상대의 입장이 되고, 상대는 내 입장이 되어 얘기가 오갔고 사건은 해결된 것이다.

전에는 법의 권위로 나를 위협하던 이 경관이 1주일 뒤에 보인 부드러운 태도에 누구나 놀랐을 것이다.

자기가 나쁜 줄을 알았으면, 상대가 자기를 공격하기 전에, 자기 자신 스스로가 자기를 공격하는 것이 훨씬 유쾌한 일이 아닐까. 남을 비난하기보다 자신을 비판하는 것이 훨씬 더 쉽고 즐겁다.

자기에게 잘못이 있는 줄을 알았다면, 상대가 할 말을 내가 먼저 해치우는 것이다. 그렇게 하면 상대는 아무 할 말이 없어지게 된다. 십중 팔구 상대는 관대해지고, 이쪽의 잘못을 용서하는 태도로 나올 것이다. 나와 렉스를 용서한 기마 경관처럼.

상업 미술가 페르디난드 E. 워렌이 이 방법을 사용하여 딱딱하게 굳은 고객의 기분을 맞춘 일이 있었다.

"광고나 출판용 그림은 면밀하고 그리고 정확해야 하는 것이 원칙이다."

워렌 씨는 이렇게 전제를 하고 말을 시작했다.

"미술 편집을 하는 사람들 중에는 주문한 일을 괜히 독촉하는 경우가 있다. 그런 경우에는 자질구레한 잘못이 일어나기가 쉽다. 내가 잘 아는 미술 감독에 항상 조그만 잘못을 발견해 내기를 좋아하는 사람이 있었다. 나는 그 사나이의 비평의 내용이 아니라 비평하는 방법이 마음에 들지 않았다.

최근에 나는 급히 한 일을 그에게 가져간 일이 있었다. 얼마 뒤 사무실로 곧 오라는 전화가 왔다. 그의 사무실에 갔더니, 아니나다를까, 그가 팔짱을 끼고 기다리고 있다가 나를 보자마자 마구 비평을 해대는 것이었다. 평소에 연구하던 자기 비판의 기회가 나에게 온 것이었다.

나는, '당신의 말이 옳다면, 내가 잘못한 것임에 틀림없습니다. 할 말이 없습니다. 당신에게는 오랫동안 신세를 졌는데, 이만한 일은 미리 알아야 했을 터인데 정말 부끄럽습니다.'라고 말했다.

그러자 그는 금방 나를 감싸기 시작했다. '그건 그렇지만, 뭐 대단한 일도 아닌 걸 갖고 나는 그저 조금…….'

나는 지체 없이 말했다. '어떤 잘못이었건 잘못은 치명적인 것입니다. 그것은 정말 괴로운 것입니다.'

그가 무엇인가 말하려 했지만, 나는 그것을 막았다. 나는 매우 유쾌했다. 자기 비판을 하는 것은 난생 처음이었지만, 해보니 그렇게 재미있을 수가 없었다.

나는 계속해서 '나는 더욱 신중했어야 했습니다. 이제까지 당신에겐 일을 많이 받았으니 나로서는 당연히 최선을 다해야만 했습니다. 이 일은 처음부터 다시 하겠습니다.'라고 했다.

그는 '아니, 그렇게까지 할 필요는 없어요.'라고 양보했고, 나의 그림을 칭찬하면서 조금만 고치면 되겠다고 말했다. 내가 저지른 잘못으로 손해가 발생한 것도 아니고 결국은 자질구레한 일이므로 신경을 쓰지 않아도 된다는 것이었다.

내가 적극적으로 나 스스로를 비판하자 그는 마음이 변한 것이다. 결국 그는 나에게 점심을 샀고, 그것으로 일은 끝났다. 그리고 헤어질 때 그는 수요와는 다른 별다른 일을 내게 주문했다."

어떠한 바보라도 잘못을 변명할 수는 있다. 사실 바보들은 대개 그렇게 한다.

자기의 과실을 인정하는 일은 그 인간의 가치를 높여줄 뿐 아니라, 자기 자신도 뭔가 고결한 느낌이 들어 즐겁기 짝이 없는 것이다.

그 한 예로, 남북전쟁 때의 남군 총사령관 로버트 E. 리이 장군의 전기에 씌어진 미담 하나를 소개하겠다.

게티스버그 전투에서 부하인 피케트 장군이 돌격에 실패한 책임을 리이 장군 혼자서 진 얘기가 그것이다.

피케트 장군의 돌격 작전은 서양 전사에 유례가 없을 만큼 화려한 것이었다.

피케트 장군은 유능한 군인으로서, 적갈색 머리를 길게 길렀으며, 그것이 어깨에까지 드리워져 있었다. 이태리 전선에서의 나폴레옹처럼 그는 전장에서 열렬한 러브 레터를 썼다.

운명의 그날 오후, 말을 타고 모자를 비스듬히 쓴 모습으로 진격을 시작하자, 그를 믿는 부하들은 대단한 갈채를 보냈다.

그들은 군기를 나부끼며 총칼을 번쩍이며 장군의 뒤를 따랐다. 그것은 과연 용감한 광경이었다. 이 당당한 진군을 보고 적도 아군처럼 감탄했다. 피케트 장군의 돌격대는 적탄을 아랑곳없이 들을 넘고, 산을 넘어 오로지 진격했다.

세미터리 리지에 도착했을 때, 돌연 돌담 뒤에서 북군이 나타나 피케트 부대에 일제히 맹렬한 사격을 퍼부었다.

세미터리 리지의 언덕은 눈깜짝할 사이에 총화의 바다로 변했고, 무서운 아수라장이 되었다.

피케트 부대의 지휘관 중에 살아 남은 것은 단 한 사람이었고, 5천의 군대 중에서 5분의 4는 잃었다.

아미스데드 대장이 살아 남은 병사들을 이끌고 최후의 돌격을 감행했다.

돌담에 기대어 총검 끝에 모자를 씌우고,

"돌격! 돌격!"

하고 큰 소리로 외쳤다.

돌담을 지나 적진에 뛰어든 남군은, 대난전을 벌인 결과, 드디어 남군의 깃발을 세미터리 리지에 휘날렸다.

그러나 그것은 잠시였다. 남부 세력의 하잘것없는 정점이었던 것이다.

피케트 돌격 작전—. 화려하고 장렬한 작전이었지만, 사실은 그것이 남군 패배의 제1보가 된 것이었다.

리이 장군은 실패한 것이다. 북군에 이기리라는 희망은 물거품처럼 사라졌다. 남부 연맹의 운명은 정해졌다.

몹시도 낙담한 리이 장군은, 당시 남부 연맹의 대통령 제퍼슨 데비스에게 사표를 내고 자기보다 훨씬 젊고 유능한 인물을 임명하라고 건의했다.

만일 리이 장군이 피케트 돌격 작전의 실패의 책임을 남에게 전가시키려고 생각했다면, 얼마든지 피할 길은 있었다. 휘하 사령관 중에는 그의 명령을 위반한 자도 있었다. 기병대도 돌격 시간이 늦었다. 그밖에도 여러 가지 이유를 들 수 있었다.

그러나 책임을 남에게 전가하기에는 그는 너무나도 고결한 인간이었다.

패배한 피케트 돌격대의 잔존 병사들을 홀로 전선에서 마중한 리이 장군은, 오로지 자신의 실책만 후회했다. 과연 숭고한 태도였다. 그는 병사들에게,

"이것은 내가 잘못한 것 때문이었다. 모든 책임은 나 혼자에게 있다."

라고 사과했다.

이 말을 할 만한 용기와 인격을 갖춘 장군은 동서고금의 전사를 통해서 그렇게 흔치 않다.

앨버트 하버드는 실로 독창적인 저자인데, 그만큼 국민의 감정을 자극한 작가는 없다.

그 신랄한 문장은 여러 차례 세론의 맹렬한 반격을 받았다. 그런데 그는 흔치 않은 사람 다루는 솜씨를 가지고 있었다. 적을 이편으로 끌어들이는 일이 많았다.

예를 들면 독자에게서 굉장한 항의가 들어왔을 때 그는 곧잘 다음과 같은 회답을 보냈다.

"사실은 저·자신도 지금은 이 문제에 대해서 크게 의문을 가지고 있습니다. 어제의 저의 의견은, 반드시 오늘의 저의 의견이라고 할 수는 없습니다. 귀하의 의견을 읽고 과연 그렇구나 생각했습니다. 이곳에 오실 일이 있으시면 꼭 저희 집에 왕림해 주십시오. 새삼 의견의 일치에 대한 축배를 들고 싶습니다."

이런 식으로 나오면, 대개는 할 말을 잃고 마는 법이다.

자기가 옳을 때는 상대를 부드럽고 교묘하게 설득하는 것이 어떨까. 또 자기가 틀렸을 경우 — 잘 생각해 보면 자신이 틀린 경우가 의외로 많은 법이다 — 그러한 때는 다소곳이 자기의 잘못을 인정하도록 하자.

이 방법에는 얘기한 것 이상의 효과가 있다. 게다가 괴로운 변명을 하기보다 그 편이 훨씬 유쾌하고 마음 편한 것이다.

옛말에도 지는 것이 이기는 것이란 말이 있다.

그러므로 남을 설득하는 방법의 셋째는,

자기의 잘못은 즉시 유쾌하게 인정하고 들어갈 것

제4장

온화하게 얘기하라

화가 났을 때, 상대를 마음껏 해치우면 어느 정도 화가 가라앉는 것은 사실이다. 그러나 해치움을 당한 쪽도 해치운 쪽처럼 마음이 편할까? 싸움에 지고 이쪽 생각대로 움직여줄까?

우드로우 윌슨 대통령은 이렇게 말한다.

"만일 상대가 주먹을 쥐고 대들면 이쪽도 지지 않고 주먹으로 맞이한다. 그러나 상대가 서로 잘 의논해 봅시다, 그리고 만일 의견이 다른 것이 있으면, 그 까닭과 문제점을 밝혀봅시다 라고 온화하게 말하면, 이윽고 문제의 차이는 생각한 만큼 큰 것이 아니라 서로 인내와 솔직성과 선의가 있으면 해결되는 것을 알 수 있다."

이 윌슨의 말을 그 누구보다 잘 이해한 것은 존 D. 록펠러 2세였다.

1915년의 록펠러는 콜로라도 주의 민중으로부터 굉장히 혐오를 받고 있었다.

미국 산업사상 흔치 않은 대동맹 파업이 2년 동안에 걸쳐 콜로라도 주를 흔들었고, 록펠러의 회사에 임금 인상을 요구하는 종업원이 극도로 첨예화되어 있었던 것이다.

회사의 건물은 파괴되고, 군대가 출동하고, 발포, 드디어는 유혈 소동까지 빚었다.

이러한 대립의 격화 와중에, 록펠러는 어떻게 해서든지 상대방을 설득해 보려고 했다. 그리고 그것을 성공시켰다. 어떻게 성공시켰는지 여기에 소개하기로 하겠다.

그는 몇 주간에 걸쳐 화해공작을 벌인 뒤, 파업측 대표자들을 불러 얘기했다.

그때 한 그의 연설은 완벽할 만큼 훌륭한 것으로, 뜻밖의 성과를 거두었다. 록펠러를 둘러싼 증오의 큰 파도를 가라앉히고 많은 지지자를 얻었다.

록펠러는 그 연설에서 우정에 넘친 태도로 사실을 순순히 설명했다. 그러자 노동자들은 그렇게 주장하던 임금 인상에 대해서는 아무 말도 없이 각자의 직장으로 돌아갔다.

그때의 연설 첫 부분을 인용하겠다. 얼마나 우정에 넘쳐 있는지 잘 음미하기 바란다.

록펠러는 방금 아까까지도 그의 목을 매달아도 시원치 않다고 생각하던 친구들을 상대로 아주 우호적인 말투로 온화하게 말을 꺼냈다. 아마 자선 단체에 말할 때일지라도 이렇게 온화할 수는 없었을 것이다.

"저는 이 자리에 나온 것을 매우 자랑스럽게 생각합니다."

"여러분의 가정을 방문하고 가족 여러분을 만났기 때문에 우리는 서로 모르는 남남끼리가 아니라 친구로서 만난 것입니다."

"우리들 상호간의 우정."

"우리의 공통의 이해."

"제가 오늘 이 자리에 나올 수 있었던 것은 한 마디로 여러분의 호의의 결과라고 생각하고 있습니다."

이러한 말들이 그의 연설 속에 들어 있었다.

록펠러는 입을 열자 이렇게 말했다.

"오늘은 제 생애에 특기할 만한 날입니다. 이 큰 회사의 종업원 대표와 간부 사원 여러분을 만날 기회를 얻은 것은, 저로서는 이제까지 가지지 못한 행운을 가진 셈입니다. 그리고 저는 이 회합에 나온 것을 자랑으로 생각합니다.

이 회합은 오랫동안 저의 기억에 남을 것입니다. 만일 이 회합이 2주 전에 있었다면 아마 저는 극히 소수의 사람을 제외하고는, 많은 사람들과 얼굴을 모르고 지내는 사이에 지나지 않았을 것입니다.

저는 지난주 남광구(南鑛區)의 직장을 샅샅이 방문하여, 때마침 자리에 없는 사람을 빼고는 거의 모든 대표자들과 개별적으로 얘기를 주고받았고, 그들의 가정을 방문하여 가족들과 만났기 때문에 우리는 초면이 아닌 친구로서 지금 만나고 있는 것입니다.

이와 같은 우리 서로의 우정에 바탕해서 저는 우리 상호의 공통 이해에 대해 여러분과 얘기하고 싶습니다.

이 회합은 회사의 간부 사원과 종업원 대표 여러분이 기다리던 회합이라고 들었습니다. 간부 사원도 아니고 종업원도 아닌 제가 오늘 이 자리에 나올 수 있는 것은, 한 마디로 여러분의 호의의 덕이라고 생각합니다. 저는 간부 사원도 종업원 대표도 아닙니다만, 그러나 주주와 중역의 대표자라는 뜻에서 여러분과 밀접한 관계가 있다고 생각합니다.”

이 연설이야말로 적을 아군이 되게 만드는 방법의 견본이라고 할 수 있겠다.

만일 록펠러가 다른 방법을 취해서 논쟁을 하고 사실을 방패삼아서, 잘못은 노동자들에게 있다고 주장했다든가, 혹은 그들의 잘못을 이론적으로 증명하려고 했다든가 그랬다면, 어떻게 되었을까?

그것이야말로 불에 기름을 부은 결과가 되었을 것이다.

상대의 마음이 반항과 증오에 차 있을 때는, 아무리 이론을 전개해도 결코 설득할 수 없는 것이다.

아이를 꾸중하는 부모, 권력을 휘두르는 고용주나 남편, 바가지를 긁는 아내—. 이러한 사람들은, 인간은 본래 자기의 마음을 바꾸고 싶어하지 않는다는 사실을 알아두어야 한다.

사람을 억지로 자기의 의견에 따라오게 할 수는 없다. 그러나 온화한 태도로 이야기를 하면 상대의 마음을 바꾸게 할 수 있는 것이다.

이상과 같은 똑같은 뜻의 말을 링컨은 이미 백 년 전에 말한 적이 있다.

‘한 갤런의 쓴 약보다 한 방울의 벌꿀을 사용하면 더 많은 파리를 잡을 수 있다’라는 옛 격언은 어느 세계에서도 올바른 것이다.

인간에 대해서도 같은 말을 할 수 있다. 만일 상대를 자기의 의견에 찬성시키고 싶으면 우선 당신이 그의 편임을 알려줄 일이다. 이것이야말로 사람의 마음을 사로잡을 한 방울의 벌꿀이고, 상대의 이성에 호소하는 유일한 방법이다.

경영자 중에는 파업자측과 우호적으로 지내는 것이 큰 이익임을 아는 사람이 늘고 있다.

한 예를 들어보자.

화이트 모터 회사의 2500명의 종업원이 임금 인상과 유니온십 제도의 채용을 요구하고 파업을 일으켰다.

사장인 로버트 F. 블랙은 노동자에 대해 조금만치의 나쁜 감정도 보이지 않고, 거꾸로 그들이 '평화로운 태도로 파업에 들어간 사실'을 크리블란드 신문에다 칭찬을 했다.

피켓을 치고 있던 노동자들이 따분해 하는 것을 보자, 그들은 야구 도구를 사들여 공지를 이용하여 야구를 하라고 권했고, 볼링을 즐기는 사람들을 위해서는 볼링장을 빌려주었다.

경영자측이 보인 이 우호적 태도는 충분한 보상을 받았다. 즉 우정이 발생한 것이다.

노동자들은 청소 도구를 어디선지 가져다가 공장 주변을 청소하기 시작했다. 한편으로 임금 인상과 유니온십을 위해서 싸우면서, 다른 한편으로는 공장 주변을 깨끗이 하는 것이다.

상쾌한 광경이었다. 격한 싸움으로 점철된 미국의 노동사에서 찾아볼 수 없었던 정경이었다.

이 동맹 파업은 1주간을 지나지 않아서 곧 타결되었고, 쌍방에 아무런 나쁜 감정도 남지 않았다.

다니엘 웹스터는, 그 유례를 찾을 수 없는 당당한 풍채와 웅변으로, 자기의 주장을 밀고 나가는 데는 그보다 유능한 변호사는 찾을 수 없었다.

그러나 어떠한 격론을 주고받는 경우에도, 그는 아주 온화한 태도로 시작했다. 결코 고압적인 말투는 없었다. 자기의 의견을 남에게 밀어붙이려고는 하지 않고, 온화하고 툭 터놓은 태도를 보였다. 그것이 그의 성공을 크게 도운 비결이었다.

노동쟁의의 해결을 위임받거나, 피고 변론을 의뢰받거나 하는 사람들은 많지 않겠지만, 집세나 땅값을 싸게 하여 받고 싶은 사람은 얼마든지 있을 것이다. 그러한 사람에게 이 온화한 대화가 얼마나 도움이 될 것인지 생각해 보자.

O.L. 스트롭이라고 하는 기사가 방값을 깎고 싶다고 생각했다. 그러나 집 주인은 유명한 구두쇠였다. 이하 그가 나의 강습회에 나와 한 얘기를 소개하겠다.

"나는 계약 기간이 끝나자마자 아파트를 비우겠다고 주인에게 편지를 했다. 그러나 사실은 그 아파트에서 나가고 싶지 않았다. 집세만 싸게 하면 그곳에 그냥 있고 싶었다. 하지만 정세는 거의 비관적이었다. 다른 세꾼들도 거의 실패했고, 그 주인은 다루기 힘든 사람으로 소문이 나 있었다.

그러나 나는 속으로 생각했다. '나는 강습회에서 사람 다루는 법을 배우고 있다. 그것을 주인에게 응용해서 효과를 시험해 봐야지.'

나의 편지를 받자 주인은 비서를 데리고 당장 뛰어왔다. 나는 쾌활한 얼굴로 주인을 맞이했고, 우러나오는 진심으로 그에게 호의를 보냈다.

우선 나는 이 아파트가 매우 마음에 든다는 얘기부터 시작했다. 사실 나는 아낌없는 칭찬을 한 것이었다. 아파트 관리에 대해서도 크게 감탄했고, 한 1년쯤은 더 있고 싶지만, 유감스럽게도 그것이 안 된다고 말했다.

집 주인은 나와 이제까지 세든 사람들에게서 이런 말을 들은 일이 한 번도 없었던 것 같았다. 태도가 아주 판이하게 달라졌다.

얼마 뒤, 집 주인은 자기의 고충을 늘어놓기 시작했다. 불평만 늘어놓는 세꾼들, 그 중에는 열네 통이나 되는 편지를 보낸 불평자도 있고, 그 편지 중에는 모욕적인 것도 여럿 있었다. 집 주인의 책임으로, 위층에 사는 사내의 코고는 소리를 막아주지 않으면, 계약을 파기하겠다고 협박한 사람도 있었다고 한다. '당신처럼 이해가 깊은 분을 만나면 정말 흐뭇합니다.' 하면서, 내가 말을 꺼내기 전에 그가 집세를 조금 내려주겠다고 말한 것이었다. 나는 더 깎고 싶었기 때문에, 분명히 내가 바라는 금액을 말하자, 그는 두말 없이 그 값을 받아들였다.

게다가 그는 '방의 장식을 바꾸어 드리고 싶은데, 희망은 없습니까?'라고 말하고 돌아갔다.

만일 내가 다른 세꾼들처럼, 집세 깎기 운동을 그들과 같은 방법으로 했다면, 그들처럼 실패했을 것임에 틀림없었다.

우호적이며 동정적인 그리고 감사하는 태도가 이 성공을 가져다준 것이었다."

또 한 가지 예를 들겠다.

이번에는 사교계의 유명한 부인인 롱 아일랜드의 가든 시티에 사는 도로시디 부인의 애기이다.

"지난번 나는 몇 사람을 초청한 오찬을 열었습니다. 나에게는 모두 귀한 손님들뿐이었기 때문에, 만사 소홀한 점이 없도록 상당히 신경을 썼습니다.

이런 파티를 열 때는 나는 항상 에밀이라는 솜씨 좋은 급사 장에게 모든 것을 부탁하기로 했는데, 에밀이 바람을 놓은 통에 오찬은 실패로 끝났습니다. 끝내 에밀은 오지 않고, 급사 한 사람만 보내왔습니다.

그 급사가 형편없어서 도움이 전혀 되지 않았습니다. 주빈을 뒷전에 돌리는가 하면 커다란 접시에 작은 셀러리 한 쪽만 덩그렇게 담아서 내기도 합니다. 고기는 질기고 감자는 기름투성이이고, 모든 것이 엉망입니다.

나는 화가 나서 견딜 수 없었습니다. 그것을 꾹 참고 웃는 얼굴을 지어야 하는 괴로움.

'두고봐라, 이번에 에밀을 만나면 단단히 말 좀 해줘야지.'

이 일이 있은 것은 수요일이었는데, 그 이튿날 밤 나는 인간관계에 대한 강의를 들으러 갔습니다. 강의를 듣는 사이에 에밀을 일방적으로 책망하는 것은 옳지 않다는 것을 알았습니다.

'그를 화나게 하면 앞으론 절대 나를 돕지 않을 것이다.'

거기서 나는 에밀의 입장에서 생각하기로 했습니다. 요리의 재료를 사온 것도, 그것을 요리한 것도 그는 아니었습니다. 그의 부하 중에는 솜씨가 둔한 자도 있을 것입니다. 생각하면 내가 너무 성급했는지도 모릅니다.

나는 그를 나무라기 전에 온화하게 얘기하기로 했습니다. 그러기 위해서는 우선 그에게 감사해야 하겠다고 생각했어요.

이 방법은 희한하게 결실을 거두었습니다. 이튿날 에밀을 만났는데, 그는 미리부터 나를 경계하여 내가 한 마디 하기만 하면 한바탕 덤벼들 작정인 것 같았습니다.

나는 '에밀, 당신은 내가 파티를 열 때는 없어서는 안 될 사람이에요. 당신은 뉴욕의 최고급 급사장이에요. 물론 재료의 구입이나 요리는 당신 책임이 아니에요. 그러니까 수요일 같은 사태가 일어나도 할 수 없는 일이었어요.'라고 말했어요.

그러자 처음엔 험악하던 그의 얼굴이 언제 그랬느냐는 듯이 금방 웃음으로 변했습니다.

'그렇습니다. 마님, 요리 담당이 좋지 않았습니다. 저의 탓은 아니었습니다.'라고 그는 말했습니다. 거기서 나는,

'에밀, 사실 나 또 파티 열 일이 생겼는데요, 아무래도 당신의 도움 없이는 안 되겠어요.

그런데 이번에도 그 요리사에게 부탁해도 될까요?'라고 물었습니다.

그러자 그는 '물론 괜찮습니다. 이번에는 먼저와 같은 일은 없을 것입니다.' 라고 대답했습니다.

다음주에 나는 또 오찬회를 열었는데, 메뉴는 에밀과 상의해서 만들었습니다. 저번의 일은 다 잊고, 그의 의견을 충분히 받아들였습니다.

드디어 우리가 오찬회장에 들어가보니까, 식탁은 아름다운 장미꽃다발로 장식되어 있고, 에밀은 열심히 손님의 시중을 들어주었습니다. 내가 여왕 폐하를 초청했다 해도 그만한 서비스는 바랄 수 없었을 것 같습니다.

요리는 맛있고 서비스는 만점, 급사도 전과는 다른 4명이 움직여주었고, 요리는 에밀이 손수 운반해 왔습니다.

파티가 끝나자 그날의 주빈이 나에게 속삭였습니다.

'당신, 저 급사장에게 무슨 마술을 걸었나요? 이렇게 완벽한 서비스를 받기는 난생 처음이었어요.'

과연 그 말대로였습니다. 나는 온화한 태도와 진심에서 우러

나오는 칭찬에 의한 마술을 걸었던 것입니다."

나는 어릴 때, 미주리 주의 한 시골 학교에 다녔다. 그 당시 나는 햇님과 하늬 바람이 내기를 하는 우화를 읽은 기억이 있다. 하늬 바람은 내가 더 강하다, 저기 외투 입은 노인이 있다, 나는 너보다 더 빨리 그의 외투를 벗겨 보이겠다, 라고 큰 소리를 쳤다.

태양은 얼마 동안 구름 뒤에 숨어 있었다. 북풍은 기세 좋게 불었다. 그러나 찬 바람이 불면 불수록 노인은 옷자락을 더욱 꼭 여미는 것이었다.

북풍은 기운을 다 써서 포기하고 말았다. 거기서 태양이 구름 사이로 얼굴을 내밀고 노인에게 부드러운 웃음을 보냈다. 한참 뒤에 노인은 외투를 벗고 이마의 땀을 닦았다.

태양은 부드럽고 친절한 방법이 어떤 경우에도 힘으로 하는 억지보다 효과가 있는 것이라고 북풍에게 말했다.

이 우화를 내가 시골에서 읽을 때 내가 모르는 먼 보스턴 거리에서 이미 이 우화가 옳다는 것이 B씨라는 의사에 의해서 실증되고 있었다.

그로부터 30년 뒤 이 B씨가 나의 강습회에 참가하여 당시의 얘기를 해준 것이었다.

당시 보스턴의 신문에는 수상한 의사의 진료 광고가 요란하게 게재되어 있었다. 낙태를 전문으로 하는 의사니, 환자에게 바가지를 씌우는 의사들이 광고를 이용하여 환자에게 공포심을 일으키고 엉터리 치료를 하곤 한 것이었다.

많은 희생자가 나왔지만, 그것 때문에 벌을 받은 의사는 거의 없었다. 대부분의 의사는 약간의 벌금으로 그치든가 아니면 정치적 압력으로 무사히 넘어가곤 했다.

이 너무한 현실에 보스턴 시민들은 분개했다. 의사는 연단을 치면서 신문을 비난했고, 수상한 광고를 중지해 달라고 하나님께 기도했다.

각종 민간단체, 실업가, 부인회, 교회, 청년단 등도 일제히 들고 일어나 비난했지만 효과가 없었다.

이러한 종류의 신문 광고를 두고 주의회에서 격렬한 논쟁이 벌어졌지만 결국 매수와 정치적 압력으로 흐지부지되고 말았다. 당시 B씨는 보스턴 시의 그리스도교 연합회 회장이었다. 그의 위원회도 전력을 다해 싸웠지만, 역시 효과가 없었고, 이 의료 범죄에 대한 싸움은 이젠 절망적이라고 생각되었다.

어느 날 밤, B씨는 그때까지 보스턴에서는 아무도 생각하지 못한 방법을 생각해 냈다.

즉 친절, 동정, 감사를 가지고 하는 방법으로, 신문 발행자가 자발적으로 이를 중지하고 싶도록 만드는 것이었다.

그는 보스턴 헤럴드 신문의 사장에게 편지를 띄워 그 신문을 진심으로 칭찬했다. 그는 평소 이 신문의 열렬한 애독자이며, 뉴스가 깨끗하고 선동적인 구석이 없어서 좋고, 사설도 매우 우수하다, 뉴 잉글랜드는 물론 전 미국에서 일류급에 속하는 가정 신문이라고 칭찬했다. 그리고 덧붙여 다음과 같이 썼다.

'나의 친구 중에 젊은 딸을 가진 사나이가 있습니다. 그의 말에 의하면 어느 날 밤, 딸이 귀지의 낙태 전문 광고를 읽고 그 속에 나오는 말뜻을 그에게 질문했다 합니다. 그는 딸의 물음에 대답할 말이 없어서 애를 먹었다고 합니다.

귀지는 보스턴의 상류 가정에서 많이 읽히고 있습니다. 그렇다면 그러한 사정이 그들에게 일어나지 말란 법이 없습니다.

만일 사장님에게 자라는 딸이 있다면, 그리고 그 딸이 당신에게 같은 질문을 했다면 당신은 어떻게 설명하려고 하십니까?

귀지같은 일류 신문에, 아버지로서 딸에게 보이고 싶지 않은 구절이 단 한 줄이라도 있다는 것은 실로 유감스러운 일입니다.

귀지를 애독하는 수천 명의 사람들도 아마 나와 같은 느낌을 가지고 있을 것으로 생각하지 않습니까?'

이틀 뒤 〈보스턴 헤럴드〉 신문의 사장으로부터 B씨에게 회답이 왔다. B씨는 그 회답을 3분의 1세기 동안이나 보관하고 있었는데, 내 강습회에 참가했을 때 그것을 나에게 주었다. 1904년 10월 13일 날짜의 편지였다.

'안녕하십니까?

11일 날짜의 친절하신 편지는 매우 고맙게 읽었습니다. 오랫동안 이 문제에 대해서 나는 고민을 계속해 왔는데 이제야 겨우 결단을 내릴 수 있게 되었습니다. 그것은 전적으로 귀하의 편지 덕분입니다. 오는 월요일 이후 〈보스턴 헤럴드〉 신문에는 세척기 따위의 광고는 일체 게재하지 않겠습니다. 또한 어쩔 수 없이 게재하게 될 의료 광고에 대해서는 절대로 그러한 염려가 없게끔 만전의 주의를 기울여 편집을 하겠습니다.

우선 급한 대로 알려드립니다.'

이솝은 크리서스 왕궁에 봉사한 희랍의 노예였으나 그리스도가 태어나기 6백 년 전에 불후의 명작 《이솝 우화》를 만들었는데, 그 교훈은 2500년 전의 아테네에 있어서나 현대의 보스턴에 있어서나 똑같은 진실이었다.

태양은 바람보다 빨리 외투를 벗길 수 있다. 친절, 우애, 감사는 이 세상의 모든 노성보다 쉽게 사람의 마음을 변하게 할 수 있다.

링컨의 명언, '1갤런의 쓴 약보다 한 방울의 꿀을 사용하는 편이 많은 파리를 잡을 수 있다.'를 마음에 꼭 새겨두기 바란다.

그리하여 상대를 설득하는 방법의 넷째는,

온화하게 말을 할 것

긍정할 수 있는 문제를 찾아라

　사람과 얘기를 할 때, 서로 의견이 다른 문제를 처음에 들고 나가서는 안 된다. 우선 서로의 의견이 일치하는 문제부터 시작하여 그것을 쉴새 없이 강조하면서 얘기를 진행시킨다. 서로 같은 목적을 향해서 노력한다는 사실을 상대편에게 이해시키도록 하고 의견이 다른 것은 다만 그 방법뿐이라는 것을 강조하는 것이다.

　처음에 상대에게 '예스'라고 대답하게 할 만한 문제를 찾아서 되도록 '노우'라고 대답시키지 않도록 한다.

　오바스트리트 교수는 다음과 같이 말하고 있다.

　"상대편에게 일단 '노우'라고 말하게 하면, 그것을 번복시키기란 여간 어려운 것이 아니다. '노우'라고 말한 이상 그것을 뒤집는다는 것은 자존심이 허락하지 않는다. '노우'라고 해버리고 후회하는 수도 있겠지만, 설령 그렇다 해도 자존심을 상하게 할 수는 없는 것이다. 말을 꺼낸 이상 끝까지 그것을 고집하게 된다. 그러므로 처음부터 '예스'라고 말시킬 방향으로 얘기를 끌고 가는 것이 매우 중요한 것이다."

말솜씨가 좋은 사람은 우선 상대로 하여금 몇 번이라도 '예스'라고 말하게 한다.

그러면 상대의 심리는 긍정적인 방향으로 움직이기 시작한다. 그것은 마치 당구공이 어떤 방향으로 구르기 시작한 것과 같아서 그 방향을 바꾸게 하려면 상당한 힘이 필요하다. 반대 방향으로 가게 하려면 그것보다 더 큰 힘이 있어야 한다.

이러한 심리적 움직임은 극히 분명한 형태를 보인다. 인간이 정색을 하고 '노우' 할 때는 단순히 그 말만 입 밖에 내는 것이 아니라, 동시에 여러 가지 일을 하고 있는 것이다. 각종 분비선, 신경, 근육 등의 전 조직이 한꺼번에 거부 현상 태세를 갖추는 것이다.

그리고 대개의 경우는, 극히 드문 일이지만, 뒷걸음 치거나 혹은 뒤로 물러날 준비를 한다. 때로는 그것이 분명히 알 수 있을 정도의 큰 동작으로 나타나기도 한다. 즉 신경과 근육의 전 조직이 거부의 자세를 취하는 것이다.

그런데 '예스'할 때는 그러한 현상은 일체 일어나지 않는다. 신체의 조직이 스스로 무엇을 받아들일 자세가 된다.

그러므로 처음에 '예스'라고 여러 차례 말하게 하면 할수록 상대를 이쪽으로 끌어오기가 쉬워지는 것이다. 남에게 '예스'라고 말하게 하는 기술은 극히 간단하다. 그러면서도 이 간단한 기술이 그다지 이용되지 않는 것이다.

처음부터 반대하는 것으로, 자기의 중요감을 얻으려는 듯 보이는 사람을 종종 대한다. 급진파 인간이 보수파 동료와 얘기를 하면 금방 상대를 화나게 한다. 도대체 그래서 무슨 이익이 있을까.

단순히 어떤 종류의 쾌감을 맛보기 위해서라면 그것으로 좋을는지 모른다. 그러나 어떤 성과를 기대하는 것이라면 그러한 인물은 인간의 심리에 관한 한 큰 바보임에 틀림없다.

학생이든 고객이든, 그밖에 자기의 아이, 남편 혹은 아내에게라도 처음에 '노우'라고 말하게 하면 그것을 '예스'로 바꾸기 위해서는 대단한 지혜와 인내가 필요하다.

뉴욕의 그리니지 저축은행의 출납계 제임스 에반슨은, 이 '예스'라고 말하게 하는 테크닉을 이용하여, 자칫 놓칠 뻔한 손님을 보기 좋게 잡았다.

에반슨 씨의 얘기를 소개하자.

"그 사람은 예금 구좌를 트기 위해서 왔습니다. 나는 거기에 필요한 사항을 기입하려고 했습니다. 대개의 질문에는 잘 대답해 주는 것이었지만, 질문에 따라서는 아무래도 대답하지 않으려고 하는 것입니다.

내가 인간 관계 공부를 하기 전이었다면, 이 질문에 대답하지 않으면 은행은 구좌를 틀 수 없다고 분명히 말해 주었을 것입니다. 부끄러운 얘기지만 사실 나는 이제까지 그러한 방법으로 말해 왔습니다. 그렇게 상대를 해치우는 일은 확실히 통쾌한 점이 있습니다. 은행의 규칙을 내세워 자기의 우위를 상대에게 보여주는 것입니다. 그러나 그러한 태도는 일부러 찾아온 손님에게 호감이나 중요감을 절대로 갖게 할 수 없습니다.

나는 상식적인 태도를 취해 보기로 마음먹었습니다. 은행측의 희망이 아니라 손님의 희망을 따라 얘기하고, 그리고 처음

부터 손님으로 하여금 '예스'라고 대답하게 만들려고 했습
니다.

그래서 나는 손님의 뜻을 거슬리지 않고, 마음에 들지 않는
질문에는 대답하지 않아도 된다고 말해 주었습니다. 그리고 이
렇게 덧붙였습니다. '그러나 가령 예금한 뒤에 당신에게 만일
사고가 있으면 어떻게 합니까. 법적으로 당신에게 제일 가까운
친척이 그 돈을 받도록 하고 싶지 않으십니까?'

그러자 그는 '예스'라고 대답했습니다. 나는 다시 '그런 경
우, 우리 은행측이 잘못없이 신속히 수속을 할 수 있게 당신의
근친자의 이름을 기록해 두고 싶다고 생각하지 않습니까?'
하고 물었습니다.

그는 또 '예스'라고 대답했습니다.

은행을 위해서가 아니라 자기를 위한 질문인 것을 알자 손님
의 태도는 일변했습니다.

그 자신에 대해서 모두 말했을 뿐만 아니라 내가 권하는 것
에 따라서 그의 어머니를 수취인으로 신탁 구좌를 설정했고,
어머니에 대해서도 기꺼이 말했습니다.

그가 처음의 문제를 잊고 결국 나의 뜻대로 된 것은, 처음부
터 그에게 '예스'라고만 대답하게 한 방법 덕분이었다고 생각
합니다."

웨스팅 하우스 회사의 세일즈맨 조셉 애리슨의 이야기.

"나의 담당 구역에 우리 회사의 제품을 꼭 사게 하고 싶은 상
대가 있었다. 나의 전임자는 10년 동안 그를 쫓아다녔지만 실
패했다. 나도 이 구역을 맡아 가지고 3년 동안 뛰었는데 역시
성공하지 못했다.

그후 다시 10년을 뛴 결과 겨우 몇 대의 모터를 팔 수가 있었다. 만일 그 모터의 성능이 좋으면, 그 뒤 틀림없이 수백 대의 주문이 있을 것으로 나는 기대하고 있었다.

성능은 좋은 것이 틀림없었다. 3주 후 나는 의기양양하게 그의 사무실에 갔다.

그런데 가보니까 그 사람은 '애리슨, 자네 회사의 모터는 이젠 보기도 싫어.' 하는 것이 아닌가. 나는 깜짝 놀라서 '그게 무슨 말씀입니까?' 하고 물었다. 그의 말은 '자네 회사의 모터는 너무 뜨거워지기 때문에 함부로 손을 댈 수가 없다.'는 것이었다.

그렇지 않다고 항의해도 소용없는 것은 오랜 경험으로 잘 알고 있었다. 나는 상대에게 '예스'라고 말하게 하기로 결심했다. 그래서 나는 '스미스 씨, 당신이 그렇게 말씀하시는 것은 당연합니다. 정말 그렇다면 그런 모터를 사 달라고 하는 쪽이 무리지요. 협회가 규정한 것보다 뜨거워지지 않는 것을 선택하시는 것이 당연합니다.' 첫 '예스'를 받아낸 셈이었다.

다음에 나는 '협회의 규정으로는 모터의 온도가 실내 온도보다 화씨 72도까지 오르는 것이 인정되어 있지요?' 하고 물었다. 그는 또 '예스.'라고 대답했다. 그리고 '그렇지만 저 모터는 더 뜨거워진다.'고 덧붙였다.

그 말에 반기를 들지 않고 나는 '공장 안의 온도는 몇 도나 될까요?' 하고 물어보았다.

그의 대답은 '75도 정도일 것이다.'였다.

거기서 나는 '그럼 공장의 실내 온도를 75도라 하고, 거기다 규정된 72도를 합치면 147도가 됩니다. 147도의 더운 물에 손을 넣으면 손을 데겠지요?' 하고 물었다.

그는 또 '예스.'라고 하지 않을 수 없었다.'

나는 '그렇게 되면 모터에는 손을 대지 않도록 해야지, 잘못하면 손을 데겠군요.'라고 말했다. 그는 '그러고 보니 자네 말이 맞다.'고 손을 들었다. 그 뒤 한참 동안 우리는 잡담을 주고받았는데, 이윽고 그는 다음달분이라면서 약 3만 5000달러어치의 제품을 나에게 주문했다.

논쟁을 하면 손해 본다. 상대방의 입장에서 생각하는 일은, 논쟁하기보다 재미있고 비교할 수 없을 만큼 이익이 된다. 생각하면 나는 오랫동안 공연한 논쟁으로 막대한 손해를 입은 셈이었다."

인류의 사상에 대변혁을 일으킨 아테네의 철인 소크라테스는, 사람을 설득하는 데는 동서고금을 통한 제1인자였다.

소크라테스는 상대의 잘못을 지적하는 따위의 일은 결코 하지 않았다. 소위 '소크라테스 문답법'으론, 상대방으로부터 '예스'라는 대답을 끌어내는 것을 주안점으로 하고 있었다.

우선 상대가 '예스'라 하지 않을 수 없는 질문을 한다. 다음에도 '예스'라 하게 하고 차례로 '예스'를 끄집어내게 한다. 상대가 눈치챘을 때는 처음에 부정하던 문제에 대해 어느새 '예스'라고 대답한 뒤라는 것이다.

상대방의 잘못을 지적하고 싶어지면, 이 소크라테스의 문답법을 생각하고, 상대에게 '예스'라고 대답하게 할 일이다.

중국의 옛 격언에 '부드러운 것이 강한 것을 다스린다'는 말이 있다. 5천 년 역사를 가지는 민족에게 걸맞는 격언이다.

따라서, 상대를 설득하는 방법의 다섯째는,

상대방이 '예스'라고 대답할 만한 문제를 찾아라

제6장

말하게 하라

상대를 설득하려고 자기만 열심히 지껄이는 사람이 있다. 세일즈맨에게 특히 이러한 잘못을 저지르는 사람이 많다.

상대방에게 충분히 말하게 할 일이다. 상대의 일은 그 상대 자신이 누구보다 잘 알고 있다. 그러므로 상대방 자신이 말하게 하는 것이다.

상대가 하는 말에 반대를 하고 싶더라도 참아야 한다. 상대방이 하고 싶은 얘기가 아직 남아 있는 한 이쪽이 입을 열어서도 안 된다. 큰마음 먹고 참을성 있게 성의로써 들어준다. 그리고 마음껏 말하게 하는 것이다.

이 방법을 사업에 응용하면 과연 어떻게 될까. 어쩔 수 없이 그 방법을 채용하게 된 어느 사나이의 체험담을 인용해 설명하여 보자.

몇 년 전 미국 굴지의 자동차 회사가 차내 장식용 직물류를 1년분 구입하려고 했다.

3개 회사의 대메이커가 견본을 제출했다. 자동차 회사의 중역들은 그 견본을 검토한 결과 메이커에게 각각 통지를 보내고, 최종적 설명을 들은 다음에 계약을 하고자 하니 지정된 날에 찾아오라고 했다.

그 중의 한 메이커 대표자 R씨는 후두염이 악화되었는데도 불구하고 찾아왔다.

이하는 R씨의 얘기이다.

"내가 설명할 차례가 왔지만 후두염 때문에 목소리가 나오지 않았다. 쉰 목소리는 알아들을 수 없을 정도였다.

한 방에 안내되자, 거기에는 사장을 비롯하여 각 부서의 책임자들이 쭉 앉아 있었다. 나는 일어나서 얘기를 시작하려고 했지만 목이 말을 듣지 않았다.

거기서 나는 종이 쪽지에 '목이 아파 말을 할 수 없습니다.'라고 써서 내밀었다.

그 쪽지를 읽은 사장은, '그럼 당신 대신 내가 말해 주지.'라고 했다. 그리고 나의 견본을 펼쳐보면서, 그 장점을 칭찬하기 시작했다. 그러자 그것을 시작으로 해서 활발한 의견이 각 책임자로부터 나왔다.

사장은 나를 대신하여 말하고 있었기 때문에 나의 편이 되어 버렸다. 나는 그저 미소를 보내거나, 끄덕여 보이거나, 어깨를 으쓱해 보일 뿐이었다.

이 괴상한 회의의 결과 나는 50여 만 야드의 원단 주문을 받았다. 금액으로 환산하자면 160만 달러. 나로서는 생전 최고의 거래였다.

그때 만일 내가 목이 쉬지 않았다면, 결코 그 주문은 받지 못했을 것이다. 나는 그때까지 장사를 하는 방법에 대해서, 틀린 생각을 가지고 있었다. 자기가 지껄이기보다 상대에게 지껄이게 하는 것이 훨씬 이익이 되는 경우가 있다는 것을 나는 그때까지 모르고 있었던 것이다.”

필라델피아 전기 회사의 조셉 S. 웹 역시 이와 같은 사실을 발견했다.

웹 씨는 어느때인가 펜실베니아 주의 부유한 네덜란드인이 모여 사는 농업 지대를 시찰했다. 깨끗하게 손질된 농가 앞을 지나면서 웹 씨는 그 지구의 담당 안내자에게 물었다.

“왜 이 지역 농가에서는 전기를 쓰지 않습니까?”

“구두쇠들이 모여 있어서 아무리 권해도 듣지 않습니다. 더구나 회사에 대해서 반감마저 가지고 있습니다. 이제까지 여러 차례 말해 보았지만 틀렸습니다.”

라고 안내자는 대답했다.

그의 말이 옳은지도 몰랐지만, 일단 한 번 부딪쳐 보리라 생각한 웹 씨는 한 농가를 찾아 들어갔다.

문이 실처럼 조금 열리면서 드라켄 브로드 노부인이 얼굴을 내밀었다.

이하는 웹 씨의 얘기이다.

“우리가 전기 회사에서 온 사람들임을 알자 그녀는 문을 쾅 닫았다.

나는 여러 번 노크했다. 간신히 문은 다시 열렸는데 이번에는 무서운 기세로 우리를 욕했다.

나는 ‘드라켄 브로드 부인, 귀찮게 해서 미안합니다. 사실은 우리는 전기 때문에 온 것이 아니라, 그저 계란을 좀 사려고 왔을 뿐입니다.'라고 말했다.

부인은 의심쩍은 얼굴로 조금 더 문을 넓게 열었다.

'부인네 닭은 굉장하다고 소문이 났더군요. 도미니크 종이지요? 계란 한 다스만 팔지 않겠습니까?'

문이 조금 더 열렸다. '도미니크 종이라는 것을 어떻게 아셨나요?'하고 그녀가 내게 물었다. 아마 호기심이 약간 동한 모양이었다.

나는 '나도 닭을 치고 있습니다만, 이렇게 멋있는 닭은 본 적이 없습니다.'라고 말했다.

'닭을 치신다면서 달걀은 왜 사시게요?'하고 그녀는 석연치 않은 말투로 물었다.

'우리집에서 치는 닭은 레그혼인데 흰 달걀밖엔 안 낳지요. 부인께선 손수 요리를 하니까 잘 아시겠지만, 과자를 만드는 데는 노란 달걀이 훨씬 좋지 않습니까. 저의 아내도 과자 만드는 솜씨가 자랑이랍니다.'라고 나는 변명했다.

여기까지 얘기하자 그녀의 기분은 상당히 호전되어, 현관까지 나왔다. 그 사이에 나는 주위를 둘러보고 이 농장에 낙농 설비가 잘되어 있는 것을 알았다.

'수입이 좋을 것 같은데, 어떠십니까?'하고 물었다.

이 작전은 보기 좋게 적중되었다. 이것이야말로 그녀가 늘 사람들에게 말하고 싶던 문제였던 것이다. 그녀는 완고한 남편이, 내가 지적한 사실을 도무지 인정하려고 하지 않는다고 말했다.

그녀는 우리를 닭장으로 안내했다. 그곳을 구경하는 중에 나는 그녀가 만든 것임에 틀림없는 여러 가지 장치를 보았기 때문에 진심으로 그녀를 칭찬했다. 나는 사료는 어떤 것이 좋으냐, 온도는 몇 도 정도가 알맞느냐에 대해 말했고, 그녀로부터도 여러 가지 양계에 대해 배웠다. 서로 마음을 터놓고 즐겁게 경험담을 주고받았다.

이윽고 그녀는, 닭장에 전등을 켜서 생산 성적을 올리는 집이 근처에 있는 모양인데, 과연 그렇게 하는 것이 유리한지 솔직한 의견을 듣고 싶다고 했다.

그로부터 2주 뒤 드라켄 브로드 부인의 닭들은 밝은 전깃불 아래서 만족스럽게 모이를 쪼고 있었다. 나는 주문을 받았고 그녀는 보다 많은 계란을 생산했다. 만사가 잘된 것이었다.

그런데 이 이야기의 요점인데, 만일 내가 처음에 그녀로 하여금 말하게 하지 않았더라면 나의 장사는 우선 실패했을 것이 틀림없었다.

팔려고 하지 말고 사게 하는 것이 중요한 것이다."

얼마 전 뉴욕 〈헤럴드 트리뷴〉 신문의 경제란에 '경험 있는 우수한 인물'을 찾는다는 광고가 나 있는 것을 보고, 찰스 T. 큐베리스라는 사나이가 응모를 했다.

며칠 뒤, 그에게 면접 통지가 왔다.

면접 전에 그는 웰가에 나가, 그 회사의 설립자에 대해 자세히 조사를 했다.

면접을 할 때, 그는 "이렇게 훌륭한 업적이 있는 회사에서 일할 수 있다면 그것은 저의 소원입니다. 제가 듣건대, 28년 전에 무일푼이었던 이 회사를 시작하셨다는데 그것이 사실입니까?" 하고 사장에게 물었다.

대체로 성공한 사람이라는 말을 듣는 사람은 젊은 시절에 한 고생에 대해 회상하고 싶어하는 버릇이 있다.

　이 사장도 예외는 아니었다. 불과 450달러의 자금과 독자적 아이디어만 가지고 발족하던 당시의 얘기를 장황하게 늘어놓기 시작했다. 일요일과 휴일도 없이, 모든 장해와 싸워가면서, 현재의 지위를 구축하자, 지금은 웰가의 일류급 인사가 그의 의견을 들으려고 찾아온다고 했다. 그는 분명히 자랑할 만한 가치가 있는 성공을 거둔 인물로서, 그 얘기를 하는 것이 항상 즐거웠다.

　고생한 회고담이 끝나자 그는 큐베리스 씨의 이력에 대해 간단한 질문을 한 뒤 부사장을 불러,

　"이 사람은 우리 회사를 위해 일할 수 있는 자격을 가진 사람으로 생각한다."

라고 말했다.

　큐베리스 씨는 상대방의 업적을 조사하는 노력을 했다. 상대에게 관심을 가진 것이다. 그리고 상대에게 말하게 함으로써 좋은 인상을 얻었다.

　친구끼리도 상대편 자랑을 듣기보다 자기 자랑을 하고 싶은 것이 인정이다. 프랑스의 철학자 라 로슈후코의 말에 다음과 같은 것이 있다.

　"적을 만들고 싶거든 친구한테서 이기는 것이 좋다. 내 편을 만들고 싶으면 친구를 이기게 하라."

　그 까닭은 인간은 누구나 친구보다 자기가 우수한 때에는 자기 중요감을 갖게 되고, 그 반대의 경우에는 열등감을 가지고 선망이나 결투심을 일으키게 되기 때문이다.

　독일 격언에 이런 뜻의 것이 있다.

　'남의 실패를 볼 때의 기쁨만한 기쁨은 없다.'

분명히 우리의 친구 중에는 우리의 성공보다 실패를 기뻐하는 인간이 있다. 그러므로 자기의 성공은 될 수 있는 대로 감춰 두어야 한다. 이 방법은 반드시 대성공한다.

어윙 코프는 이러한 호흡법을 알고 있었다. 어느때인가 증인대에 서서,

"당신은 일류 작가라고들 하는데 그것이 사실입니까?"

라는 질문을 받았다.

그는,

"그저 운이 좋았을 뿐입니다."

라고 대답했다.

일반적으로 인간은 그렇게 뻐길 만큼 대단한 것은 아니므로, 신중한 태도를 취하는 것이 좋다.

백 년이 지나면 우리는 다 죽어 세상도 잊게 되는 것이다. 인생은 짧다. 쓸 데없는 자랑을 남에게 들려줄 시간이 없다. 남에게 지껄이게 하는 것이 좋다.

잘 생각해 보면, 우리는 자랑할 만한 아무것도 가지고 있지 않은 것이다. 우리가 백치가 아닌 것은 갑상선(甲狀腺)에 있는 조그만 옥소(沃素) 덕분이다. 그만한 옥소는 시장에 나가면 5센트만 주면 살 수 있다.

갑상선에서 그 옥소를 제거하면, 인간은 백치가 된다. 불과 5센트어치의 옥소가 우리와 정신병원 사이에 담을 쌓아주고 있는 것이다. 아무리 뻐겨보았자 뻔한 존재가 인간이다.

그러므로 사람을 설득하는 방법의 여섯째는,

상대에게 지껄이게 할 것

제7장

생각나게 하라

　남으로부터 강요당한 의견보다 자기가 생각한 의견을 우리는 훨씬 소중하게 생각하는 법이다. 그러므로 남에게 자기의 의견을 강요하는 것이 잘못된 일인 것을 우리는 알 수 있다. 암시를 주어 결론은 상대방 스스로 내게 하는 것이 현명한 방법이다.

　이러한 예가 있다. 나의 강습회에 온 필라델피아의 아돌프 제룻이라는 사람의 애기이다. 그는 자동차 판매가 부진하여 부하 세일즈맨들이 아주 의기소침했기 때문에 그들을 격려할 필요가 생겼다. 세일즈 판매회의를 열어 그들의 의견을 기탄없이 말하라고 했다.

　그들의 요구 사항을 흑판에 받아 써놓고 그는 부하들에게 이렇게 말했다고 한다.

　"여러분의 요구를 다 받아들이기로 하겠다. 그대신 나도 여

러분에게 요구할 것이 있다. 나의 요구를 여러분이 어떻게 발
견해 낼 것인지 그 결심을 이 자리에서 듣고 싶은데……."

부하들은 그 자리에서 대답했다. 어떤 자는 충성을 맹세했
고, 어떤 자는 정직, 적극성, 낙천주의, 팀워크를 약속했고,
하루 여덟 시간 성실히 일하겠다고 하는 사람, 그 중에는 열네
시간 일해도 좋다고 하는 자도 있었다.

회의는 용기와 감격에 차서 끝났고, 그 후 판매 성적은 경이
적으로 올랐다고 한다.

제롯 씨는 이렇게 말했다.

"세일즈맨들은 일종의 도덕적 계약을 나와 맺은 것이다. 내
가 계약에 의해 행동하는 한 그들 또한 그대로 행동하려고 결
심한 것이다. 그들의 희망과 의견을 들어준 것이 기사회생의
묘책이 되었던 것이다."

남의 강요를 받고 있다든가 명령을 받는다는 느낌은 누구나
싫은 것이다. 그보다 자주적으로 움직인다고 느끼는 것이 훨씬
바람직하다. 자기의 희망이나 욕망과 의견을 남이 들어주는 것
은 기쁜 일이다.

유진 웨슨의 예를 들어 생각해 보자.

그는 진리를 터득하기까지 수수료 수천 달러를 덜 벌었다.

웨슨 씨는 직물 제조업자나 디자인을 공급하는 스튜디오에
그림을 파는 것이 직업이었다. 그는 뉴욕의 어떤 디자이너를 3
년 동안 날마다 찾아갔다.

그의 말을 들으면,

"그는 항상 만나는 주었지만 사주지는 않았다. 나의 스케치
를 열심히 들여다보고 한결같이 하는 말은 '안 되겠군요. 웨슨
씨, 오늘은 마음에 안듭니다.' 하는 것이었다."

  150번의 실패를 거듭한 끝에, 웨슨은 방법을 달리할 필요가 있다고 생각했다. 그는 사람을 움직이는 법에 대한 강습회에 나올 결심을 했다. 거기서 새 방법을 배워 가지고 새 열의로써 나섰다.

  그는 그 새로운 방법을 시험하기 위해서 미완성 작품을 몇 장 가지고 디자이너의 사무실로 찾아갔다.

  "사실은 여기 미완성 스케치 몇 장을 가져왔는데요, 이것을 어떻게 완성시키면 당신에게 도움이 될까요? 상관없으시면 가르쳐주셨으면 합니다."

  그렇게 그가 부탁하자 디자이너는 스케치를 말없이 들고 보더니 이윽고,

  "웨슨 씨, 이것을 2~3일 맡겠으니 다시 오십시오."
라고 말했다.

  사흘 뒤에 웨슨은 디자이너를 찾아가 여러 가지 의견을 들은 다음 그것을 찾아다가, 이번에는 디자이너의 의견대로 완성해 가지고 갔다. 물론 전부 팔 수 있었다.

  이것은 지금으로부터 훨씬 전의 일인데, 그 후 디자이너는 많은 스케치를 웨슨 씨에게 주문했다. 디자이너의 아이디어를 따라서 그것을 만든 것은 말할 것도 없다. 결국 웨슨 씨의 주머니에는 수천 달러의 수수료가 굴러들어왔다.

  "나는 내가 몇 년 동안이나 팔기에 실패한 것도 무리가 아닌 것을 알았다. 그때까지 나는 나의 의견만 내세우려고 했던 것이다. 지금은 거꾸로 상대방의 의견을 듣도록 한다. 상대방은 자기도 디자인의 창작에 참가하는 기분으로 말한다. 사실 그대로이다. 그러므로 이쪽이 애써 팔려고 할 필요가 없다. 상대가 사주는 것이다."

데오도어 루즈벨트가 뉴욕 주지사를 지내던 무렵, 그럴 듯한 연기를 해보인 일이 있었다. 정치 보스들과 사이 좋게, 더구나 그들이 가장 싫어하는 개혁을 강행시킨 것이었다.

그때 그가 한 방법을 소개하여 보자.

중요한 지위를 보충할 때에는 그는 보스들을 초청하여 후보자를 추천하도록 했다. 루즈벨트는 그것에 대해서 다음과 같이 말하고 있다.

"보스들이 처음 들고 나오는 인물은 대게 당이 뒤를 봐줘야할 시시한 인물들이다. 나는 그러한 인물은 시민이 승인하지않을 것이므로 안 된다고 말해 준다.

두번째 그들이 추천하는 인물도 어차피 당의 앞잡이로, 가타부타할 수 없는 퇴물기생 같은 인물이다. 나는 보스들에게 좀더 시민이 납득할 만한 적임자를 찾아 달라고 부탁한다. 세번째는 합격선에 가깝지만, 그러나 조금 부족한 느낌의 인물.

나는 보스들의 협력에 감사하고, 한 번 더 생각해 달라고 부탁한다. 그러자 네번째는 드디어 나의 의중의 인물과 합치하게된다. 마지막으로 나는 보스들에게 '당신들을 기쁘게 하려고 이 인물을 임명합니다만, 다음 번에는 당신들이 나를 기쁘게해줄 차례입니다.'라고 말해 준다."

사실 그들은 루즈벨트를 기쁘게 해주게 되었다. 문관근무법(文官勤務法)이라든가, 독점세법안(獨占稅法案) 같은 대개혁을지지한 것이었다.

요컨대 루즈벨트가 채용한 방법은, 상대방에게 의논을 가져가, 그 의견을 받아들임으로써 상대방으로 하여금 자기의 발상이라고 생각케 하여 협력을 얻는 방법이었다.

롱 아일랜드의 어떤 자동차 판매업자가 스코틀랜드인 부부에게 이것과 같은 방법을 응용하여 중고 자동차를 팔았다.

그는 그 부부에게 차례로 여러 가지 자동차를 보였는데, 그 때마다 그들은 트집을 잡았다. 어울리지 않는다든가, 값이 비싸다든가 하는 것이었다. 특히 값 문제에는 어느 차나 다 비싸다는 것이었다. 이 판매업자는 나의 강습회 수강자였는데, 끝내는 이 문제를 강습회에 들고 나와 우리의 의견을 구했다. 우리는 팔려고 하지 말고 사고 싶게 만드는 것이 중요하다고 그에게 충고했다. 즉 살 사람을 이쪽 마음대로 강요하려고 하지 말고, 거꾸로 살 사람 마음대로가 되어주어 그쪽 의견대로 이쪽이 움직이는 것처럼 보이게 하라는 것이다.

그는 즉시 이 방법을 응용해 보기로 작정했다.

며칠 뒤, 어떤 손님으로부터 중고차를 팔고 새 차를 사고 싶다는 연락이 왔다. 그는 그 중고차가 스코틀랜드인 부부의 마음에 들 것이라고 생각했다. 곧 전화로 연락하여 스코틀랜드인에게 묻고 싶은 것이 있는데 좀 와 달라고 부탁했다.

스코틀랜드인이 오자 그는,

"자동차를 보는 선생의 안목이 높기란 장사꾼보다 훨씬 나은 것을 알았습니다. 이 차를 내가 얼마에 샀으면 좋겠는지 적당한 값을 일러주시지 않겠습니까?"

라고 부탁했다.

스코틀랜드인은 의기양양한 표정이 되었다. 끝내 그의 의견을 물어주는 것이다. 그의 능력이 인정을 받은 셈이었다.

그는 그 차를 몰고 자마이카에서 퀸 큰 거리를 포레스트힐까지 드라이브하고 돌아오더니 이렇게 말하는 것이었다.

"3백 달러로 사시면 우선 장사가 되겠습니다."

"그럼 저쪽이 3백 달러에 팔게 되면 선생은 얼마면 이 차를 살 수 있겠습니까?"

3백 달러—. 자기 스스로 매긴 값이었다. 물론 거래는 그 자리에서 이루어졌다.

어떤 엑스광선 장치 제조업자가, 브룩클린 대병원에 이것과 같은 심리를 이용하여 자기 회사 제품을 팔았다. 이 병원은 증축중이었는데, 미국 제일의 엑스광선 장치를 하려고 했다. 서로 자기 제품의 성능을 자랑하는 엑스선 장치를 팔려고 밀려온 세일즈맨의 무리에게 엑스광선 담당 박사는 어쩔 줄 모르고 있었다.

그 중에 묘한 업자 한 사람이 있었다. 그는 다른 업자와 비교가 되지 않을 만큼 교묘하게 인간 심리를 캐치하고 있었다. 그가 박사에게 보낸 편지는 다음과 같았다.

'저희 회사에서는 최근 엑스광선 장치의 최신형을 완성했습니다. 마침 지금 그 첫 제품이 사무실에 막 도착했습니다. 물론 이번 제품도 완전한 것으로는 생각지 않습니다. 더욱 노력해서 개량하려고 생각하고 있습니다. 그런데 매우 미안하게 생각합니다만 한번 선생님이 봐주셔서 그 개량 방법에 대한 의견을 들을 수 있었으면 매우 도움이 되겠습니다. 와주시겠다면 차를 보내겠습니다.'

나의 강습회에 나온 L박사는 그때의 일을 이렇게 말했다.

"이 편지는 뜻밖의 것이었다. 뜻밖임과 동시에 기쁘기도 했다. 나는 그때까지 엑스광선 장치 제조업자로부터 의견을 요구받은 일은 한 번도 없었다. 이 편지는 나에게 중요감을 준 것이었다. 그 주간에는 밤마다 약속이 있었지만, 그 장치를 검사하기 위해서 그 중의 한 약속을 취소했다. 그 장치는 보면 볼수록 나의 마음에 들었다.

나는 그것을 억지로 산 것이 아니었다. 즉 그가 내게 판 것이 아니라, 병원을 위해서 그 장치를 사기로 한 것은, 나의 마음이 자발적으로 그렇게 움직인 것이었다. 나는 그 장치의 우수성에 반해서 당장 계약을 체결했다."

우드로우 윌슨 대통령 재임중에 에드워드 M. 하우스 대령은 국내와 외교의 여러 문제에 대해서 커다란 영향력을 가지고 있었다. 윌슨 대통령은 중대 문제의 상담역으로 대령을 장관들 이상으로 믿고 있었다.

그럼 대령은 어떠한 방법으로 대통령의 신임을 그토록 얻었는가?

다행히 대령 자신이 아더 D. 하우딩 스미스에게 그것을 고백했고, 스미스는 〈새터디 이브닝 포스트〉 잡지에 그것을 썼다. 하우스 대령은 대통령에 대해서 다음과 같이 말하고 있다.

"대통령을 알게 된 뒤에 발견한 일인데, 그를 어떠한 생각으로 인도하기 위해서는, 그것을 아무렇지도 않게 그의 마음에 심고 그로 하여금 관심을 가지게 하는 것이 가장 좋은 방법이었다. 즉 그 자신이 자발적으로 그것을 생각해 낸 것처럼 생각하게 하는 것이다. 처음에 나는 우연한 기회에 이 사실을 알게 되었다. 어느 날 나는 화이트 하우스로 대통령을 찾아뵙고 어떤 문제에 대해 의논했다. 그는 반대인 것 같았다. 그런데 며칠 뒤 만찬회 석상에서 그가 발표한 의견이 전에 내가 말한 내용과 같은 것임을 알았다. 사실 그것에는 나도 놀라지 않을 수 없었다.”

거기서 하우스 대령은 “그것은 대통령의 의견이 아니시지요. 내가 한 말이 아닙니까?”라고 일깨웠을까? 대령은 결코 그러지 않았다. 한 수 위였다. 대령은 명성보다 사실을 바랐다.

그 의견은 어디까지나 대통령 자신의 것으로, 대통령 자신과 다른 사람에게까지 믿게 하였다. 대통령에게 공을 돌려놓은 것이었다.

우리의 교섭 상대는 모두가 이 이야기 속의 윌슨과 같은 인간이라는 것을 생각하고 하우스 대령이 쓴 방법을 크게 이용할 일이다.

몇 년 전의 일인데, 뉴 브란즈위크에 사는 한 사나이가 이 방법을 나에게 사용하여 성공한 일이 있었다.

그때의 얘기를 하면 다음과 같다.

나는 낚시와 뱃놀이를 겸해서 뉴 브란즈위크에 갈 계획을 세우고, 교통 공사에 문의 편지를 보냈다. 교통 공사에서 발행하는 리스트에 나의 주소와 이름이 났는지, 담박 산장과 안내소에서 산더미 같은 안내서와 팸플릿이 쏟아져 들어왔다.

도대체 어느 것이 좋은지 판단할 수가 없었다.

그런데 한 산장에서 온 안내장이 마음이 쏙 들었다. 이 안내장에는 전에 그 산장에 묵은 일이 있는 뉴욕에 사는 사람들의 이름과 전화번호가 쭉 적혀 있었는데, 그들에게 전화로 알아보라는 것이었다. 놀랍게도 그 명단 속에 내가 아는 사람도 끼어 있지 않은가. 나는 즉시 그 사람에게 전화를 걸고 그런 뒤에 그 산장에 예약 신청을 보냈다.

다른 산장에서는 나에게 팔려고 들었지만, 이 산장은 나에게 사고 싶은 생각이 일어나게 만들었다. 그가 이긴 것이다.

그러므로, 사람을 설득하는 방법의 일곱째는,
상대에게 생각나게 하라

제8장

상대의 입장을 생각하라

상대가 틀렸는지 모르지만, 그러나 결코 자기가 틀렸다고는 절대로 생각하지 않는 법이다.

그러므로 그러한 상대를 비난해보았자 아무런 소용도 없다. 비난은 어떠한 바보라도 할 수 있는 것이다. 이해하도록 노력하여야 한다. 현명한 인간은 상대방을 이해하려고 언제나 노력하는 법이다.

상대의 생각, 행동에는 상당한 이유가 있을 것이다. 그 이유를 찾아내어야 한다. 그렇게 하면 상대의 행동, 나아가서는 상대의 성격에 대한 열쇠까지 잡을 수가 있다. 진정하게 상대방의 입장이 되어주어야 한다.

"만일 내가 상대방이 된다면 어떻게 느끼고 어떻게 반응할 것인가."

하고 자문자답을 해본다. 그러면 화를 내고 시간을 낭비하는 일이 바보스럽게 생각될 것이다. 원인에 흥미를 가지면 결과에 동정을 가지게 되는 것이다. 더구나 사람을 다루는 솜씨가 한층 더 우수해진다.

케네스 M. 구드는 그 저서에서 다음과 같이 말하고 있다.

"스스로 돌아보고, 자기에 대한 강렬한 관심과 자기 외의 것에 대한 시들한 관심을 비교하고, 다음에 그 점에 대해서 인간은 다 마찬가지라고 생각한다면 모든 직업에 필요한 원칙을 파악할 수 있다. 즉 사람을 다루는 비결은 상대방의 입장에 동정하고 그것을 잘 이해하는 일이다."

내 집 가까이에 공원이 있다. 나는 늘 거기 가서 기분전환을 시도한다. 나는 그전부터 떡갈나무에 대해서 겸허한 애정을 가지고 있는데, 그 묘목이 부주의 때문에 계절마다 불에 타는 것을 보면 슬프기 짝이 없다.

불의 원인은 담배 꽁초가 아니다. 대개는 원시 생활을 동경하여 공원에 오는 소년들이, 숲 속에서 소시지나 달걀 요리를 하고 난 뒷처리를 잘못하기 때문이다. 때로는 큰 산불이 되어 소방차가 출동해야 할 때도 있다.

'모닥불을 엄금한다. 위반자는 처벌한다.'

이러한 팻말이 공원 한 귀퉁이에 서 있지마는 사람의 눈에 띄지 않는 구석에 서 있기 때문에 그 효과는 기대할 수 없다. 기마 경관이 공원 순찰을 하고 있지만 그다지 엄중한 취제는 하지 않기 때문에 불은 그칠 사이가 없는 것이다.

나는 언젠가 불이 일어나는 것을 보았기 때문에, 경관에게 달려가 곧 소방서에 알려 달라고 신고했다. 그런데 놀랍게도,

담당 구역이 아니니 할 수 없다는 냉담한 대답을 들었다.

그 이래로 나는, 공원을 산책할 때는 공원 보안관이라도 된 기분으로 행동했다.

그런데 처음 얼마 동안은, 유감스럽게도, 소년들의 입장도 생각하지 못했다. 숲 속에 불이 일어나면 화부터 먼저 나고 정의감이 불타서 잘못된 방법으로 나가기가 일쑤였다. 소년들에게 달려가서 모닥불을 피우면 벌받게 되니 그만두라고 큰 소리로 명령했다. 그래도 듣지 않으면 경관을 불러다 체포하게 하겠다고 협박하곤 했다.

소년들의 입장을 전혀 생각하지 않고 그저 내 기분이 내키는 대로 한 것에 지나지 않았다. 그 결과는, 소년들은 내 말대로 하긴 했다. 내심으로는 화가 나면서도 말을 들었다.

그러나 내가 없어지자 다시 불을 피웠던 것이다. 큰 불이 나서 그까짓 공원 다 태워 버렸으면 좋겠다고 생각했는지도 몰랐다. 그 당시를 생각하면, 지금은 나도 조금은 인간 관계를 이해할 수 있게 되어 어느 정도는 상대의 입장을 생각할 수 있게 되었다.

지금 같으면 이렇게 말할 것이다.

"너희들 꽤 재미 있게 노는구나. 무슨 요리를 만들고 있니? 나도 너희만할 때는 야외에 나와 요리 만들기를 즐겼단다. 지금도 즐기지만 말이다. 그런데 너희들도 잘 알겠지만 여기서 불을 피우는 것은 위험하다. 너희들이 설마 불을 붙이진 않겠지만, 그 중에는 부주의한 아이들도 있기 마련이지. 너희들이 불피운 자리를 보고 또 불을 피울 게다. 그리고 그 애들은 부주의하니까, 불의 뒷처리도 하지 않고 그냥 갈 거야. 그렇게 되면 불씨가 마른 잎에 옮겨 붙겠지. 큰 불이 된다. 조심하지 않으면 이 공원은 발가벗게 될지도 몰라.

　여기서 불을 피우면 벌을 받게 되어 있지만, 너희들이 즐거워하는 것을 보니까 싫은 소리는 못하겠구나. 왜냐하면 너희들의 즐거운 모습을 보는 것이 나도 즐거우니 말이다.

　그 대신 가까이 있는 마른 나뭇잎들은 멀찌감치 치워 버렸으면 좋겠다. 그리고 돌아갈 때는 반드시 불피운 자리에 흙을 덮어두는 거야. 다음에 불을 피워야겠으면 저 언덕 저쪽에서 하면 좋겠다. 거기라면 걱정할 것이 없으니까. 그럼 재미있게 놀다 가거라."

　같은 말이지만 이런 식으로 하면 효과가 있을 것이다. 소년들도 협력할 마음이 일어난다. 불평 불만도 없다. 강제도 없다. 그들의 체면도 서는 것이다. 상대의 입장을 생각함으로써, 나에게도 그들에게도 기분이 좋은 결과가 얻어진다.

　남에게 무슨 부탁을 할 때는, 우선 눈을 감고 상대의 입장에 서서 사물을 잘 생각해 보기로 하자.

　"어떻게 하면 상대가 그것을 하고 싶어할까?"
하고 생각하는 것이다.

　이 방법은 귀찮기는 하다. 하지만 이 방법으로 내 편이 늘고 보다 좋은 결과가 손쉽게 얻어지는 것이다.

　하버드 대학의 도넘 교수는 이렇게 말하고 있다.

　"나는 사람을 대할 때는 미리 이쪽이 할 말을 충분히 생각한다. 그에 대해 저쪽이 무슨 대답을 할 것인가를 분명히 짐작하기 전에는 상대의 집 앞을 몇 시간이고 서성거리며 들어가지 않기로 하고 있다."

　이 책을 읽고 상대의 입장이 되어 생각할 방법만 터득한다면, 이 책은 당신의 장래를 위해 획기적 역할을 해줄 것이다.

그러므로, 사람을 설득하는 방법의 여덟번째는,

상대방의 입장이 될 것

제9장

동정하라

논쟁이나 악감정을 없애고 상대에게 선의를 갖게 하여 당신의 말을 얌전히 듣게 하는 마법의 말을 가르쳐주겠다.

"당신이 그렇게 생각하는 것은 당연합니다. 만일 내가 당신이었다 해도 역시 그렇게 생각했을 것입니다."

이렇게 얘기를 시작하는 것이다.

아무리 짓궂은 인간이라도 이렇게 나가면 얌전해지는 법이다. 더구나 상대의 입장이 되면, 당연히 상대와 같은 생각을 하게 되므로, 이 한 마디에는 100%의 성의가 깃들게 될 것이다.

반면 우리가 카포네와 같은 정신과 육체를 가지고 태어나 같은 환경에서 자라 같은 경험을 했다면, 카포네와 똑같은 인간이 되어 그와 똑같은 일을 할 것이다.

우리가 뱀이 아닌 유일한 까닭은, 우리의 부모가 뱀이 아니었기 때문이다. 우리가 소에 키스하거나 뱀을 신성한 것으로 생각하지 않는 유일한 까닭은, 우리가 힌두교도의 집에서 태어나지 않았기 때문이다. 마음에 들지 않는 상대자도 그가 그렇게 된 데에는 그만한 이유가 있을 것이다. 그러므로 동정해야 한다. 상대를 동정하는 것이다.

존 F. 거프는, 술주정뱅이를 보면 항상,

"하나님의 은혜를 입지 않았으면 나도 저렇게 된다."

고 말했는데, 그 기분으로 상대를 대할 필요가 있다.

우리가 교섭하는 상대의 4분의 3은 모두 동정에 굶주려 있다. 그것을 주는 것이다. 그들이 좋아할 것은 정한 이치가 아닌가.

《젊은이 이야기》의 저자 루이저 메일 올콧트의 얘기를 나는 방송에서 한 일이 있었다. 물론 나는 그녀가 매사추세츠 주의 콘코드에서 불후의 소설을 쓴 것을 알고 있었지만, 어쩐 일인지 뉴햄프셔 주라고 말해 버렸다. 그것도 두 번씩이나 그랬으니 구제할 길이 없었다.

당장 비난의 편지와 전보가 날아들었다. 분개하는 사람이 많았지만, 그 중에는 모욕을 하는 사람도 있었다. 매사추세츠 주의 콘코드에서 태어나 필라델피아에서 사는 어떤 여성은 특히나 굉장했다. 내가 올콧트 여사를 가리켜 식인종이라 해도 그렇게 화낼 수는 없었을 것이다.

나는 그 여성으로부터 받은 편지를 읽으면서,

"하나님, 이런 여자와 결혼하지 않게 해주셔서 감사합니다."

하고 기도한 것이었다.

내가 저지른 것은 지리적 잘못이었지만, 그녀는 예의상으로 큰 잘못을 저지르고 있었다. 나는 첫머리에 그렇게 써서 회답을 보내고 싶었다. 그러나 그것은 어떠한 바보라도 할 수 있는 일이다. 바보는 대개 그렇게 한다는 사실을 나는 생각했다.

나는 바보가 되고 싶지는 않았다. 그래서 나는 그녀의 적의를 호의로 바꿔보려고 했다. 말하자면 그것은 일종의 유희였다. 나는 나 자신에게 말했다.

"만일 내가 그녀였다면, 나 역시 그녀와 똑같은 일을 했을 것이다."

그리고 나는 상대의 입장을 이해하려고 노력했다.

그 뒤 필라델피아에 갔을 때, 나는 그녀에게 전화를 걸어 다음과 같은 말을 주고받았다.

"전번에는 일부러 편지까지 주셔서 정말 고마웠습니다. 전화로 실례입니다만, 고맙다는 인사를 드리겠습니다."
하고 나는 말했다.

"(딱딱한 소리로) 실례지만 누구신가요?"

"아직 한 번도 뵙지 못했지만, 데일 카네기라고 하는 사람입니다. 전에 제가 올콧트 여사에 대해서 방송할 때 매사추세츠의 뉴햄프셔라고 잘못 말한 것을 기억하실 것으로 압니다만, 정말 제가 잘못한 것입니다. 그 잘못을 사과하고 싶습니다. 친절하게 편지까지 주셔서 무엇이라고 감사해야 할는지 모르겠군요."

"어머, 그러세요. 그때는 실례했어요. 그런 편지를 드려서요. 정말 그때는 어떻게 되었나봐요. 저야말로 사과드려야 하겠어요."

"아니지요. 부인께서 사과하실 필요는 없습니다. 국민학교

아이들도 다 알고 있는 것을 제가 잘못 말했기 때문에 일단 다음 일요일 방송에서 사과는 했습니다만, 부인께는 직접 사과드리고 싶었습니다.”

“저는 매사추세츠 주의 콘코드에서 났어요. 저희 집은 매사추세츠의 오래된 가문인데요. 제가 태어난 고장을 자랑으로 알고 있습니다. 그래서 방송을 듣고 그런 편지를 보냈던 거예요. 정말 부끄러운 짓을 했습니다.”

“아니지요. 부끄러운 것은 잘못을 저지른 저였지요. 그것이 잘못했다고 해서 별로 매사추세츠의 명예에 상처를 입힌 것은 아니겠지만, 저로서는 마음이 아팠습니다. 정말 잘 일깨워주셨습니다. 앞으로도 지도편달 바랍니다.”

“어머, 그런 실례되는 편지까지 드렸는데 조금도 화내시지 않는 것을 보면 훌륭한 분인 것 같아요. 잘 부탁합니다.”

이렇게 하여 내가 그녀에게 사과하고 그녀의 입장에 서서 동정하니까 그녀도 사과하고 나의 입장에 서서 동정해 주었다.

나는 일시적으로 화를 참은 보람이 있었다고 생각하니 맑은 기분이 되었다. 상대를 공격하기보다 상대에게서 호의를 얻는 것이 역시 유쾌한 일이었다.

역대 대통령들은 날마다 성가신 인간 관계의 문제에 직면한다. 태프트 대통령도 그 예외가 아니었다. 그는 경험에 의해서 나쁜 감정을 중화시키는 데는 동정이 절대적인 힘을 가지는 것을 알았다.

태프트의 저서《용사의 윤리학》속에는 흥미있는 실례를 들고, 어떻게 하여 사람들의 반감을 중화하였는가를 말한 구절이 있다. 그것을 여기 옮겨보자.

‘워싱턴의 한 부인이, 그녀의 아들을 어떤 지위에 앉히려고

6주간 가까이 날마다 나에게 찾아왔다. 그녀의 남편은 정계에서도 다소 이름이 알려진 사람이었다. 그녀는 많은 하원의원들을 자기 편에 끌어들여 맹렬히 운동을 했다. 그 지위는 전문적인 기술을 필요로 하기 때문에, 나는 그 부서 책임자의 추천을 따라서 다른 사람을 임명했다.

그녀로부터 원망의 편지가 날아왔다. 내가 그럴 마음만 있었으면 그녀를 기쁘게 할 수 있었는데, 그러지 않은 것은 은혜를 모르는 행위였다는 것이다. 내가 특히 관심을 가지고 있었던 한 법안을 통과시키는 데에 그녀가 의원들을 설득해 주었는데, 그때 은혜를 원수로 갚느냐고 했다.

이러한 편지를 받으면 누구나 화가 나고 그 편지를 쓴 사람을 응징하고 싶어진다. 그래서 지체 없이 반박하는 회답을 쓰게 된다.

그러나 현명한 자는 편지를 곧 부치진 않는다. 책상 서랍에 넣어 자물쇠를 잠그고, 2~3일 있다가 다시 꺼내본다.(그러한 편지는 2~3일 늦었다 해도 별로 상관없는 성질의 것들이다.)

냉각기를 가진 다음 다시 읽어보면, 그 편지를 부칠 생각이 없어진다. 나는 현명한 사람의 방법을 취했다. 나는 다시 그녀에게 이번에는 정중한 편지로 고쳐 쓰고, 그녀의 실망은 충분히 이해가 가지만, 그 인사는 사실 나의 마음대로 할 수가 없는 것으로 전문적인 기술을 가져야만 하는 자리였기 때문에, 국장의 추천에 따를 수밖에 없으니 양해해 달라고 했다. 그리고 그녀의 아들은 현재의 지위에서도 그녀의 기대에 부응할 수 있을 것이니 노력을 아끼지 말아 달라고도 했다.

이 편지로 그녀는 기분이 풀렸고, 그 뒤 그런 편지를 드려서 죄송하다고 사과까지 해왔다. 그런데 내가 임명하기로 결정한 사람을 발령하는 일이 조금 늦어졌다. 그러는 사이에 그녀의 남편으로부터 편지가 왔다. 자세히 보니까 먼젓번에 온 편지와 같은 필적이었다.

그 편지에는, 그 뒤 그녀는 완전히 신경쇠약이 되고 위암의 증세까지 나타나 지금은 빈사상태를 헤맨다고 되어 있었다. 아들이 그 자리에 임명되면 그녀의 병은 낫겠지만 그럴 수는 없는 일이니 어쩌느냐는 것이었다.

나는 한 번 더 같은 편지를 써야만 했다. 이번에는 그녀의 남편에게다. 그 진단이 오진이기를 바란다고 했고, 그녀의 병은 참으로 안됐지만 이 임명은 변경시킬 수 없다고 못을 박았다. 사실 그 시간에는 이미 발령이 나 있었다.

편지를 받은 이틀 뒤에 나는 백악관에서 음악회를 열었다. 맨 먼저 인사를 한 것이 그들 부부였다. 편지대로 하자면 지금쯤 임종의 자리에 있어야 할 그녀였는데…….'

휴로크는, 미국에서는 일류급 음악 매니저이다. 그는 20년 동안에 걸쳐 샤리아핀, 이사도라 던컨, 바블로바 같은 세계적 예술가들과 교섭을 가져왔다. 휴로크로부터 내가 직접 들은 바에 의하면 까다로운 예술가들을 쉽게 움직이려면, 그들의 남다른 개성에 대한 동정이 철두철미하게 필요하다는 것이고, 그는 그것을 누구보다 먼저 배웠다는 것이다.

그는 샤리아핀의 매니저로 3년 동안 일했는데, 이 대가수에게는 항상 골치를 앓았다. 예를 들면, 샤리아핀은 밤무대에 서기로 되어 있는데 낮에 전화로,

"기분이 좋지 않다. 목이 아파서 오늘 밤엔 부를 수가 없겠다."

며 말할 때가 자주 있었다. 휴로크 씨는 이럴 때 결코 정면으로

거역하지 않는다. 매니저는 예술가와 싸우면 손해라는 것을 잘 알고 있었다. 이럴 때 그는 전화를 끊고, 샤리아핀의 호텔에 달려가서 열심히 그에게 동정해 보인다.

"그것 안됐습니다. 물론 오늘 밤엔 쉬는 것이 좋아요. 취소하지요. 무리를 하다가 인기가 떨어지기보다는 2천 달러 계약을 취소하는 것이 옳지요."

그러면 샤리아핀은 한숨을 쉬고,

"조금 더 있다 와보십시오. 5시쯤엔 부를 수 있을지 어떨지 알겠는데요."

라고 한다.

5시가 되면 먼저처럼 호텔에 또 가서 동정을 해보인다. 무리를 하지 말라고 권하게 되면 샤리아핀은,

"조금 있으면 좋아질 것 같습니다. 한 번 더 와주시오."

하고 말한다.

7시 30분, 무대 직전이 되어 샤리아핀은 끝내는 나가겠다고 하게 된다. 단 미리 청중에게 감기 때문에 목소리가 좋지 않다고 말해 달라는 조건이다.

휴로크 씨는 그런 것에는 이골이 나 있어서, 청중에게 말했다고 속이고, 예술가를 무대에 내보낸다. 그밖에는 달리 방법이 없는 것이다.

아더 I. 게이츠 박사의 유명한 저서 《교육심리》에 이런 구절이 있다.

'인간은 대개 동정을 바란다. 아이는 상처를 보이고 싶어한다. 때로는 동정을 받고 싶어서 자기가 일부러 상처를 내는일도 있다. 어른도 마찬가지다. 상처를 내보이고 재난과 병에

대한 얘기를 한다. 특히 수술이라도 받았을 때는 더욱 그렇다.
불행한 자신에 대해서 자기 연민을 느끼고 싶은 기분은, 정도
의 차이는 있지만, 누구에게나 다 있는 것이다.'

    그러므로 사람을 설득하는 방법의 아홉째는,
  남의 생각이나 희망에 대해서 동정을 가질 것

고운 마음씨에 호소하라

나는 미주리 주에서 자랐는데, 가까운 곳에 유명한 도적 제임스가 살던 농장이 있었다. 이 농장에는 제시 제임스의 아들이 지금도 살고 있다.

나는 그 아들의 부인으로부터 제시가 열차나 은행을 습격하던 모습과, 뺏은 돈을 이웃의 가난한 농부에게 나눠주던 얘기를 들었다.

제시 제임스도 쌍권총 클로레, 알 카포네와 같을 만큼, 스스로를 이상주의자라고 생각한 모양이었다. 모든 인간은 자기 자신을 훌륭한 몰아적 인물이라고 생각하고 싶어하는 것이다.

미국의 대은행가이며 미술품 수집가로 유명한 J. P. 모르간은 인간의 심리를 해부하여,

"보통, 인간의 행위에는 두 가지 이유가 있다. 하나는 꽤 그

럴 듯하게 윤색된 이유에서 기인된 것이고 다른 하나는 진실한 이유에서이다.”

라고 말하고 있다.

진실한 이유는 남들이 이러쿵저러쿵 하지 않아도 장본인이 잘 알 것이다. 인간은 누구나가 이상주의적인 경향을 가지고 있어서 자기의 행위에 대해서는 아름답게 색칠한 이유를 달고 싶어한다.

그래서 상대방의 생각을 바꾸게 하려면, 이 아름다운 이유를 달고 싶어하는 기분에 호소하는 것이 효과가 있는 것이다. 이것을 사업에 이용하면 어떻게 될까.

펜실베니아 주의 그레노르덴에서 아파트를 경영하고 있는 해밀튼 J.파렐 씨의 경험담을 들어보자.

파렐 씨의 아파트에 계약 기간이 4개월 남았는데 아무래도 이사를 가야겠다는 남자가 있었다. 월 55달러의 방값이었다. 이하 파렐 씨가 나의 강습회에 나와 한 얘기를 인용하겠다.

“이 일가는 나의 아파트에서 겨울을 지내고 있었다. 겨울은 1년 중에 가장 경비가 많이 드는 기간이다. 가을이 되기까지 아마 새 입주자는 오지 않을 것이다. 다시 말하면 그들이 겨울만 나고 훌쩍 가면 나는 220달러라는 돈을 손해보는 셈이 되었다. 나는 그의 소행이 괘씸했다.

여느 때 같으면 나는 계약서를 내밀고 정 나가겠으면 계약기간 동안의 집세를 다 내고 가라고 했을 것이었다. 그렇게 못할 것도 없었고, 한때는 그렇게 할까 생각하기도 했다.

그러나 그런 시끄러운 소란을 떨지 않고 해결될 방법은 없을까 생각하고, 다음과 같이 그에게 말해 보았다.

‘말하시는 얘기는 잘 알겠습니다만, 나로서는 아무래도 당신이 이사하실 수 없을 것 같습니다. 오랫동안 이 장사를 해온 나로서는 사람을 보는 눈을 다소 가지고 있는데요, 결코 계약을 파기할 사람으로는 당신을 보지 않았습니다. 이것만은 내기를 해도 좋습니다.'

나는 다시 계속해서 이렇게 말했다.

'그런데 한 가지 부탁이 있습니다만, 이 문제는 이대로 두고 2~3일 동안 다시 생각해 보기로 합시다. 그래도 기분이 달라지지 않는다면 생각하신 대로 하십시오. 내 생각이 잘못된 것이라고 단념하는 수밖에 없습니다. 아무튼 당신은 계약을 뒤집을 사람이 아니라고 나는 굳게 믿고 있습니다만, 서로가 역시 인간이니까 잘못 보고 잘못 생각하는 수도 있겠지요.'

며칠 뒤 이 사나이는 스스로 집세를 내려고 왔다. 그는 아내와 의논한 결과 이사를 가지 말자는 쪽으로 얘기가 되었다고 했다. 그들의 결론은, 계약을 이행하는 것이 인간으로서 가장 중요한 일이라는 것이었다."

영국의 신문업자 노스크립 경은, 어느 날 공개하기가 싫은 자기의 사진이 어느 신문에 난 것을 보고 그 편집장에게 긴 편지를 썼다. 그러나,

"나의 마음에 들지 않는 사진이므로 그 사진은 신문에 발표하지 말아 주시오."

라고는 하지 않았다. 그는 가장 아름다운 감정에 호소했다. 누구나가 갖고 있는 어머니에의 존경과 애정에 호소하여,

"그 사진은 신문에 나지 않았으면 합니다. 나의 어머니가 가장 싫어하는 사진이므로……."

라고 썼다.

록펠러 2세도 그의 아이들의 사진이 신문에 나는 것을 막기 위해서 인간의 아름다운 심성에 호소한 일이 있었다. '아이들의 사진을 신문에 발표하는 것은 내가 찬성할 수 없다.'라고 한 것이 아니라 어린 마음에 상처를 주고 싶지 않다는 만인 공통의 심정에 호소했다.

"당신들 중에도 아이를 가진 분이 있으니 아시리라 생각됩니다만, 너무 세상이 떠들썩하게 하면 아이들이 불쌍합니다."

사이러스 H. K. 커티스는, 유명한 〈새터디 이브닝 포스트〉 잡지와 〈레이디스 홈 저널〉 잡지의 창시자인데 메인 주의 가난한 집안에서 태어나 거액의 재산을 이룬 입지전적 인물이다. 처음 그는 다른 잡지사만큼 원고료를 지불할 능력이 없었다. 더구나 일류 작가에게 내줄 원고료는 더욱 없었기 때문에 상대의 아름다운 심성에 호소하는 방법을 채용했다.

예를 들면 당시의 인기작가 올콧트 여사에게는 제발 원고를 주십사 하고 1백 달러 수표를 보냈는데 그것을 여사 앞으로 보낸 것이 아니고, 여사가 열렬히 지원하는 자선 단체에 보냄으로써 성공을 거두었다.

독자 중에는,

"그런 방법은, 노스크립이나 록펠러, 혹은 감상적인 작가에게는 통할지 모르지만, 무서운 상대에게서 돈을 받아내는 따위에는 과연 통할까 모르겠다."

라고 의심하는 사람도 있을 것이다.

의심할 만한 일이다. 도움이 되지 못한 때도 있을 것이고 사람에 따라서는 통하지 않을는지 모른다. 만일 당신이 이 이상의 방법을 알고 있어서 그 결과에 만족하고 있다면 굳이 이 방법을 쓸 필요는 없겠다. 그러나 다른 좋은 방법이 없다면 한 번 써보는 것이 어떨까?

아무튼 다음 얘기는 제임스 L.토머스라는 사나이가 나의 강습회에서 발표한 체험담인데 꽤 재미 있는 내용이다.

어느 자동차 회사의 여섯 사람의 고객이 수리비를 지불하려고 하지 않았다. 청구액 전체에 대해서 이의가 있는 고객은 없었지만, 각각 그 일부가 부당하다는 것이었다.

회사는 수리를 할 때마다 사인을 받기 때문에 절대 틀림없다고 믿었고, 그 믿음대로 손님에게 말했다. 그것이 잘못이었다. 즉 수금 담당은 다음과 같은 방법으로 미수금을 받고 있었는데, 과연 그것이 옳은 방법이었을까?

① 각 거래처를 방문하여, 청구서를 보낸 지가 몇 달씩이나 지났으니까 이달엔 꼭 지불해 달라고 정면으로 부딪쳤다.

② 청구서는 절대 틀림없다. 따라서 틀린 것은 고객이라고 확실히 설명했다.

③ 자동차에 대해서는 회사가 고객보다 훨씬 더 잘 알고 있다. 그러므로 의론의 여지가 없다고 설명했다.

④ 그 결과는 치열한 논쟁이 되었다.

이러한 방법으로 청산이 될지 어떨지 생각해 보면 누구나 잘 알 것이다.

수금 담당은 끝내는 법적인 방법으로 할까 했지만, 마침 지배인이 그 사정을 알게 되었다. 지배인이 조사한 결과 문제의 손님은 모두가 평소에는 지불이 좋은 사람들임을 알았다. 어딘가 잘못된 것이 있는 것이다. 지배인은 토머스를 불러 이 문제를 해결하라고 명령했다.

토머스가 택한 방법은 다음과 같은 것이었다.

① 지체된 수리비에는 한 마디도 하지 않고, 다만 이제까지 회사의 서비스 상태를 알고 싶어 방문했다고 말했다.

② 상대의 말을 전부 들어보기 전에는 나로서는 어떻게 생각해야 할지 모르겠다고 분명히 말하고, 회사측에도 실수가 있을지 모르겠다고 말했다.

③ 내가 알고 싶은 것은 그의 차에 대해서이고, 그의 차에 대해서는 그가 누구보다 제일 잘 알 것이고 따라서 그가 권위자라고 했다.

④ 상대에게 말하게 하고 상대의 기대대로 동정과 흥미로써 그 말에 귀기울였다.

⑤ 이윽고 그가 냉정해진 것을 보고 그의 공정한 판단에 호소했다. 즉 그의 아름다운 심성에 호소한 것이다.

"저희가 부족해서 불편을 끼쳐드려 죄송합니다. 수금원의 태도에 화가 치미셨을 줄 압니다. 정말 말도 안 됩니다. 회사를 대표해서 사과드립니다. 말씀을 듣고 보니 나는 당신의 공정하고 관대한 인품에 감탄했습니다. 사실은 부탁이 있는데요, 이것은 당신 아니면 할 수 없고 또 당신이 가장 잘 아는 일입니다. 다름 아니라 이 청구서입니다. 이것을 당신 자신이 고쳐주시면 저로서는 안심하겠습니다. 당신이 우리 회사 사장이 된 기분으로 염려 마시고 정정해 주십시오. 만사를 맡기고 고친 대로 하겠습니다."

이것이 멋있게 들어맞았다.

여섯 명의 고객 중에 단 한 사람만이 어디까지나 회사의 잘못이라고 고집하고 일부 수리비를 지불하지 않았는데, 나머지 다섯 명은 전액 지불했다. 더욱 특기할 것은 그 후 2년 동안에 이 여섯 사람이 모두 새 차를 그 회사에서 구입했다는 것이다.

토머스 씨는 이에 대해 다음과 같이 말했다.

"상대의 신용 상태가 불투명할 때는 그를 훌륭한 신사로 보고 거래를 진행시키면 틀림없다고 나는 경험으로 알고 있다. 요컨대 인간은 누구나 정직하게 의무를 다하고 싶다고 생각하는 것이다. 여기에 대한 예외는 비교적 적다. 사람을 속이는 인간일지라도 상대로부터 진심으로 신뢰를 받고 정직 공정한 인물로서 상대해지면 좀체 부정한 짓은 못하는 법이다."

그러므로, 사람을 설득하는 방법의 열번째는,
그 사람의 아름다운 심성에 호소할 것

제11장

필요하면 연출도 하라

　몇 년 전의 이야기인데, 필라델피아 〈이브닝 불틴〉 신문에 하나의 중상문제(中傷問題)가 일어났다. 어떤 악의있는 소문이 퍼진 것이다. 이 신문은 대부분 광고뿐으로서 기사가 매우 작은 편집이었기 때문에 독자가 흥미를 잃어 광고를 내어도 효과가 없다는 그럴 듯한 소문이었다.

　시급한 대책을 세워 소문을 끊어야만 하게 되었다. 거기서 이러한 방법이 채용되었다. 불틴 신문은 평상시의 하루분의 지면에서 기사를 전부 빼내어, 그것을 분류하여 한 권의 책으로 정리하여 출판했다. 그 책은 《하루》라는 제목을 달았는데, 3백 페이지 부피였고, 충분히 2달러 값어치는 될 것으로 보였다. 그것을 불과 2센트에 팔기 시작한 것이었다.

　이 책은 불틴 신문에 재미있는 읽을거리가 많이 실려 있다는 사실을 효과 백퍼센트로 알리는 것이었다. 정말 그럴 듯한 연출이라 아니할 수 없었다. 단순히 숫자를 나열하면서 설명해 가지고서는 도저히 며칠 걸려도 할 수 없는 일을 한꺼번에 해치운 것이었다.

뉴욕 대학의 리처드 보딘과 알빈 바스는 1만 5000건의 상담을 분석하여, 《의론에서 이기는 법》이라는 책을 만들고, 같은 원리를 '판매의 6원칙'이라는 제목으로 강연을 하고, 그뒤에는 영화를 만들어 대회사의 세일즈맨들에게 보였다.

그들은 연구의 결과를 단순하게 설명했을 뿐만 아니라 실례를 들었다. 청중 앞에서 실제로 입씨름을 하여 보이고, 판매의 옳은 방법과 틀린 방법을 가르친 것이었다.

현대는 연출의 시대라고 한다. 단순히 사실을 말하는 것만으로 충분하다고 할 수 없다. 사실에 움직임을 주고 흥미를 곁들여 연출해야 한다. 흥행적인 수법을 채용할 필요가 있다. 영화, 라디오, 텔레비전 따위의 여러 가지 수법이 있다. 사람의 흥미를 끄는 데는 이것들이 무엇보다도 효과가 있다.

쇼윈도우의 장식을 전문으로 하는 디스플레이어이면, 연출의 효과라는 것을 충분히 알고 있을 것이다. 예를 들면 새 살충제의 제조원이 소매점 쇼윈도우에 살아 있는 쥐 두 마리를 이용하여 장식을 시킨 일이 있었다. 쥐를 윈도우에 넣은 주에는 판매고가 5배나 늘었다고 한다.

〈아메리칸 위클리〉 잡지의 제임스 B. 보인튼은 막대한 시장조사 보고서를 제출해야 했다.

어느 일류 콜드크림 제조원이 제품의 값을 내리는 것이 좋으냐 어떠냐에 대해 긴급히 자료가 필요하다고 했기 때문이었다.

이 의뢰자는 업계의 거물로서, 매우 까다로운 고객이기도 했다. 보인튼이 맨 먼저 보고서를 가지고 갔을 때는 큰 실패였다. 이하 보인튼 자신의 말을 소개하겠다.

"처음에 나의 조사 방법에 대해서 정말 쓸 데없는 말다툼을 해버리고 말았다. 말다툼 끝에 나는 상대방을 눌러 울분을 풀긴 했지만, 유감스럽게도 시간이 다 돼서 장사를 실패했다.

두번째 갔을 때 나는 숫자니 도표니 자료에 상관없이, 조사한 사실을 극적으로 연출하여 보였다. 내가 그의 방으로 들어가자 그는 전화를 걸고 있었다. 그 사이에 나는 가방 속에서 32개의 콜드크림병을 꺼내 그의 책상 위에 늘어놓았다. 그가 알고 있는 모든 제품, 즉 그의 경쟁 상대사의 모든 제품이었다. 각 병에는 나의 조사 결과를 기입한 쪽지가 붙어 있었다. 그 쪽지들은 그 크림의 판매 실적을 간단 명료하게 극적으로 말한다는 연출이었다.

그 효과는 굉장했다. 전번 같은 논쟁이 일어날 여지가 없었다. 그 병을 하나하나 들어 거기 붙은 쪽지의 내용을 읽었다. 나와 그 사이에는 툭 터놓은 대화가 오갔고, 질문은 극히 간단한 것뿐이었다. 그는 상당히 흥미를 느낀 것 같았다. 10분의 회담 약속이 20분이 되고 40분, 1시간이 지나도 우리의 얘기는 그치지 않았다.

나는 먼젓번과 같은 것을 제공한 것이었지만, 이번에는 연출 효과를 노린 점이 달랐던 것이다. 흥행적 수법이 이만큼 효과가 있을 줄은 미처 몰랐다."

그러므로 사람을 설득하는 방법의 열한번째는,

연출을 생각할 것

제 12 장

대항의식을 자극하라

　찰스 슈워브가 담당한 공장 중에 성적이 도무지 오르지 않는 곳이 있었다. 슈워브는 공장장을 찾아가 물었다.

　"자네는 상당히 솜씨있는 사람으로 알고 있는데, 뜻밖에 성적이 오르지 않는 것은 무슨 까닭인가?"

　"나도 그것을 모르겠습니다. 큰 소리도 치고, 협박도 하고, 혹은 부추기기도 하며 온갖 수단을 다 쓰지만 공원들이 도무지 움직여주지 않습니다."

　마침 그 때 조간근무와 야간근무의 교대시간이 되었다. 슈워브는 백묵을 손에 들고 조간근무 공원을 잡고 물었다.

　"자네네 팀은 오늘 몇 차례 쇠물을 뽑았는가?"

　"여섯 번요."

　슈워브는 아무 말도 하지 않고 마루에 커다랗게 6자를 써놓고 나가 버렸다.

야간근무조가 들어와 이 글씨를 보고, 이게 뭐냐고 조간근무자에게 물었다.

"보스가 우리 공장에 왔었어. 오늘 쇳물을 몇 번 뽑았느냐고 물으시기에 여섯 번이라고 대답했더니, 이와같이 써놓았다네."

슈워브는 이튿날 아침 또다시 그 공장으로 나갔다. 야간근무자들이 6자를 7자로 바꾸어 써놓았다.

조간근무자가 출근해 보니까, 마루에 7자가 쓰여져 있다. 야간근무 팀이 성적을 올렸다는 얘기가 된다. 조간근무자들은 대항의식이 불붙게 되어 퇴근 때까지는 10자를 써놓게 되었다.

이렇게 하여 이 공장의 능률은 점점 오르게 되었다.

성적이 나빴던 이 공장은 이윽고 다른 공장을 제압하여 생산율 제1위를 차지하게 되었다.

이에 대한 슈워브의 말을 들어보자.

"일에는 경쟁심이 제일이다. 악착같은 돈벌이 경쟁이 아니라 남보다 내가 우수하다는 경쟁심을 이용해야 한다."

우위를 차지하고 싶다는 욕구, 대항의식, 사나이의 기개에 호소하는 방법이다. 이와 같은 지기 싫다는 마음이 자극되지 않았다면 데오도어 루즈벨트도 대통령이 되지 못했을 것이다.

미서전쟁(美西戰爭)에서 귀환하자, 그는 담박 뉴욕 주지사에 선출되었다. 그런데 반대파는, 루즈벨트는 법적으로 주 거주민이 될 자격이 없다고 주장했다. 그도 놀라서 사퇴하겠다고 말했다. 그러자 토머스 코리어 플래트가 그에게 호통을 친 것이었다.

"당신 그래도 샌 쥬앙 힐 전선의 용사요? 비겁한 자같으니라구……."

루즈벨트는 마음을 돌려 반대파와 싸울 결심을 했다.

그 후의 사실은 역사가 말하는 그대로이다. 루즈벨트의 지기 싫다는 심정을 자극한 이 한 마디는, 그의 생애를 바꾸었을 뿐만 아니라, 미합중국 역사에도 커다란 영향을 준 것이었다.

찰스 슈워브는 이와 같은 자극이 가지는 위력을 알고 있었다. 알 스미스도 역시 그것을 알고 있었다.

알 스미스가 뉴욕 지사를 하고 있을 때, 유명한 싱싱 형무소의 소장에 임명할 만한 사람이 없어 고민한 적이 있었다. 형무소의 내부가 부패해서 굉장한 악평이 분분했다. 스미스는 싱싱을 지배할 수 있는 강력한 인물이 필요했다. 인선을 한 결과, 뉴햄프튼의 루이스 E. 로즈에게 화살이 꽂혔다.

로즈를 부른 스미스는,

"어떤가. 자네 싱싱을 돌봐주겠나? 상당한 경험이 있는 인물이 아니면 당할 수 없을 걸세."

라고 쾌활하게 말했다.

로즈는 당황했다. 싱싱의 소장이 된다는 것은 생각해 볼 일이었다. 정치 세력의 풍향에 따라 어떻게 될는지 모를 지위였던 것이다.

소장은 빈번하게 갈리고 있었다. 임기가 겨우 세 달도 못 간경우도 있었다. 잘못 맡다가는 망신당하기가 일쑤였다. 그가 주저하는 모습을 보고, 스미스는 호탕하게 웃으면서 이렇게 말했다.

"굉장한 일이니까 내키지 않는 것도 무리는 아니지. 사실 굉장히 어려운 일이야. 상당한 인물이 아니고서는 해낼 수 없을 거야."

상대방의 지기 싫어하는 마음을 일깨운 것이다.

로즈는 즉시 부임하여 크게 어깨를 펴고 일했다. 그리하여 얼마 뒤에는 명소장으로 그의 이름을 모르는 사람이 없을 정도가 되었다. 그의 저서 《싱싱의 2만년》이 수십만 부나 팔렸다. 라디오 방송에도 나왔다. 그의 저서에서 소재를 잡은 영화도 여러 개 나왔다. 또 그의 죄수에 대한 대우를 개선해야 한다는 이론은, 기적적인 개혁을 가져오게 했다.

파이어스톤 고무 회사의 창설자 하베이 S. 파이어스톤은 이렇게 말한다.

"급료만 주면 사람이 모여들고 인재가 확보된다고 할 수는 없다. 게임 정신을 채용하는 것이 중요한 것이다."

성급한 사람은 모두 게임을 좋아한다. 자기 표현의 기회가 주어지기 때문이다. 마음껏 솜씨를 발휘하여 상대를 이기는 기회, 이것이 여러 가지 경주와 경기를 성립시킨다. 우위를 차지하고 싶은 욕구, 중요감을 얻고 싶은 원망, 그런 것을 자극하는 것이다.

그러므로 상대방을 설득하는 방법의 열두번째는,

대항의식을 자극할 것

인간 관계를 위한 *aphorism*

11. 자신의 되를 가지고 남의 곡물을 재지 말라. −영국의 속담−

12. 최고의 처세술은 타협하지 않고 적응하는 것이다. −짐벨−

13. 나는 절대로 거절하지 않으며 절대로 반대하지 않는다. 잊어 버릴 적은 가끔 있다. −디즈레일리−

14. 타인과의 교제에 있어서, 예의 범절을 엄수하는 사람은 이자로 살아가지만, 그것을 무시하는 사람은 원금에 손을 댄다. −호프만슈탈−

15. 예의가 바른 것은 사람을 꾸미고 그나마 돈이 들지 않는다. −영국의 속담−

제4부

상대방을 변화시키는
아홉 가지 방법

우선 칭찬하라
멀리 돌려서 충고하라
자기 잘못을 말하라
명령하지 말라
체면을 세워주라
작은 일도 칭찬하라
기대감을 보이라
기꺼이 협력시키라
기적적인 효과를 거둔 편지

제1장

우선 칭찬하라

　나의 한 친구가 어느때 쿠릿지 대통령의 초청을 받아 주말을 백악관에서 보냈다. 그가 대통령의 방으로 들어가자 대통령은 비서 한 사람을 잡고 이렇게 말했다.

　"오늘은 잘 어울리는 옷을 입고 나왔군. 정말 미인이야."

　말 수 적은 쿠릿지가 그만큼 칭찬하는 일은 흔치 않았다. 당황한 비서 아가씨는 어쩔 줄 모르고 얼굴을 붉혔다.

　그러자 대통령은 빙그레 웃으며 이렇게 말했다.

　"그렇게 긴장할 것 없어요. 기분을 좋게 해주려고 한 말이니까. 그럼, 이제부터는 구두점에 좀더 조심해 주었으면 좋겠군."

　이 방법은 지나치게 노골적이었는지 모르지만 인간의 심리에 대한 이해의 정도는 칭찬할 만한 것이었다. 우리는 칭찬을 받

은 직후에는 꾸중도 그다지 쓰게 생각되지 않는 법이다. 이발
사는 면도칼을 대기 전에 우선 비누 거품을 칠한다.

1896년 매킨레이가 대통령에 입후보할 때 이 방법을 그대로
채용했다. 어느 유명한 공화당원이 선거 연설의 초안을 만들어
가지고 와서, 일대의 명연설이라고 자랑하며 의기양양하게 매
킨레이에게 그것을 읽어주었다. 들어보니 잘된 곳도 있긴 하지
만 전체로서는 별로 쓸모가 없었다. 그대로 했다가는 비난의
소리가 쏟아질 것은 불을 보듯 뻔했다.

매킨레이로서는 이 사나이의 자존심을 다치게 하고 싶지 않
았고, 또 그 성의는 존중해 주어야 했다. 더구나 이 연설에 대
해서는 퇴짜를 놓아야 할 판이었다. 그는 이 어려운 일을 간단
히 해치웠다.

"참 잘됐다. 훌륭한 연설이야. 좋았어, 이만한 연설 초안을
쓸 수 있는 사람은 절대 없을 걸세. 적당한 경우에 사용하면 백
퍼센트 효과가 있을 것이다. 그러나 이번 경우에는 좀 어떨까
싶은데……. 물론 자네의 입장으로 본다면 이만큼 훌륭한 것은
없다고 생각하지만, 나는 당의 입장도 생각해 봐야 하니까, 어
떻겠나. 내 의견을 따라 한 번 더 써주지 않겠나? 다 되면 또
만나세."

상대는 매킨레이가 하라는 대로 기꺼이 다시 썼다. 그리고
유능한 응원자로서 선거 기간중에 크게 활약했다.

에이브라함 링컨의 편지 중에 두번째로 유명한 것을 소개하
겠다. (첫번째로 유명한 것은 빅스비 부인에게 보낸 것으로, 그녀의
다섯 아들이 전사한 것을 애도한 내용이다.)

링컨은 이 편지를 아주 다급하게 쓴 것으로 보인다. 그런데

그것이 1926년 경매에서는 1만 2000달러에 팔렸다. 그때 돈 1만 2000달러면, 링컨이 50년 동안 일해 저축한 것보다 많은 돈이다.

이 편지는 남북전쟁에서 북군이 가장 곤란을 겪을 무렵인 1863년 4월 26일에 씌어진 것이다. 북군은 작전에 차질이 생겨서 18개월 동안 계속해서 패배만 했다. 사상자 수만 늘었고 국민은 전의를 상실했다. 탈주병의 수는 수천 명에 이르렀고, 공화당 상원의원마저도 링컨을 물러나게 하려고 했다.

링컨은,

"이제야 우리의 운명은 파멸의 심연을 들여다보고 있다. 천우신조도 바랄 수 없고, 한 줄기 희망마저 발견할 길이 없다."

라고 탄식하던 시기에 이 편지가 씌어진 것이다.

이 편지는 국가의 위기가 한 장군의 어깨에 걸려 있는 위급한 때에, 링컨이 어떻게 하여 그 완고한 장군의 생각을 고쳐 갖게 했는가에 대한 그간의 사정을 밝혀주는 것이다.

이 편지는 그가 대통령 취임중에 쓴 편지 중에서 가장 통렬한 것이었다. 더구나 후커 장군의 중대한 과실을 책망하기 전에 그를 칭찬한 점을 잊을 수 없다.

그 장군의 과실은 중대한 것이었다. 그러나 링컨은 그러한 내색의 말을 하지 않았다. 될 수 있는 대로 신중하게 외교적으로 쓰려고 애썼다.

"귀관의 방법에 대해 나는 반드시 만족할 수만은 없다고 생각되는 점이 약간 있다."

고 말한 점 등에 머리가 숙여질 지경이다.

그 편지의 내용은 다음과 같다.

'나는 귀관을 포트맥 전선의 지휘관으로 임명했습니다. 물론 나는 확신을 가지고 그것을 결정했지만, 귀관의 일한 방법에 대해서 나에게는 반드시 만족만은 할 수 없다고 생각되는 점이 약간 있다는 사실을 알아주시기 바랍니다.

나는 귀관이 용맹하고 우수한 군인임을 굳게 믿고 있습니다. 물론 나는 당연히 그러한 군인을 좋아합니다.. 귀관은 또한 정치와 군사를 혼돈하지 않는 군인임에도 확신합니다. 그것은 옳은 일입니다. 귀관은 절대적 자신을 가지고 계십니다. 절대 필요하다고까진 할 수 없더라도, 그것은 크게 존경받을 일이라고 생각합니다.

귀관에게는 야심적인 의욕이 있습니다. 정도만 넘지 않으면 썩 좋은 일입니다. 그러나 귀관이 반사이드 장군 휘하에 있을 때, 귀관은 공을 탐한 나머지 명령에 위반하여 뜻대로 행동했고, 국가와 명예있는 장군에 대해 중대한 과실을 범하셨습니다. 듣건대 귀관은 정치와 군사에 있어서 독재자의 필요성을 역설하신다는데, 물론 나는 그것을 알면서도 귀관을 지휘관으로 임명했습니다. 그러나 그것은 결코 귀관의 의견에 찬성해서가 아닙니다.

독재자를 인정하려면 그로써 성공할 보증이 있어야 합니다. 내가 귀관에게 바라기는 우선 군사적으로 성공하라는 것입니다. 그것을 위해서는 독재권을 걸어도 좋다고 생각합니다. 앞으로도 정부는 전력을 기울여 다른 지휘관과 같이 귀관도 지원하겠습니다.

귀관의 언동에 영향을 받아 군대 안에서 상관을 비난하는 풍조가 일어나고 그러한 비난이 이윽고는 귀관 자신에게 오지 않을까 나는 그것을 걱정합니다만, 되도록 귀관을 원조하여 그러한 사태의 발생을 막으려고 생각합니다.

그러한 경향이 나타나면 귀관이라 할지라도, 그리고 설령 그것이 나폴레옹이라 할지라도, 우수한 군대를 만들기는 틀렸을 것입니다. 경거망동을 삼가주십시오. 경거망동을 삼가고 최후의 승리를 얻는 데 전력을 다하기 바랍니다.'

우리는 쿠릿지도 아니고 매킨레이도 아니고, 링컨도 아니다. 우리가 알고 싶은 것은 이 방법이 평상의 일에 어떠한 효과를 미치느냐일 것이다.

그러면 필라델피아 워크 건설회사의 고우 씨의 예를 살펴보자. 고우 씨는 우리와 조금도 다를 바 없는 보통의 시민이다. 필라델피아에서 개최한 내 강습회의 일원이었다.

워크 회사에서는 어떤 건축 공사의 청부를 맡아 지정일까지 완성하려고 공사를 서두르고 있었다. 만사가 다 잘 되어갔는데, 준공 일보 직전에 돌연 건물 바깥 장식에 사용할 청동 세공을 맡은 하청업자로부터 기일 안에 납품을 할 수 없다는 통지가 왔다. 큰 난리가 났다. 얼마만한 손해를 입게 될지 상상할 수도 없었다. 단 한 사람의 하청업자 때문에 공사 전체가 주저앉은 꼴이 되려고 했다.

장거리 전화를 걸어 떠들어보았지만 별 수 없었다. 거기서 고우 씨가 호랑이 굴에 들어갈 역할을 맡아 가지고, 뉴욕으로 떠나게 되었다.

고우 씨는 그 회사의 사장실에 들어가자 우선 이렇게 말했다.

"브룩클린에는 당신과 같은 성을 가진 분은 한 사람도 없나봅니다."

"그래요? 그것은 나도 여태껏 모르고 있었습니다."

사장이 놀란 얼굴을 하는 것을 보고 고우 씨는 설명을 하기 시작했다.

"오늘 아침 여기 도착하여, 당신의 주소를 찾으려고 전화번호부를 뒤져보았습니다. 그런데 브룩클린의 전화부에는 같은 성이 한 사람도 없었습니다."

하면서 고우 씨는 열심히 전화번호부를 뒤졌다.

"그럴 만합니다. 희성이니까요. 나의 조상은 2백 년쯤 전 화란에서 이곳 뉴욕에 건너왔습니다."

그는 자랑스럽게 자기 가족과 선조에 대해 얘기했다. 그 얘기가 끝나자 고우 씨는 상대의 공장의 규모와 설비를 칭찬했다.

"정말 멋있는 공장입니다. 잘 정돈되어 있고, 청동 공장으로는 일류입니다."

"나는 이 사업에 평생을 투자한 셈이지요. 조금은 자랑할 만하다고 생각합니다. 어떻습니까? 우리 공장을 구경하시렵니까?"

공장을 구경하면서, 고우 씨는 그 시설과 제도를 칭찬하고 다른 업자에게서는 찾아볼 수 없는 우수한 것이라고 해주었다.

그가 처음 보는 기계를 보고 감탄하니까, 사장은 그 기계는 자기가 발명한 것이라고 자랑했고, 상당한 시간 동안 손수 그 기계를 조작해 보였다. 점심도 같이 하자고 권해 왔다. 그때까지 고우 씨는 찾아온 용건에 대해서는 결코 단 한 마디의 말도 내지 않았다.

점심 식사를 마치자 사장은 이렇게 말했다.

"그럼 장사 얘기나 합시다. 물론 당신이 오신 까닭은 충분히

이해하겠습니다. 당신과 이렇게 즐겁게 얘기할 수 있으리라고
는 짐작도 못했습니다. 다른 주문을 좀 늦추더라도 당신네 물
건은 틀림없이 기일내에 납품할 테니 안심하고 돌아가십시
오."

　고우 씨 측에서는 아무 말도 하지 않았는데 목적은 완전히
달성된 것이었다. 약속대로 청동장식은 도착했고, 건물은 예정
된 기일 안에 완성을 보게 되었다.

　만일 고우 씨가 상식대로 강력하게 나갔다면, 과연 어떠한
결과가 되었을까?

　사람을 교정(矯正)하는 방법의 첫째는,
우선 상대편을 칭찬할 것

멀리 돌려서 충고하라

어느 날 점심 때 찰스 슈워브가 공장을 돌아보고 있는데, 몇 사람의 종업원이 담배를 피우고 있는 것을 보았다. 그들의 머리 위에는 '금연'이라는 팻말이 붙어 있었다.

슈워브는 그 팻말을 가리키면서,

"자네들 지금 저 글이 안 보이나?"라고 했을까? 아니다. 슈워브는 그런 말은 절대로 하지 않는다. 그 종업원들에게 다가가서 한 사람 한 사람에게 시거를 나누어 주면서,

"자, 모두들 밖에 나가서 피우고 들어오게."

라고 했다.

물론 그들이 금지된 일을 한 것을 나쁘다고 자각한 것을 슈워브는 알고 있었다. 그렇지만 그에 대해서는 한 마디도 하지 않고 진심에서 우러나오는 행동으로써 체면을 세워주었다. 그

들이 탄복한 것은 당연한 일이었다.

존 워너메이커도 같은 방법을 이용했다. 워너메이커는 하루 한 번씩 필라델피아의 그의 가게를 돌아보기로 하고 있었는데, 어느 날 한 고객이 카운터 앞에서 기다리고 있는 것을 보았다. 가게 안의 아무도 이 부인에게 신경을 쓰지 않았다. 점원들은 저쪽 귀퉁이에 모여 서서 잡담에 정신이 없었다.

워너메이커는 말없이 가게에 들어가 그 부인에게서 주문을 받아 가지고 그 물품의 포장을 점원에게 부탁하고 그대로 나가 버렸다.

설교 잘하기로 유명한 헨리 워드 비처 목사가 죽은 것은 1887년 3월 8일이었다.

그 다음 일요일에는 그의 후임으로 라이만 아봇트가 교회에 초청되어 첫 설교를 하기로 되어 있었다. 그는 열심히 설교의 초고를 쓰고, 세심한 주의를 기울여 고치고 또 고쳤다. 다 고치자, 그것을 우선 아내에게 들려주었다. 원고를 읽는 것 같은 연설은 대체로 재미 없는 법이지만, 그 역시 마찬가지였다.

그러나 그의 아내는 현명한 여자였다.

"재미없어요. 안 되겠어요. 듣는 사람들이 졸 거예요. 마치 백과 사전을 읽는 것 같잖아요. 오랫동안 설교를 한 분이 그만한 것은 알만 하잖아요. 더 인간답게 자연히 할 수 없겠어요? 그렇게 읽으면 창피를 당하게 될 거예요."

그런 따위의 말은 하지 않았다. 만일 그런 식으로 말했다면 큰일났을 것이다.

"그것, 〈북미평론(北美評論)〉에 실으면 좋은 논문이 되겠네요."

그녀는 그 한 마디 했을 뿐이었다. 즉 칭찬하기와 동시에 연설에 잘 맞지 않는다는 것을 교묘하게 말한 것이다.

그도 아내의 말뜻을 알았다. 고심해서 만든 초고를 찢어 버리고 메모도 없이 즉흥적인 설교를 시작했다.

사람을 교정하는 방법의 둘째는,
멀리 돌려서 주의를 줄 것

제3장

자기 잘못을 말하라

나의 조카에 조세핀 카네기라는 아가씨가 있다. 몇 년 전에 캔사스 시티의 부모 곁을 떠나서 뉴욕에 와서 나의 비서로 취직을 했다.

그녀는 3년 전에 시골 고등학교를 나온 19세 처녀로서 사회 경험이 전혀 없었다. 지금은 매우 우수한 비서라고 할 수 있지만 처음에는 실수 연발이었다. 어느 날 나는 그녀에게 잔소리를 하려고 했다. 그러나 곧 마음을 고쳐 먹고 나 자신에게 이렇게 말했다.

"잠깐 기다려라, 딜. 너는 조세핀보다 갑절이나 나이를 더 먹지 않았나. 거기다 일의 경험은 그녀보다 몇 만 배나 갖고 있다. 그런데 그녀에게 너와 똑같은 능력을 기대할 수 있겠나? 하긴 너의 능력이라야 별것은 아니지만, 첫째 너는 19세

때 어떤 일을 했었나 생각해 봐라. 그야말로 실수 연발 아니었던가?"

그렇게 솔직이, 그리고 공평하게 생각해 보니까, 당시의 나보다 지금의 그녀가 야구로 말하자면 타율이 높았더란 결론에 도달했다. 나보다 타율이 높다는 것도 칭찬할 만한 것은 못 되지만.

그 후부터 조카에게 주의를 줄 일이 있으면 다음과 같이 하기로 했다.

"조세핀, 이래선 안 되겠다. 그러나 뭐 내가 이제까지 한 실패에 비하면 이건 아무것도 아니야. 처음에 틀리는 것은 당연하지. 경험을 쌓으면 실수도 없어져. 내가 젊었을 때와 비기면 네가 얼마나 잘하는지 모르겠다. 나는 내가 실수한 경험이 있기 때문에 네게 잔소리할 생각은 없지만, 이런 것은 이렇게 하면 어떨까?"

남에게 잔소리를 할 때는 겸허한 태도로 결코 자기도 완전하지 않고, 실수한 일이 많았다는 전제를 하고 난 다음에 상대에게 주의를 시키면, 상대방은 그다지 불쾌한 생각을 하지 않게 되는 것이다.

독일 제국 최후의 황제, 거만하고 자존심 강한 빌헤름 2세 밑에서 수상을 지낸, 폰 브로우공은 그 방법의 필요성을 깊이 느꼈다. 당시의 빌헤름 황제는 팽대한 육해군을 가지고 천하무적을 자랑하고 있었다.

그러는 사이에 큰 소동이 벌어졌다.

영국을 방문중이던 황제가 대단한 실언을 하여 그것이 〈데일리 텔리그래프〉 신문에 공표된 것이었다.

그 발언은 즉시 영국 조야의 분노를 샀고, 독일 본국의 정치가들도 황제의 유아독존에 입을 다물고 말았다.

예를 들면, 그는 영국에 호의를 가지는 유일한 독일인이라든가, 일본의 위협에 대비해서 막강한 해군을 건설했다든가, 영국이 러시아와 프랑스의 공격을 받지 않아 안심할 수 있는 것은 자기의 덕택이라든가, 혹은 모아 전쟁에서 영국의 로버트 경이 승리한 것 역시 자기 때문이라고 말했다.

문제가 너무나 커졌기 때문에 황제도 당황했다. 그리고 폰 브로우에게 책임을 전가시키려고 했다. 즉 황제는 수상이 시키는 대로 말했으므로 책임은 수상에게 있다고 선언하라고 말한 것이다.

"폐하, 저는 폐하를 움직여 그와 같은 말을 하게 할 인간이 있다고 믿을 사람은 영국에도 독일에도 한 사람도 없다고 생각합니다."

폰 브로우는 그렇게 말했는데, 그 순간 아차 했다. 황제가 불같이 노한 것이었다.

"경은 나를 바보 취급할 작정인가. 경이라면 절대 안할 실수를 내가 했다는 말인가?"

폰 브로우는 공격하기 전에 칭찬해야 할 것을 그랬다고 생각했지만, 때는 이미 늦었다. 그는 차선책을 생각했다. 공격한 뒤에 칭찬을 했다. 그런데 그것이 기적을 일으켰다.

그는 정중하게 이렇게 말했다.

"저는 결코 그러한 뜻으로 올린 말이 아니었습니다. 폐하는 현명하시고, 저 같은 것은 미칠 수도 없습니다. 폐하는 자주 해시계, 무선전신, 엑스광선 따위에 대해 설명해 주셨는데 저는 그 때마다 경탄해 마지 않습니다. 저는 그 방면에 대해서는 창피할 정도로 아무것도 모릅니다. 단순한 자연 현상마저 설명할 수 없습니다. 다만 조금의 역사 지식과 정치, 특히 외교에 도움이 될 지식을 약간 가지고 있을 뿐입니다."

황제의 얼굴이 풀렸다. 폰 브로우가 칭찬했기 때문이었다.

폰 브로우는 황제를 치켜세우고 자기를 끌어내렸다. 일단 이렇게 되면 황제는 어떤 일이라도 용서하기 마련이다.

"늘 내가 말하듯 서로 도와가며 잘해 보세. 손을 꼭 잡고 전진하는 거요."

황제의 기분은 완전히 풀렸다. 황제는 수상의 손을 여러 번 꼭 잡았다. 드디어는 열띤 소리로,

"수상을 나쁘게 말하는 자는 내가 혼내주겠다."

라고까지 말하는 것이었다.

폰 브로우는 위험한 고비를 넘겼다. 그러나 그만큼 빈틈없는 외교가도 역시 실수를 한 것이다. 우선 처음에 자기의 단점과 황제의 장점을 말했어야 했는데 거꾸로 황제를 바보 취급했던 것이다.

이 예를 보아도 분명하듯, 겸손과 칭찬은 우리 일상의 교제에서도 커다란 효과를 발휘할 수가 있을 것이다. 올바르게 응용하면, 인간 관계에 기적을 일으킬 수가 있을 것이다.

사람을 교정하는 방법의 셋째는,

우선 자기의 잘못을 말한 뒤에 상대방에게 주의를 할 것

제4장

명령하지 말라

얼마 전에 나는 미국 일류 전기작가 아이다 터벨 여사와 함께 저녁 식사를 한 일이 있었다.

내가 《사람을 움직이는 방법》에 대해 집필중이라고 하자, 화제는 인간 관계의 여러 문제에 옮겨져, 활발하게 의견이 교환되었다.

그녀는 오웬 D. 영의 전기를 쓸 때, 영과 3년 동안 한 사무실에서 일했다는 사람을 만나 영에 대한 여러 가지를 들었다고 한다. 그에 의하면 영은 누구에게나 결코 명령적으로 말한 일이 없었다고 한다. 명령을 하는 것이 아니라 넌지시 암시를 주었다는 것이다.

"이것을 하라."

"저것을 해서는 안 된다."

는 따위의 말은 절대 하지 않았다.

　"그렇게 생각해 보면 어떨까."

　"이렇게 하면 잘 될까 몰라."

하는 식으로 상대방의 의견을 구했다.

　편지의 구술을 시킨 다음 그는,

　"이렇게 말하면 더 좋을 것 같은데, 어떨까?"

하는 일이 많았다.

　그는 항상 자주적으로 일을 할 수 있는 기회를 만들어주었다. 결코 명령을 하지 않고 스스로 하게 한다. 그리고 실패에 의해 배우게 만들었다. 이런 방법으로 하면 상대는 자신의 잘못을 고치기 쉬워진다. 상대의 자존심을 다치지 않고 중요감을 주게도 되어, 반감을 갖게 하는 대신 협력할 마음을 일으키는 것이었다.

　사람을 교정시키는 방법의 네번째는,

　명령하지 말고 의견을 요구할 것

제5장

체면을 세워주라

　어느때 제너럴 일렉트릭 회사는, 찰스 스타인메츠 부장의 이동이라는 미묘한 문제에 직면했다. 스타인메츠는 전기에 있어서는 일류 인물인데, 기획부장으로서는 적당하지 않았다.

　회사로서는 그의 감정을 다치게 하고 싶지가 않았다. 사실 그는 필요 불가결한 인물이었지만, 한편 매우 신경질적인 사람이기도 했다.

　회사는 새로운 직책을 새롭게 만들어 그를 그 자리에 임명했다. 제너럴 일렉트릭 회사 고문 기사라는 것이 그 직명이었다. 그러나 그가 하는 일은 별로 다를 것이 없었다. 그리고 부장은 다른 사람을 임명했다.

　스타인메츠도 이 인사를 좋아했다. 중역들도 좋아했다. 그렇게 까다로운 인물을, 체면을 세워줌으로 해서 무사히 이동시킬 수 있는 것이다.

상대방의 체면을 세워준다. 이것은 아주 중요한 일이다. 그러나 이 중요한 사실을 이해하는 사람이 과연 얼마나 될까.

자기의 기분을 만족시키기 위해서 남의 기분을 짓밟는다. 상대의 자존심 따위는 전혀 생각지도 않는다. 많은 사람 앞에서 고용인과 아이들을 마구 나무란다. 조금 더 생각해서 한두 마디 사려 있게 던짐으로써 상대의 심정을 이해해 주면, 그편이 훨씬 일이 잘될 텐데 말이다.

사환이나 종업원들을 아무래도 해고해야 할 불쾌한 경우에는 이 사실을 잘 생각해 볼 필요가 있다.

마샬 A. 그레인저라는 공인회계사로부터 나에게 온 한 통의 편지 구절을 소개하겠다.

'종업원의 해고라는 것은 어떻게 생각해 보아도 유쾌한 일은 아니다. 해고되는 당사자는 더욱 불쾌하다. 우리의 일은 계절에 따라 좌우되는 수가 많아서, 해마다 3월이 되면 다량의 해고자를 내어야만 한다.

목을 자르는 일은 결코 유쾌한 일이 아니다. 따라서 되도록이면 일을 간단하게 처리하는 습관이 우리들에게는 생겨 있다. 보통 다음과 같은 식으로 한다.

"스미스 씨, 앉으세요. 아시다시피 시즌이 끝났기 때문에 당신의 일도 끊기게 되었습니다. 처음부터 바쁠 동안만 도와주실 약속이었지요?"

상대는 이것으로 상당한 타격을 받는다. 떠밀린 것 같은 기분이 된다. 그들의 대부분은 회계로 평생을 보내는 사람들인데, 이렇게 가차없이 모가지를 자르는 회사에는 일말의 사랑도 느끼지 못한다.

그래서 나는 임시 고용인을 자를 때는, 좀더 사려있는 방법을 채택하려고 생각했다. 각자의 성적을 잘 조사한 다음, 내 앞으로 불러 다음과 같이 말했다.

"스미스 씨, 당신의 근무 능률에 대해서는 감탄을 금할 수 없습니다. 특히 뉴욕에 출장가셨을 때는 고생 많이 하셨지요. 그러나 잘 처리해 주셨기 때문에 회사도 살았습니다. 당신은 그만한 실력이 있으니까, 어딜 가시든지 문제없습니다. 우리는 당신을 믿고 있고 또 될수록 힘이 되어 드리려고 합니다. 이 사실을 잊지 말아주십시오."

그 결과 상대는 해고되었다는 사실에 대해 그다지 괴로워하지 않고 명랑하게 떠날 수 있다. 떠밀려나간다는 기분이 들지 않는 것이다. 회사에 일만 있다면 계속해서 고용해 주리라고 믿기 때문이다. 회사가 다시 그들을 필요로 할 때는 기꺼이 와 준다.'

사람을 교정하는 방법의 다섯째는,
사람의 체면을 세워줄 것

작은 일도 칭찬하라

위트 바로우라는 서커스 단장과 나는 오랜 친구사이이다.

그는 강아지와 망아지 등을 끌고, 곳곳을 순회하고 있었다. 나는 위트가 개에게 재롱을 가르치는 것을 보고 매우 재미있다고 생각했다. 개가 조금이라도 잘하면 만져주고 고기도 주면서 한껏 칭찬을 했다.

이 방법은 결코 새로운 것이 아니다. 동물의 훈련에는 옛부터 쓰여져 온 것이다.

우리는 이 널리 알려진 방법을 왜 인간에게 응용하지 않는 것일까. 왜 채찍 대신 고기를, 비평 대신 칭찬을 사용하지 않는 것일까. 설령 조금이라도 상대가 진보를 했으면 진심으로 칭찬하는 것이 어떤가. 그것에 힘입어 상대는 더욱 더 진보 향상될 것이다.

싱싱 형무소장 루이스 E. 로즈에 의하면 범죄 상습자들도 조그만 진보 향상을 칭찬해 주면 굉장한 효과를 보인다고 한다.

사실, 이 장을 집필하는 중에 그로부터 편지를 받았는데, 그 중에 이런 구절이 있다.

'수인(囚人)들의 노력을 적당히 칭찬해 주면, 그들은 올바로 서려는 기분을 일으킵니다. 비행만 호되게 책망하기보다 훨씬 더 효과가 있습니다.'

나는 싱싱 형무소에는 적어도 현재까지는 들어간 일이 없다. 그러나 나 자신 이제까지 걸어온 길을 되돌아보면, 칭찬의 말이 나의 생애에 대전환을 가져다준 기억은 분명히 있다. 누구나 그런 기억은 있는 것이다. 역사에도 현저한 예를 몇 가지 찾을 수 있다.

지금부터 한 50년 전에, 열 살쯤의 소년이 나폴리의 어느 공장에서 일하고 있었다.

그는 성악가가 되고 싶었다. 그러나 그가 처음 만난 선생은,

"너는 노래에는 맞지 않는다. 마치 덧문이 바람에 흔들리는 소리 같다."

라고 해서 그를 실망시켰다.

그의 어머니는 가난한 농부였지만, 그를 꼭 껴안고 격려해 주었다.

"너는 틀림없이 훌륭한 성악가가 될 게다. 엄마는 그것을 알 수 있단다. 그 증거로 너는 노랫소리가 점점 좋아지고 있지 않니."

그녀는 얼굴이 새까매지도록 일하면서, 아들에게 성악 공부를 시켰다.

이 어머니의 칭찬과 격려가 소년의 일생을 일변시켰다. 그의 이름은 독자도 이미 알겠지만, 카루소라고 한다.

상당히 옛날 얘기인데, 런던에 한 작가 지망생 젊은이가 있었다. 그에게 유리하게 생각되는 조건은 하나도 없었다. 학교라곤 4년밖엔 다니지 못했고, 아버지는 빚 때문에 감옥에 가 있었다. 하루 세 끼 먹고 살기가 힘들었다.

그러다가 그는 일자리를 잡았다. 쥐구멍 같은 창고 속에서 신발 상자에 상표를 붙이는 일이었다. 밤엔 기분 나쁜 음침한 지붕 밑에서 두 소년과 같이 잤다. 그 두 소년이란 빈민가의 부랑자였다.

그는 자신이 없었기 때문에, 아무의 웃음거리도 되지 않게 남들이 다 잠든 틈에 몰래 자리에서 빠져나와 그의 처녀작을 우송했다. 차례로 작품을 보냈으나 모두 되돌아왔다.

그러나 그에게 기념할 만한 날이 드디어 왔다. 한 작품이 게재된 것이다. 원고료는 한 푼도 받지 못했지만 편집자로부터 칭찬을 받았다. 그는 인정을 받은 것이다. 그는 감격해서 흐르는 눈물을 닦으려고도 하지 않고 거리를 쏘다녔다.

자기의 작품이 활자화되어 세상에 나왔다는 사실이 그의 일생에 큰 변화를 가져오게 했다. 만일 그것이 없었다면 그는 평생 동안 창고 안에서 지냈을지도 몰랐다. 그의 이름은 찰스 디킨즈이다.

50~60년 전, 또 한 명의 소년이 런던의 어느 포목가게에서 일하고 있었다. 아침에는 다섯 시에 일어나 청소와 심부름을 하며 하루 열네 시간 혹사를 당했다.

그 중노동에 그는 견딜 수가 없었다. 그러나 2년 동안은 참았는데, 그 이상은 어쩔 수 없어 어느 날 아침, 아침도 먹지 않고 가게를 빠져나와 식모로 일하는 어머니에게로 15마일 길을 걸어갔다.

그는 미친 듯이 울면서, 지금의 가게에서 일하느니 차라리 죽는 것이 편하다고 어머니에게 호소했다. 그리고 그는 모교의 교장 선생님 앞으로 이 곤경을 호소하는 긴 편지를 보냈다. 교장 선생님으로부터 곧 회답이 왔다.

너는 머리가 명석해서 그런 중노동에는 맞지 않는다. 좀더 지적인 일이 알맞을 것이라면서 그를 위해서 학교 교사 자리를 마련해 주었다. 이 칭찬은 소년의 장래를 일변시켜 영문학상 불멸의 공적을 남기게 했다. 77권의 책을 썼고 1백만 달러 이상의 재산을 그 붓끝으로 만들어냈다. 그의 이름은 H. G. 웰즈이다.

사람을 교정하는 방법의 여섯째는,
설령 아주 작은 것일지라도 아낌없이 칭찬할 것

제7장

기대감을 보이라

    내가 아는 사람에 미세스 어니스트 제인트라는 부인이 있다. 뉴욕의 스카딜에서 사는데, 어느 날 부인은 하녀를 고용하기로 작정하고 다음주 월요일부터 일하러 오라고 했다.

    그 사이에 부인은 이 하녀의 전 주인인 다른 부인에게 전화를 걸어 물어본 결과, 그 아가씨에게 약간의 결점이 있는 것을 알았다.

    약속한 날에 그녀가 오자 부인은 이렇게 말했다.

    "넬리, 그 동안 나는 너의 전 주인에게 전화를 해서 너에 대해 물었어요. 네가 아주 정직하고 신용할 만하며, 요리 솜씨도 좋고, 아이들도 잘 돌본다고 하더구나. 하지만 청소는 지저분하게 해서 못쓰겠다고 하던데 그건 거짓말이겠지? 난 그 말을 믿을 수 없어. 네가 입은 옷이 깨끗한 것만 봐도 그건 알 수 있어. 너는 틀림없이 옷맵시처럼 집안도 깨끗하게 치울 수 있을 거야. 우리는 서로 잘해 나갈 수 있을 것 같다."

과연 그녀들은 잘해 나갔다. 넬리는 부인이 기대를 걸고 있었기 때문에 그것에 뒤지지 않게끔 열심히 일했다. 집안은 늘 깨끗하게 치워져 있었고, 부인의 기대에 부응하려고 시간외 청소도 마다하지 않았다.

볼드윈 기선제조 회사의 사무엘 바클레인 사장은 이렇게 말한다.

"어딘가 좋은 점을 발견하여 그 점에 대해 경의를 표해 주면, 대개의 인간은 이쪽 뜻대로 되는 것이다."

요컨대 상대를 어떤 점에 있어 교정하고 싶으면, 그 점에 대해서 그는 이미 다른 사람보다 우수하다고 말해 줄 일이다.

"덕이 없어도 덕이 있듯이 행동하라."

셰익스피어의 말이다. 상대에게 어떤 미점(美點)을 발휘시키고 싶으면, 그가 그 미점을 이미 갖추고 있는 것으로 치고, 공공연히 그렇게 대하는 것이 좋다. 좋은 소문을 내주면 그 인간은 당신의 기대를 저버리지 않으려고 애쓰게 될 것이다.

헨리 클레이 리스너는 프랑스에 주둔중인 미국 군인의 품행을 바로잡기 위해 이 방법을 이용했다. 그는 명장으로 이름 높은 제임스 G. 하보드 대장이 프랑스에 주둔한 2백만에 달하는 미국 병사들은 가장 청렴결백하고 가장 이상적인 군인이라고 말하는 것을 들은 일이 있었다.

리스너는 그것을 잘 이용했다. 그는 이렇게 말하고 있다.

"나는 대장의 말을 전군에 철저히 주입시켰다. 그 말이 옳았는지 틀렸는지는 문제가 아니다. 설령 틀렸더라도 장군이 그러한 의견을 가지고 있음을 아는 것만으로도 병사들은 감격하고, 장군의 기대에 어긋나지 않으려고 애쓸 것이다."

옛말에,

'개를 잡으려면, 우선 미친 개라고 해라.'

라는 것이 있다. 일단 악평이 나면 걷잡을 수 없다는 뜻인데, 거꾸로 호평이 흐르면 어떻게 될까. 부자, 가난뱅이, 도둑, 그 밖에 어떠한 인간일지라도, 좋은 소문이 나면 대개는 그 소문에 어긋나지 않으려고 애쓰는 법이다.

악인과 거래해야 할 때는 그를 존경할 만한 신사로 보고 대할 것이다. 그 외에 그를 다룰 다른 길은 없다. 신사 취급을 받으면 그에 부끄럼없게 하려고 굉장한 노력을 기울이게 된다. 그리고 남에게서 신뢰를 받는 것을 아주 자랑스럽게 느끼게 된다. 이것은 싱싱 형무소장의 경험에서 나온 말이다.

사람을 교정하는 방법의 일곱째는,

기대를 걸어보일 것

제8장

격려하라

내 친구 중에 40대의 독신자가 있었다.

그 사나이가 최근 어떤 여성과 약혼을 했다. 그런데 상대방 여성은 그에게 댄스를 가르쳤다고 한다. 그 사정에 대해 그가 나에게 이렇게 말했다.

"나는 젊었을 때, 댄스를 배운 뒤에 그대로 20년 동안 같은 춤만 추었기 때문에, 다시 한 번 배울 필요는 분명히 있었다. 처음에 찾아간 선생은 나의 춤은 전혀 돼먹지 않았다고 했다. 아마 그것은 사실이었을 것이다. 처음부터 다시 해야 한다는 것이었지만, 나는 정이 떨어져서 그 선생에게는 이후로 다신 갈 수 없었다.

다음에 찾아간 선생은 사실대로는 말하지 않았지만, 나는 그 편이 마음에 들었다. 나의 댄스는 다소 시대에 뒤떨어졌지만,

기본이 확실하니까 새로운 스텝도 쉽게 배울 수 있겠다는 것이
었다.

처음 선생은 나의 결점을 강조하여 나를 실망시켰지만, 이
선생은 반대였다. 장점은 칭찬하고 단점에 대해서는 말하지 않
았다. 그 말을 듣고 보니, 나 자신 틀렸다는 것을 알면서도 웬
지 틀리지는 않은 것만 같아졌다. 물론 수업료는 미리 냈으니
까 공연한 칭찬을 할 까닭도 없었다.

아무튼 칭찬받은 덕택에 나의 댄스는 분명히 향상되었다. 교
사의 말에 힘입어 희망이 솟았다. 향상심이 일어난 것이다."

어린이나 종업원을 바보라든가 모자란다는 식으로 말하는 것
은 마치 향상심의 싹을 싹둑 자르는 것과 같다. 결과는 그 반대
로 갈 것이다.

크게 힘을 주어, 하기만 하면 쉽게 할 수 있다고 생각케 하
고, 그리고 상대의 능력을 이쪽이 믿고 있다는 것을 알려주어
야 한다. 그렇게 하면 자신의 우수성을 보이려고 애를 쓰게
된다.

로웰 토머스는 이 방법을 이용했다. 그는 이 길에 통달해 있
었다. 사람을 분발시키고 자신을 주고 용기와 신념을 심어주는
것을 아주 잘한다. 예를 들면 이런 일이 있다.

얼마 전에 나는 토머스 부부와 함께 주말을 보냈다.

그 토요일 오후, 이글이글 타는 난롯가에서 브릿지 게임을
하자고 그는 말했다. 브릿지? 천만의 말씀이다. 브릿지 게임
은 나에게는 영원한 수수께끼 같은 것이다. 나는 그 놀음에는
거의 백치였다.

"딜, 브릿지란 아무것도 아니야. 비결 같은 것은 없어. 다만
기억력과 판단력만의 문제이다. 자네는 기억력에 대한 책도 쓴

사람이 아닌가. 그러니 자네에겐 꼭 알맞은 게임이야.”

정신을 차려보니 나는 난생 처음 브릿지 탁자에 앉아 있었다. 그럴 듯하게 부추김을 받아 할 수 있을 것 같은 기분이 들었기 때문에, 이런 결과가 된 것이다.

브릿지 얘기가 나오면, 엘리 칼바트슨을 생각하게 한다. 브릿지를 하는 사람이면 누구나 그의 이름을 알고 있을 것이다. 그가 쓴 브릿지에 대한 책은 세계 각국어로 번역되어 수백만 부나 팔렸다.

그러한 그도 어느 여성으로부터,

“당신에게는 굉장한 브릿지 소질이 있어요.”

하는 말을 듣지 못했다면, 이 길에서 밥을 먹게는 되지 않았을 것이다.

칼바트슨이 미국에 온 것은 1922년으로, 처음에는 철학과 사회학 교사가 될 작정이었지만 적당한 직장이 나서지 않았다. 그는 석탄 판매도 해보았지만 실패했다. 이어서 커피 판매도 했는데 그것도 시원치 않았다.

그 당시 그에게는 브릿지 선생이 되려는 생각은 더욱 없었다. 트럼프 경기를 하면 늘 질 뿐만 아니라 처음부터 끝까지 질문만 해대곤 했다. 그리고 게임이 끝나면 게임의 경과를 귀찮게 검토하기 때문에, 아무도 그와 하려고 하지 않았다.

그런데 어느 날 그는 조세핀 디론이라는 미모의 브릿지 교사와 알게 되어 그것이 연애로 발전하고, 끝내는 결혼에 골인하게 되었다.

그녀는 그가 면밀하게 카드를 분석하는 것을 보고, 그에게는 트럼프 경기에 대한 천부적인 소질이 있다고 칭찬했다. 칼바트슨을 브릿지의 대권위자로 만든 것은 그녀의 이 격려 한 마디 때문이었다.

사람을 교정하는 방법의 여덟번째는,
격려하여 그 자신의 능력에 자신을 가지게 할 것

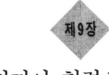

기꺼이 협력시키라

1915년 구라파는 제1차세계대전이 한창으로, 미국에서도 잠자코 볼 수 없게 되었다. 과연 평화를 회복할 수 있을까 어떨까는 아무도 몰랐다. 그렇지만 우드로우 윌슨 대통령은 아무튼 노력해 보리라 결심하고, 전쟁 당사국 지도자들과 협의하기 위해서 평화 사절을 파견하기로 했다.

평화주의를 표방하는 국무장관 윌리엄 제임스 브라이언은 이역할을 맡고 싶어했다. 자기의 이름을 불후의 것으로 만들 절호의 기회로 포착한 것이다.

그러나 윌슨은 브라이언이 아니라 친구인 하우스 대령을 임명했다. 그 일을 맡은 하우스 대령에게는 중대한 문제가 남겨진 셈이었다. 브라이언의 감정을 해치지 않게끔 근심스럽게 그에게 이 사실을 말해야 했던 것이다.

당시의 상황을 하우스 대령은 이렇게 기록해 놓고 있다.

'브라이언은 내게서 그 말을 듣자 분명히 실망의 빛이 역력했다. 그는 자기가 갈 작정이었다고 말하는 것이었다. 거기서 나는, 대통령으로서는 이번 사절 파견을 공식적으로 할 것이 아니라는 의견을 갖고 있고, 브라이언이 가게 되면 세상의 이목이 집중되어 사정이 좋지 않을 것이라고 말했다.'

하우스 대령은 그 말을 한 후에 이런 요지의 말을 덧붙였다. 브라이언 국무장관은 너무나도 거물이기 때문에, 이 임무에는 걸맞지 않는다는 것이었다. 브라이언도 이 말에 만족했다.

하우스 대령은 이쪽 제안에 '기꺼이 협력하게 만든다.'는 인간 관계의 중요한 법칙을 지킨 것이다.

윌슨 대통령은 윌리엄 G. 매카도우를 각료에 넣을 때도 이 방법을 사용했다. 각료라고 하면 누구에게나 명예로운 자리이다. 그것을 주면서 윌슨은 상대의 중요감을 배가시키는 방법을 썼다. 매카도우 자신의 말을 인용하겠다.

"윌슨은, 재무장관을 맡아주면 고맙겠다고 나에게 말했다. 그것은 실로 나를 기쁘게 하는 방법으로 한 말이었다. 이 명예로운 자리에 앉으면서, 더구나 내가 그에게 은혜를 입히는 것 같은 느낌이 들게 했다."

그러나 불행하게도 윌슨은 항상 이러한 방법을 사용한 것은 아니었다. 그가 이 방법을 일관되게 사용했더라면 아마 역사가 바뀌어 있을지도 모른다. 예를 들면 국제연맹 가입 문제인데, 그는 상원을 화나게 하고 공화당을 무시했다.

인간 관계를 무시한 그 방법은 그로 하여금 끝내 실각케 하고, 건강을 해쳐 수명을 짧게 했으며, 미국을 국제연맹 불참국으로 만들고, 세계 역사의 갈 길을 바꿔놓고 만 것이다.

더블디 페이지라는 유명한 출판사가 있다. 이 출판사는 항상 이 법칙을 실행하고 있다. O. 헨리가 말하는 바에 의하면, 이 출판사는 출판을 거절할 때, 매우 정중하기 때문에 다른 출판 사가 출판을 맡아줄 때보다 오히려 이 출판사에서 거절당하는 때가 즐겁다는 것이다.

내가 아는 사람 중에, 친분 있고 의리 있는 곳에서 강연을 부 탁받고도 그것을 항상 거절하는 사람이 있다. 그런데 그 거절 하는 방법이 너무나 교묘하기 때문에 거절당한 쪽도 기분이 언 짢아지지 않는다.

그 거절하는 방법은 바쁘다든가 어떻다든가 하는 것이 아니 라, 우선 강연을 요청받은 것을 진심으로 감사하고, 유감스럽 게도 나갈 수 없겠다고 말한 뒤 그 대신 다른 강연자를 추천 한다. 즉 상대에게 실망을 느낄 여유를 주지 않고 다른 강연자 생각을 하게 하는 것이다.

"나의 친구 중에 〈브룩클린 이글〉 잡지의 편집자로 크리브란 드 로저스라는 사내가 있는데요. 그에게 부탁하는 것이 어떨까 요? 아니면 가이 히코크가 좋을지 모르겠군요. 그는 구라파 특파원으로서 파리에 15년 동안 체류한 경험을 가지고 있으므 로 깜짝 놀랄 정도로 화제가 풍부합니다. 혹은 인도의 맹수 사 냥을 한 경험이 있는 리빙스톤 롱펠러는 어떨까요?" 하는 식이다.

뉴욕 일류 인쇄회사 사장 J. A. 윈트는, 언젠가 한 기계공의 태도를 변경시켜야 할 필요에 직면했다. 상대의 감정을 해치지 않을 방법으로 해야만 되었다.

이 기계공의 일은 타이프라이터나 그밖에 주야로 혹사되는 기계를 조정하는 일이었다. 노동 시간은 길고 일이 과중해서 조수가 있어야 하겠다고 그는 항상 말하고 있었다.

J.A. 윈트는 조수도 주지 않고, 시간도 단축시키지 않고, 일의 양도 줄이지 않고도 그를 만족시켰다. 그에게 전용실을 주었던 것이다. 문에는 그의 이름이 씌어져 있고, 직명이 적혀 있었다.

'수리계장'

이렇게 되면 그는 이미 평사원이 아니다. 당당한 수리계장인 것이다. 권위를 갖게 되고 남에게 인정을 받고 자기 중요감을 가지게 된 것이다. 이제까지의 불평은 잊고 그는 만족하여 일을 했다.

이것은 마치 어린애를 속이는 일처럼 보일는지 모른다. 그러나 나폴레옹 1세도 같은 방법을 사용했다. 그는 자기가 제정한 레지온 드누르 훈장을 1500개나 뿌리기도 하고, 18명의 대장에게 원수의 칭호를 주기도 하고, 자기의 군대를 '대육군'이라고 부르기도 했다.

전장의 강자들을 장난감으로 속인다고 비난하는 사람이 있으면 그는 대답할 것이다.

'인간은 장난감에 지배당한다.'

나폴레옹의 방법, 즉 지위나 권위를 주는 방법은, 우리가 해도 효과가 있다. 그 예로서, 앞서 말한 나의 한 친구인 제인트 부인의 경우를 소개해 보자.

부인은 이웃의 악동들에게 골치를 썩힌 일이 있었다. 마당에 들어와 잔디를 엉망으로 만드는 것이다. 화도 내고 협박도 해 봤지만 소용이 없었다. 거기서 그녀는 악동 중의 골목대장에게 지위를 주어 권위를 갖게 해주었다. '탐정'이라는 지위이다. 그리고 잔디밭에 들어오는 불법침입자를 단속하는 역할을 맡겼다.

이 책략은 멋있게 들어맞았다. 탐정은 뒤뜰에 모닥불을 피우고, 불법침입자를 내쫓았다.

사람을 교정하는 방법의 아홉째는,

기꺼이 협력시킬 것

기적적인 효과를 거둔 편지

"기적적 효과를 내는 편지라니! 웃기는 얘기군. 마치 무당 같은 소리를 하는군……."

아마 이렇게 생각할 사람도 있을 것이다. 나 자신만 해도 15 년 전에 이러한 표현을 들었다면 같은 말을 했을 것이다.

손쉽게 믿지 않는 사람—. 믿음직스러워서 좋다. 그러한 인간이 있으므로 해서 세상은 진보한다.

'기적적 효과를 거두는 편지', 그럴 듯하게 들리는데 사실은 이제부터 소개하는 편지는 기적 이상의 효과를 거둔 것이다.

지난날 존스 맨빌 회사의 판매부장이었고, 지금은 전미국 광고업협회의 회장이며, 콜게트팜오일 피트 회사의 선전 부장으로 재직하고 있는 켄 R. 다이크 씨가 쓴 것으로 그의 경험에 의하면 업태조사의 앙케트에 대한 회답은 5~8%가 고작이고 20%

면 기적이라고 하는데, 그의 편지에는 42%의 회답이 쇄도했다. 즉 기적의 2배에 해당하는 효과를 거둔 셈이다.

그 비결을 다이크 씨는 다음과 같이 말하고 있다.

"내가 이 편지를 쓴 것은 카네기 씨의 강습회에 출석한 직후의 일이었다. 나는 종래의 방침이 틀렸던 것을 깨닫고 강습회에서 얻은 지식을 활용해 보았다. 그 결과가 5백~8백%에 이르는 회답의 증가로 나타난 것이다."

이 편지는 상대방의 호의에 호소하고, 그것으로 마치 큰 적선이라도 한 것 같은 우월감을 상대방에게 갖게 하도록 씌어져 있다. 괄호 안에 나의 평을 곁들여 소개하겠다.

'(전략)

이번에 꼭 귀하의 협력을 얻어야 할 일이 생겨서, 실례를 무릅쓰고 편지를 올립니다. 널리 용서하시기 바랍니다.

(이 편지를 가령 시골의 도매가게 주인이 받았다 치자. 발송인은 뉴욕의 유력자이며, 그 유력자가 첫머리부터 머리를 숙이며 도움을 청하는 것이다. 아마 수취인은 기분이 우쭐해질 것이다. '호오, 이 사람 꽤 곤란에 처했나 보다. 아무튼 부탁을 받았으니 뺄 수는 없지. 무슨 일인지 어디 마저 읽어볼까?' 속으로 아마도 그렇게 생각한 것임에 틀림없으리라.)

작년 우리 회사는 직접 수요자 앞으로 편지를 발송하여 도매점 여러분에게 판매 확장에 도움을 드렸었습니다.

(여기까지 읽고 도매상은, '그만한 서비스야 당연하지. 이익의 대부분은 그쪽에서 가져가고 있으니까. 그런데 이 사람이 하려는 말이 도대체 무엇이냐?' 하고 생각할 것이다.) 그 효과에 대해서 앞서 도매점 여러분의 의견을 들은 결과, 대다수는 이 광고법의 효

과를 인정하고 크게 기뻐하는 것을 알았습니다.

그 결과에 따라서 우리 회사에서는, 올해에도 같은 방법으로 여러분의 편의를 위해 일하기로 방침을 세웠습니다.

그런데 오늘 사장님으로부터 이 방법에 의한 작년도의 효과를 구체적으로 설명하라는 요청이 있어서 저로서는 귀하의 호의에 기댈 수밖에 없게 된 것입니다.

("저로서는 귀하의 호의에 기댈 수밖에 없게 된 것입니다." 그럴 듯한 문장이다. 뉴욕의 거물이 시골의 한 도매상에 자기의 곤란한 입장을 호소하고 도움을 청한 것이다. 더구나 다이크 씨는, 자기 회사의 실력을 과시하는 것 같은 말투는 전혀 쓰지 않고 있다. 오로지 상대방의 호의에 매달려 상대의 도움 없이는 자기의 임무를 다할 수 없다고 호소하고 있다. 그 상대방의 기분이 나쁠 리가 없었다.)

그런데 매우 미안한 일입니다만, 동봉한 엽서에 다음의 건을 기입해서서 반송하여 주시면 더 감사할 바가 없겠습니다.

① 우리 회사가 발송, 직접 수요자 앞으로 보낸 광고의 편지에 의해서 작년에 얼마만한 판로가 확장되었다고 생각하시는지요? 증가되었다고 생각하시는 판매 건수를 알려주십시오.

② 그 증가분의 매상 총액을 되도록 정확하게 알려주십시오.

바쁘신 와중에 귀찮게 해드려 죄송합니다만, 이상의 부탁을 꼭 알려주시기를 거듭 간청합니다.

켄 R. 다이크'

(상대의 중요성을 충분히 인정한 겸허한 태도가 특히 주목을 끈다.)

지극히 간단한 편지지만 이것이 기적적 효과를 거둔 것이었다. 비결은 요컨대 상대의 호의에 매달리는 것뿐으로, 상대는 아무것도 아닌 은혜를 베푸는 것으로 자기의 중요감을 채울 수 있게 된다.

이 방법은 장사에 뿐만 아니라 여러 가지 다른 경우에 이용해도 효과가 있다. 한 예로 내가 여행중에 겪은 경험을 소개하겠다.

나는 친구와 둘이서 프랑스 시골을 자동차로 여행하고 있었다. 어느 큰 도시에 가는 도중에 차를 세우고 다가오는 농부들에게 길을 물었는데, 뜻밖의 사태가 거기서 일어났다.

이 농부들의 눈에는, 미국인은 모두가 부자로 보이는 모양이다. 그들은 자동차라는 것도 그리 흔하게 보지 못했다.

우리는 자동차를 타고 온 미국인이니까 아마 자동차왕 헨리 포드의 사촌쯤으로 생각했는지 모르겠다. 그만한 거물이 다소곳이 머리를 숙이고 길을 물은 것이다. 그들은 당연히 기분이 좋았다.

일제히 입을 열어 길을 가리키기 시작했다. 그러니 누가 무슨 말을 하는지 도무지 알아들을 수 없었다. 이윽고 그들 중의 하나가 다른 자들을 누르고 대표자가 되어 우쭐해서 우리에게 길을 가리켰다.

벤자민 프랭클린도 이 방법으로 무서운 적을 둘도 없는 친구로 만들어 버린 일이 있었다.

젊었을 때 그는 인쇄소를 경영하고 있었는데, 필라델피아 주의회의 사무관이 되어 의회의 인쇄물을 인수하여 큰 이익을 올렸다. 그런데 주의원 중에 프랭클린을 싫어하는 유력자가 있어서 매사 그를 헐뜯었다.

'이대로 가다가는 언제 어떤 위기에 당면할지 모르겠다.' 프

랭클린은 어떻게 해서든지 그를 자기 편으로 끌어들여야 한다
고 생각했다.

　그러나 그 방법은 섣불리 호의를 팔다가는 되려 경멸당해 사
태가 더 나빠질 수도 있었다. 프랭클린은 역으로 상대의 조그
만 호의를 이쪽이 받기로 결심했다. 상대의 호의를 구함으로써
상대에게 중요감을 주는 방법이다.

　그때의 사정을 프랭클린은 이렇게 말하고 있다.

　"그가 굉장한 책을 가지고 있다는 것을 나는 어떤 사람에게
서 들었다. 거기서 나는 그 책을 며칠 동안만 빌릴 수 없겠느냐
고 편지로 부탁했다. 책은 금방 왔다. 1주일 뒤 나는 책을 돌려
주면서 그의 호의에 대해 깊이 감사하는 편지를 써보냈다.

　며칠 뒤 주의회에서 만나자 희한하게도 그쪽에서 먼저 아는
척했다. 그 후 그는 나에게 비상한 관심을 보이고 내가 부탁하
는 것이면 무슨 일이든 발벗고 들어주었다. 나에 대한 그의 우
정은 그가 죽을 때까지 계속되었다."

　벤자민 프랭클린은 지금부터 백 년 이상이나 전의 사람인데,
그때 그가 사용한 방법은 지금까지도 효과를 잃지 않고 있다.

　예를 들면 나의 강습회 수강자 알버트 B. 암젤은 이 방법으로
화려한 성공을 거두었다.

　암젤은 연관(鉛管) 등 난방 설비 자재 세일즈맨으로 어떤 연
관 공사 청부업자에게 자재를 납품하려고 여러 해 동안 노력을
계속해 왔다. 이 업자는 널리 사업을 하는 사람으로서 거래가
성립되면 비상한 이익이 예상되는데, 그러나 그는 암젤을 상대
도 하지 않는 것이었다. 난폭하고, 입이 거칠고, 상스럽고, 무
뚝뚝한 것을 자랑으로 삼는 것 같은 인간으로 암젤이 방에 들
어가면 느닷없이 소리를 지르는 것이었다.

"오늘은 아무것도 필요 없어. 난 바쁘니 썩 가버려!"

어느 날 암젤은 이제까지와는 다른 새로운 방법을 써보기로 했다. 암젤의 회사는 이 청부업자네 집의 이웃에 지점을 세울 계획이었기 때문에, 그는 그것을 이용하기로 했다.

"오늘은 장사 때문에 찾아온 것이 아니올시다. 사실은 진정으로 부탁할 일이 있어서 왔습니다. 잠시만 시간을 내주실 수 없을까요?"

"그래? 부탁이란 뭔가? 말해 봐."

"저희 회사에서는 댁 근처에 새 지점을 내려는 계획을 세우고 있습니다. 그런데 그 지역의 사정은 누구보다 당신이 잘 아실 것 같습니다. 그래서 의견을 들으려고 왔습니다."

이 한 마디로 청부업자는 아주 태도가 달라졌다. 그는 이제껏 몇 년 동안 세일즈맨에게 욕을 퍼부움으로써 우월감을 느껴왔는데, 지금 상대는 자기가 소속된 큰 회사의 사업 방침에 대해서 그에게 의견을 묻고 동정을 청하고 있는 것이다. 이만큼 중요시되면, 남을 욕할 필요는 없는 것이다.

"자, 자리에 앉게나."

하고 그는 세일즈맨에게 의자를 권했다. 그로부터 1시간 동안에 걸쳐 그는 자기의 온갖 경험과 지식을 동원하여 그 지역의 사정을 설명하고, 지점을 개설하려는 방침에 대해서 친절한 의견을 말했다.

그리고 나중에는 자기 집안의 고민거리에 대해서까지 말하기 시작했다.

"그와 헤어져 그 사무실을 나올 때 나의 속 주머니에는 다량의 연관 주문서가 들어 있었다. 그 후 그는 나의 단골 중의 단골이 되었고, 골프도 같이 치러 가고 개인적으로도 친구가 되었다. 나만 보면 소리부터 지르던 그를 딴 사람처럼 변하게 한 것은, 상대의 호의에 매달려 그것으로 우월감을 갖게 하는 방법을 썼기 때문이었다."

여기 켄 R. 다이크의 또 한 통의 편지가 있다. 이것 역시 앞의 것과 마찬가지로 상대의 호의에 매달리는 방법을 택한 편지이다. 몇 년 전에 씌어진 것인데, 그 무렵 다이크 씨는 건축 청부업자에게 업태조사의 앙케트를 내어도 회답이 뜻대로 걷히지 않아서 고민하고 있었다.

회답은 1%가 고작으로, 2%면 성공, 3%면 대성공, 가령 10%의 회답이 회수되면 이것은 바로 기적이라고 할 수 있었다.

그런데 이 편지에는 50%의 회답이 쇄도했다. 기적의 5배 효과가 있은 것이다. 이 편지는 앞서의 경우와 마찬가지로 인간의 심리를 이용하였고, 문구도 앞서의 것과 비슷한 내용을 사용했다.

수취인의 마음속에 무엇이 일어날지를 생각하며 읽으면서 기적의 5배의 이유를 깨닫기 바란다.

'(전략)

이번에 꼭 의견을 듣고 싶은 일이 생겨서 귀하께 편지를 올립니다.

사실은 작년에 우리 회사에서는, 취급중인 건축 자재의 카탈로그를 만들어 건축업자 여러분의 도움이 되고자 했습니다. 참고로 여기에 한 부 동봉합니다만, 최근 이것을 증쇄할 필요가 생겨서 사장님에게 그 사실을 말씀드렸더니, 카탈로그의 효과에 대한 구체적인 설명을 요구하셨습니다. 저로서는 이 문제에 대해 귀하의 호의에 매달리는 길밖엔 방법이 없습니다.

　그러하오니 매우 죄송합니다만, 이 편지 뒷면의 설문에 답해 주셨으면 감사하겠습니다. 그밖에 저희 회사 카탈로그에 대해 어떠한 것이든 기탄없는 의견을 들려주십시오. 되도록 희망에 부응하도록 노력하겠습니다.

　바쁘신데 죄송합니다만, 이상의 것을 꼭 부탁드리겠습니다.

켄 R. 다이크'

　여기 말한 방법은 진심이 깃들지 않은 기계적 방법으로 할 경우 효과는 전혀 기대할 수 없다.

　인간은 누구나 중요감을 갖고 싶어하고 그것을 갖기 위해서는 무슨 일이든 할 수 있지만 그 반면 성의없고 속이 들여다보이는 추종에는 결코 속아 넘어가지 않는 것이다.

행복한 가정을 위한 *aphorism*

1. 좋은 남편은 귀머거리여야 하며 좋은 아내는 소경이라야 한다. —서양 격언—

2. 아버지가 자식들을 위해서 할 수 있는 가장 중요한 일은 그들의 어머니(즉 아내)를 사랑하는 것이다. —헤즈버그—

3. 가정 살림을 잘하지 못하는 여자는 가정에서 행복하지 못하다. 그리고 가정에서 행복하지 못한 여자는 어디에 서도 행복하지 못할 것이다. —톨스토이—

4. 아름다운 여자에게는 언젠가 싫증이 난다. 그러나 선량 한 여자에게는 절대로 싫증내지 않는다. —몽테뉴—

5. 일부일처제는 좋은 유리그릇과 같다. 유리그릇은 아름다 우나 일단 사고가 나서 작은 흠자국만 생겨도 다시는 그 전과 같아질 수 없다. —바턴—

행복한 가정을 만드는
일곱 가지 방법

제1장

귀찮은 잔소리를 하지 않는다

　나폴레옹 3세의 아내인 마리 유제니는 절세의 미인으로, 나폴레옹 3세는 그 미모에 반해서 그녀를 맞아들였다. 주위에서는 형편없는 스페인 가난뱅이 귀족의 딸이 아니냐고 반대했지만, 그녀가 갖는 우아함·젊음·매력·아름다움에 정신이 빠진 나폴레옹 3세는 그 반대의 소리들에 귀를 막았었다.

　나폴레옹 3세 부부는, 건강·부·권력·명예·아름다움·애정 따위의 완전한 로맨스에 필요한 모든 조건을 구비하고 있었다. 이만큼 열렬한 애정에 바탕을 둔 결혼은, 그 유례를 볼 수 없을 정도였다.

　그런데 유감스럽게도 얼마 지나지 않아, 작열하던 그 애정도 빛을 잃고 남은 것은 쓰디쓴 재뿐이었다. 나폴레옹은 유제니를 황제의 아내로 맞이할 수는 있었지만, 전 프랑스의 그 무엇을 가지고도, 설령 그 자신의 사랑과 황제의 권력으로써도 그녀의 시끄러운 입을 막을 수는 없었다.

질투와 시기에 눈이 뒤집힌 그녀는 그가 하는 말 따위는 듣지 않았다. 국정의 중요회의 석상에 뛰어들어 방해하지 않나, 그에게 여자가 생겼다면서 한시도 감시의 눈을 떼지 않지 않나, 언니한테 달려가서 남편의 흉을 보며 울고 불고 하는 일도 여러 차례였다. 황제의 서재에 뛰어들어 바락바락 악을 쓰는 것은 다반사였다.

화려한 궁전을 여러 개 가지고 있으면서, 나폴레옹 3세는 편히 쉴 곳이 한군데도 없었다.

유제니는 이렇게 남편을 못살게 구는 잔소리를 늘어놓아 얻은 것이 무엇이었던가? 이 세상에서 찾기 어려운 사랑을 질식시키고 스스로 불행을 자초한 것밖에 아무것도 아니었다.

레오 톨스토이 백작 부인은 임종의 머리맡에 딸들을 불러 다음과 같이 말했다.

"너희들 아버지가 돌아가신 것은 순전히 나 때문이었단다."

딸들은 아무 말도 하지 않았다. 어머니의 고백대로라고 생각한 것이다. 어머니의 끊임없는 불평, 비난, 바가지가 아버지를 죽음에로 내몬 것을 딸들은 잘 알고 있었다.

톨스토이 백작 부부는 어떻게 따져도 행복해야만 할 터였다. 남편은 세계적 문호로서 《안나 까레니나》나 《전쟁과 평화》 같은 불후의 걸작을 썼다.

톨스토이의 명성을 사모하여 모여드는 숭배자들은 주야로 그를 둘러싸고, 그의 입에서 나오는 말은 모조리 필기했다.

"자, 이젠 그만 가자."

하는 따위의 말까지 받아 쓰는 형편이었다.

거기다 톨스토이 부부는 재산도 많았고 사회적 지위도 높았고 아이들도 많았다. 이와같이 혜택받은 결혼이란 그리 흔한 것이 아니다. 너무나 행복해서 오히려 불안해졌고, 부부는 이 행복이 언제까지나 계속되어지라고 하나님께 기도했다.

그런데 그러는 와중에 뜻밖의 일이 일어났다. 톨스토이의 태도가 변하기 시작하고 끝내는 딴 사람처럼 되어 버리고 만 것이었다. 이제까지 자기가 쓴 글을 부끄럽게 생각하게 되었고, 평화를 원하고 전쟁과 가난을 이 세상에서 추방하기 위해서 끊임없이 팸플릿을 쓰기 시작했던 것이다.

젊은 시절에 모든 죄악의 맛을 알았고, 살인까지 저지른 톨스토이가 그리스도교의 가르침을 문자 그대로 지키려고 애쓰기 시작했다. 가진 땅을 전부 남에게 나누어 주고, 자진해서 가난한 생활에 뛰어들었다. 하루 종일 들에서 일을 하고 나무를 자르고 풀을 베었다. 신발은 손수 만들어 신고, 자기 방은 제손으로 청소했다. 나무 접시로 식사를 하고, 그리스도의 가르침대로 적을 사랑하려고 애썼다.

톨스토이의 생애는 비극이었다. 그 원인은 결혼이라 할 수 있다. 그의 아내는 화려한 것을 좋아했고, 그는 그런 것을 싫어했다. 그녀는 사회적 명성과 칭찬을 갈망하고 있었지만, 그에게 있어서 그러한 것은 아무런 뜻도 없었다. 부인은 재산을 동경했다. 그러나 그는 부를 죄악시하고 있었다.

그는 저서의 인세를 받으려 하지 않았다. 그 일 때문에 부인은 화도 내고, 울고 불고 몇 년 동안이나 그를 나무랐다. 마음에 들지 않는 일이 있으면 히스테리 발작을 일으키며 죽어 버리겠다고 얼렀다.

1910년 10월의 어느 눈 오는 밤, 82세의 톨스토이는 가정의 불화에 견디다못해 정처없이 집을 떠났다. 열하루 뒤에 그는 어느 쓸쓸한 역에서 숨을 거두었다. 숨을 거두면서 그가 한 말은, 아내를 절대 가까이 오지 못하게 해 달라는 것이었다.

이것이 톨스토이 부인의 바가지·불평·히스테리에서 발생한 세기적으로 비참한 결과의 진상이었다.

그녀의 입장에서 본다면, 불평을 할 만한 이유는 충분히 있었을 것이다. 그러나 문제는 그 불평을 마구 해댐으로써 그녀는 얼마만한 이익을 얻었느냐는 것이다. 사태는 그 때문에 점점 악화된 것이 아니었던가.

에이브라함 링컨의 생애를 비극적인 것이 되게 한 것도 역시 결혼 때문이었다. 그가 암살당한 것은 그의 결혼에 비기면 비극이라 할 수조차 없을 정도이다. 링컨 부인은 이 세상에 흔치 않은 바가지 애인으로서, 4분의 1세기 동안 링컨을 굉장히 못 살게 굴었다.

그녀는 1년 내내 남편에게 불평을 퍼부었다. 그녀의 말을 따르면, 링컨에게는 좋은 점이라고는 하나도 없다는 것이다. 괭이 등 같은 걸음걸이도 돼먹지 않았고, 인디언 같다고 했다. 귀의 생김새, 얼굴 생김도 싫다는 것이었다.

링컨과 부인과는 갖가지 점에서 대조적이었다. 성장·기질·취미·생각하는 방법 등 무엇 한 가지 공통되는 것이 없었다.

링컨 연구의 권위자인 상원의원 알버트 J. 비바릿지는 다음과 같이 말한다.

"부인의 아우성소리는 길 건너편까지 들렸고, 바람이 잘 날이 없었다. 폭력을 쓰는 일도 가끔 있었다."

링컨 부부는 신혼 얼마 뒤 제코프 아리 부인의 집에 하숙하고 있었다. 아리 부인은 스프링필드의 의사의 미망인으로서 주인이 죽은 뒤 하숙업을 하고 있었다.

어느 날, 아침 링컨 부부는 식당에서 식사중이었는데, 링컨 부인이 갑자기 아우성을 쳤다. 그 원인은 지금까지도 아무도 알 수 없지만, 아무튼 그녀는 화가 머리끝까지 나서, 마시던 뜨거운 커피를 남편의 얼굴에 끼얹었다. 다른 하숙인들이 보는 앞에서 말이다.

아리 부인이 달려가서, 젖은 타월로 그의 옷과 얼굴을 닦아 주는 사이에, 링컨은 말없이 창피를 참고 있었다.

링컨 부인의 질투만큼 바보스러운 예는 드물다. 그리고 그녀는 나중에 발광해 버리고 말았다. 발광했을 정도니까, 본래 성격에 병적인 데가 있었을 것이라는 것이 그녀를 동정하는 유일한 근거이다.

그런데 이와 같은 잔소리와 바가지가 링컨을 바꿔 놓았을까? 변한 것은 사실이다. 그녀에 대한 태도가 달라졌다. 그는 불행한 결혼을 후회했고, 되도록 아내와 같이 있으려고 하지 않았다.

스프링필드에는 11명의 변호사가 있었다. 그들은 그곳에 죽치고 있어서는 장사가 안 되기 때문에, 데이비드 디버스 판사를 따라 각지 순회 재판을 누볐고, 제8재판구의 군청소재지를 차례로 찾아갔다.

다른 변호사들은 토요일이 되면 다 스프링필드에 돌아가 가족과 함께 즐거운 주말을 보냈지만 링컨은 달랐다. 집에 가는 것이 겁났다. 봄 석 달과 가을 석 달 순회 재판을 나가면 스프링필드엔 절대 돌아오지 않았다. 이 상태가 몇 년 동안이나 계속되었다.

시골의 하숙 생활은 비참했다. 그러나 아무리 비참해도 잔소리하는 아내가 있는 집보다는 나았다.

링컨 부인, 유제니 황후, 톨스토이 부인의 입에서 나온 바가지의 결과는, 그녀들의 생애에 비극을 가져다주었을 뿐이었다. 가장 소중한 것을 파괴했기 때문이다.

뉴욕 가정 재판소에 11년간 근무한 베시 햄버그는 수천 건의 이혼 소송을 조사한 결과 남편이 집을 나가는 주된 원인은 아내가 시끄럽기 때문이었다 한다.

보스턴 포스트 신문은 이렇게 썼다.

'세상의 아내들은 바가지를 긁음으로써 결혼의 무덤을 계속 파고 있다.'

따라서 가정을 행복하게 하는 방법의 첫째는,

바가지를 긁지 말 것

장점을 인정하라

"나는 일생 동안 바보 같은 짓을 많이 할는지 모르겠지만 연애 결혼만은 절대 하지 않을 작정이다."

이것은 디즈렐리의 말이다. 그는 이 말을 실천했다.

35세까지 독신 생활을 하다가, 어느 돈많은 과부에게 구혼을 했다. 15년이나 나이가 많은 부인이었는데, 머리가 이미 희끗희끗한 쉰 살의 부인이었다.

물론 그들은 연애 결혼이 아니었다. 그가 돈을 목적으로 결혼한다는 사실을 그녀는 잘 알고 있었다. 그래서 그녀는 조건 하나를 내놓았다. 그의 성격을 알기 위해서 1년 동안 말미를 달라는 것이었다. 그리고 1년이 지나자 그녀는 그 구혼을 마침내 받아들였다.

과연 산문적이고 계산이 빠른 얘기였지만, 그 결과는 매우 성공적이었고, 이 두 사람만큼 행복한 결혼 생활을 보낸 부부는 흔치 않다.

디즈렐리가 택한 부자 미망인은 젊지도 않았고, 미인도 아니었고 또한 머리가 비상한 것도 아니었다. 문학이나 역사에 대한 지식도 없었고, 배를 안고 웃고 싶을 정도의 잘못된 얘기를 태연히 지껄이곤 했다. 예를 들면, 희랍 시대와 로마 시대 중 어느 쪽이 앞인지를 몰랐다. 옷과 가구에 대한 기호도 도통 돼먹지 않았다.

그러나 결혼 생활에 대해 가장 중요한 것을 가지고 있었다. 남성을 조종하는 기술을 알고 있는 것이다.

그녀에게는 남편의 지능에 대항할 마음은 추호도 없었다. 영리한 여자들을 상대로 기지있는 응수에 지쳐서 돌아온 디즈렐리에게 있어서 아내의 한없는 지껄임은 더할 나위 없는 위안이 되었다.

부드러운 아내의 마음씨에 싸인 가정은 그에게 있어서는 무엇과도 바꿀 수 없는 마음의 휴게소였다. 그가 인생의 행복을 느낀 것은 아내와 함께 있는 시간이었다. 그녀는 그의 좋은 협력자였고, 마음의 친구이며, 또한 조언자이기도 했다.

그날 일어난 일을 빨리 그녀에게 얘기하려고, 그는 회의가 끝나면 곧장 집으로 돌아왔다. 그녀는 (이것이 가장 중요한 일인데) 남편이 하는 일에 절대적인 신뢰를 두고 있었다.

그녀는 30년 동안 그저 디즈렐리를 위해서만 살았다. 그녀의 재산도 그를 위해서 써야만이 가치가 있는 것이라고 생각했다.

그녀가 죽은 뒤, 디즈렐리는 백작이 되었다. 그러나 그 이전에 자기가 아직 평민일 때 그는 빅토리아 여왕에게 아내를 귀족의 자리에 앉게 해 달라고 품신했고, 1868년에 그녀는 귀족의 대열에 참여할 수 있게 되었다.

그녀가 사람들 앞에서 어떠한 실수를 하건 그는 결코 그녀를 책망하거나 하지 않았다. 만일 누가 그녀를 놀리거나 하면 그는 정색을 하고 아내를 변호해 주었다.

그녀는 결코 완전한 아내는 아니었지만 아무튼 30년 동안 지칠 줄 모르고 남편 얘기만 했고, 남편을 남들에게 자랑하고 칭찬했다.

그 결과,

"결혼한 지 30년이 되지만 나는 아직도 권태기라는 것을 모른다."

고 디즈렐리가 말하게 됐다. 그는 남들 앞에서는 똑똑히 아내는 자신의 목숨보다 소중하다고 말하곤 했다.

그 결과,

"남편이 잘해 주시기 때문에, 나는 일생 동안 행복의 연속입니다."

라고 아내는 늘 그녀의 친구들에게 말하고 있었다.

두 사람 사이에는 이러한 농담이 곧잘 오고 갔다.

"내가 당신과 결혼한 것은 결국 재산이 목적이었다."

"그래요. 다시 한 번 결혼한다면 이번엔 사랑을 목적으로 역시 나하고 결혼하실 거예요."

디즈렐리는 고개를 끄덕였다. 분명히 그녀는 완전한 아내는 아니었다. 그러나 디즈렐리는 그녀의 장점을 늘여줄 만큼은 현명한 사나이였다.

그러므로 가정을 행복하게 하는 방법의 둘째는,

장점을 인정해 주라

제 3 장
결점을 들추지 말라

디즈렐리에게 있어서 가장 무서운 정적은 글래드스톤이었다. 이 두 사람은 사사건건 대립하여 격하게 충돌했다. 그러나 그들에게는 단 한 가지 공통점이 있었다. 원만한 가정을 가지고 있다는 것이었다.

윌리엄 글래드스톤과 그의 아내 캐더린은 59년 동안 변치 않은 사랑으로 생활해 왔다. 찡그린 얼굴을 한 영국의 대재상 글래드스톤이 아내의 손을 잡고,

　　거친 남편과 날카로운 아내
　　손에 손을 잡으면
　　이 세상 험한 파도가 다 뭐냐.

하고 춤추며 난로 옆을 왔다갔다 하던 것을 나는 지금도 눈에
선하게 기억하고 있다.

정적에게는 호랑이같이 두렵게 하던 글래드스톤도, 한 발 가
정에 들어서면 결코 비난받을 만한 말을 입 밖에 내지 않았다.

아침 식사를 하려고 아래층에 내려왔을 때 집안에 아직 자고
있는 사람이 있는 것을 알면 그는 매우 부드러운 항의를 하는
것이었다. 그는 큰 소리로 기묘한 노래를 부르는 것이었다.

영국에서 가장 분주한 사나이가 아래층에서 아침 식사를 하
고 있는 것을 그 노랫소리로 알 수 있었다. 가정 안에서는 그는
일체 나무라지 않기로 하고 있었던 것이다.

러시아의 캐더린 대제도 역시 그랬다. 그녀는 세계 최대의
제국을 통치한 여황제로서 수백만 국민의 생살여탈권을 쥐고
있었다. 정치적으로는 상당히 잔인한 짓을 했고, 전쟁을 일으
켜 무수한 적을 살육했다.

그러나 요리사가 고기를 태워도, 한 마디 잔소리 없이 웃으
며 그것을 먹었다.

이러한 점은 세계의 남편들이 배울 만한 점이다. 이혼 문제
연구의 권위자 도로시 딕스가 말하는 바에 의하면 세상의 결혼
중에 51% 이상이 실패로 끝난다고 한다. 신혼의 꿈이 깨지고
이혼이 다가오는 원인 중의 하나는 상대방의 결점을 찾는 것이
라고 한다.

그러므로 가정을 행복하게 하는 방법의 셋째는,

결점을 찾으려 하지 말 것

제4장

칭찬하라

로스앤젤레스에서 가정 연구소 소장을 하고 있는 폴 포피노 박사는 이렇게 말한다.

"남성이 아내를 구하는 경우 대개는 조용한 여성을 선택한다. 지나치게 똑똑한 여성은 경원한다. 유능한 고급 여사원도 한 번쯤은 점심 데이트를 받을지 모르지만, 대학에서 배운 '현대철학의 조류'의 강의를 말하거나, 자기 몫은 자기가 내겠다고 하게 된다. 그 결과 그녀는 두 번 다시는 데이트 신청을 받지 못하게 된다.

이와 반대로 대학을 다니지 못한 타이피스트가 점심에 초대되면, 상대방 남성에게 열띤 눈길을 보내며 '당신의 얘기 좀더 들려주세요.'라고 조를 것이다. 그 결과 그는 그녀에 대해서 동료에게 '그다지 미인은 아니지만 굉장히 말솜씨가 좋은 여자더군.'라고 하게 될 것이다."

남성은 자기를 예쁘게 보이려고 하는 여성의 노력을 칭찬해야 한다. 여성은 옷차림에 대해 굉장한 관심을 가지고 있다. 이 사실에 대해서 모든 남성은 대개 무관심하다. 가령 한 쌍의 남녀가 길 모퉁이에서 다른 한 쌍의 남녀를 만났다고 하자. 이 때 여성은 대개 남성을 보지 않는다. 그녀들은 상대방 여성의 옷을 살펴본다.

나의 할머니는 지난해 98세로 돌아가셨다. 숨을 거두기 조금 전에 30여 년 전에 찍은 그녀의 사진을 보여주었는데, 할머니는 눈이 희미해서 잘 보지 못했다.

그런데 할머니는,

"내가 무슨 옷을 입었누?"

하고 물었다.

백 살 가까운 늙은 여성이 30년 전의 자기 옷에 신경을 쓰고 있는 것이다. 나는 깊은 감명을 받았다.

남성은 5년 전에 자기가 입었던 옷이나 내복에 대해 기억하지 못하고, 또 기억하려고도 하지 않는다.

그러나 여성은 다르다. 남성은 이 사실을 잘 이해해야 한다.

프랑스 상류사회에서는 남성은 여성의 옷에 대해서 하루 저녁에도 몇 번씩이나 칭찬을 하도록 어릴 때부터 훈련을 시키고 있다. 참으로 현명한 일이다.

재미있는 얘기를 소개하겠다. 만든 얘기라고 생각되지만, 고개를 끄덕이게 하는 데가 있다.

어느 농가의 주부가 들일에서 돌아온 남정네들의 저녁상에 건초를 잔뜩 쌓아 놓았다. 그것을 본 사내들이 화를 내자 그녀는 태연하게 말하는 것이었다.

"당신들 이제야 눈치를 챘군 그래요. 나는 당신들을 위해 20년 동안이나 밥을 지어주었지만, 당신들이 건초를 먹지 않는다는 눈치를 보인 적은 과거엔 한 번도 없었잖아요."

제정 시대의 러시아 귀족들은 그 점에선 상당히 잘했다. 요리인이 마음에 들면 요리인을 일부러 식당으로 불러 칭찬을 하는 것이 상류 사회의 습관이었다.

이 세상의 남편들은 아내에 대해 이런 습관을 붙여야 한다. 요리를 잘 만들었을 때는 그 사실을 칭찬하는 것이다. 건초를 먹고 있지 않다는 것을 고맙게 표시하라는 것이다.

그것에 대해서 그녀의 덕택이라고, 부끄러워하지 말고 분명히 말하라는 것이다. 디즈렐리도 그렇게 하지 않았던가.

며칠 전 어떤 잡지에 칸트의 얘기가 나와 있었다.

"나의 오늘이 있기까지는 전적으로 아내의 덕택이 크다. 우리는 어릴 때부터 소꿉동무였고, 그녀는 내가 샛길로 새지 않게끔 항상 마음을 써주었다.

결혼한 뒤에는 저축에 신경을 썼고, 그것을 교묘하게 투자하여 나를 위해 재산을 만들어주었다. 귀여운 아이를 다섯이나 낳아주었고, 그녀가 마음 쓰는 집안은 언제나 봄바람이 인다. 앞으로도 내가 성공하면 하는 것만큼 그것은 모두 아내의 덕택이다."

할리우드에서는 결혼은 도박과 같다. 그 위험율에는 보험회사도 손을 든다고 한다. 그런 속에서 워너 박스터의 결혼만은 흔치 않은 성공을 거두었다. 부인은 본래 여배우를 하던 위니후렛드 브라이슨인데, 그녀는 화려한 무대에 이별을 고하고 그와 결혼했다.

그녀의 희생은 컸다. 그러나 그 희생은 충분히 보상을 받았다. 박스터는 이렇게 말하고 있다.

"그녀는 무대에서 갈채를 받을 기회를 버렸다. 그러나 그녀는 항상 나의 갈채를 받고 있다. 여성에게 남편에 의해서 행복이 주어진다면, 그 행복은 남편의 칭찬과 애정 외에 아무것도 아닐 것이다. 그리고 그 칭찬과 애정이 진실한 것이면 그에 의해서 남편의 행복도 또한 보증된다."

따라서 가정을 행복하게 하는 방법의 넷째는,

칭찬할 것

제5장

세심한 배려에 태만하지 말라

옛부터 꽃은 사랑의 말이라고 생각되어 왔는데, 그러나 그것은 그렇게 값비싼 것은 아니다. 특히 계절 꽃은 싼 것이다. 꽃은 길가에서도 얼마든지 팔고 있다.

그러나 세상의 남편들은 한 송이의 꽃도 집에 사들고 들어가기를 인색하게 한다. 그들은 꽃이라면 난초꽃처럼 비싼 것만 생각하고 있던가 아니면 알프스의 높은 곳에 피는 에델바이스 같이 손쉽게 입수할 수 없는 것으로 생각하고 있다.

고작 몇 송이의 꽃을 아내에게 보내는데, 그녀가 병원에 입원하기까지 기다리겠다는 것인지. 오늘은 돌아갈 때 장미 한두 송이 사가면 어떨까. 시험적으로 한번 해볼 만한 일이다.

조오지 M. 코안은 브로드웨이의 인기 스타였는데, 어머니가 죽기까지 날마다 하루 두 번씩 그녀에게 전화를 걸었다. 무슨 할 말이 그리도 많았을까 생각할 독자도 있겠지만, 무슨 특별한 말을 한 것이 아니었다. 요컨대 상대에게 이쪽의 마음만 알리면 되는 것이었다.

여성은 생일이나 기념일을 중시한다. 이것을 남성은 모른다. 보통 남성은 그렇게 많은 날짜를 기억하지 않아도 살아갈 수 있다. 그러나 잊어선 안 될 날짜가 몇 개는 있다. 예를 들면 1492년(콜럼버스가 미국 대륙을 발견한 해)과 1776년(미국이 독립을 선언한 해), 그리고 아내의 생일과 자기의 결혼 기념일이다.

앞의 두 가지는 경우에 따라서 잊을 수도 있을 것이다. 그러나 나머지 두 가지는 절대 잊어서는 안 될 것이다.

4만 건의 이혼 소송을 취급하고 2천 쌍의 조정에 성공한 시카고의 조셉 사바스 판사가 이렇게 말하고 있다.

"가정불화 원인의 대부분은 극히 사소한 것이다. 남편이 출근할 때에 아내가 손을 흔들어 보이기만 하면 이혼이 회피될 수 있는 경우가 얼마든지 있다."

로버트 브라우닝(영국의 시인)과 엘리자베스 브라우닝의 결혼 생활에는 목가적인 아름다움이 있었다고들 하는데, 남편은 자질구레한 마음 씀씀이로 항상 애정을 표현하고 있었다. 병약한 그의 아내가 언니에게 보낸 편지에 다음과 같은 것이 있다.

'아내에 대한 자잘한 마음 씀씀이의 가치를 가볍게 생각하는 남성이 이 세상에는 많이 있다.

결혼의 행복은 자질구레한 마음 씀씀이의 집적에 의해서 얻어지는 것이다. 이 사실을 알지 못한 부부는 불행한 결혼 생활을 보내야만 할 것이다.'

유명한 리노 씨의 이혼 법정은 주 6일 개정되며 여기서 인정된 이혼의 비율은 미국 부부의 1할에 이르고 있다. 그 중에 절

대로 이혼이 필요하다고 생각되는 것은 극히 소수로서, 대개는
사소한 애정의 표시를 아꼈기 때문인 것이다.

이런 말을 한 사람이 있다.

"나는 이 길을 단 한 번 밖에는 지나지 않는다. 그러므로, 좋
은 일, 남을 위하는 일이라면 무엇이든 지금 곧 할 필요가
있다. 늦추거나 태만하면 안 된다. 이 길은 몇 번씩 지나는 길
이 아니니까."

참으로 음미할 만한 일이다.

그러므로 가정을 행복하게 하는 방법의 다섯째는,

자잘한 마음 씀씀이를 태만하지 말 것

제6장

예의를 지켜라

월터 담로치는 과거 대통령 선거에 출마한 일이 있는 웅변가 제임스 G.브레인의 딸과 결혼했다.

몇 십 년인가 전에, 두 사람은 스코틀랜드의 카네기가에서 서로 알게 되었는데 그 이후 남들이 부러워할 정도의 원만한 가정을 이루었다. 부인에게 그 비결을 들어보자.

"배우자의 선택은 물론 중요하지만 그 다음으로 중요한 것은 결혼 후의 예의입니다. 젊은 아내들은 남에게 예의를 지키듯 남편에게도 예의를 지켜야 합니다. 시끄러운 여자 곁에서는 누구나 달아나고 싶어하지요."

무례는 애정을 파괴하는 암이다. 그만한 일은 누구나 다 알고 있을 터인데도, 우리는 집안 사람에 대해서는 남에게 대하는 것보다 더욱 무례한 것이다.

"제길, 또 그 얘기군."

우리는 처음 만나는 사람에겐 이렇게 말하지 않을 것이다.

친구의 편지를 마구 뜯어본다든가, 그들의 비밀을 훔쳐보거나 하지도 않을 것이다. 그런데 가장 가깝고도 소중한 집안의 가족에 대해서만은 실례되는 일을 태연히 해치운다.

도로시 딕스 여사는,

"우리에게 짓궂은 독설을 퍼붓는 것은 확실히 가족이라는 사실은 놀랄 일이 아닐 수 없다."라고 했다.

예의는 말하자면 결혼의 윤활유 같은 것이다.

《아침 식탁의 독재자》의 저자 올리버 윈델 홈즈는, 가정에서는 결코 독재자가 아니었다. 그는 아무리 불쾌한 일이 있어도 그 눈치를 가족에게는 보이지 않았다. 불쾌한 기분은 나만으로 족하다. 남에게까지 갖게 하는 것은 참을 수 없다는 것이었다.

그것이 올리버 윈델 홈즈의 주의였다.

그런데 우리는 어떤가? 회사에서 일이 잘 안 되었다든가, 상관에게 꾸중을 들었다든가, 아무튼 그런 불쾌한 일이 있으면 집에 들어와 가족에게 화풀이를 한다.

네덜란드에서는 집에 들어오기 전에 입구에서 신발을 벗는 습관이 있다. 그날 하루 밖에서 겪은 불쾌한 고민들을 집에 들어가기 전에 말끔히 벗어 버리자는 것이다.

윌리엄 제임스의 논문 〈인간의 맹목성에 대해서〉에 다음과 같은 구절이 있다.

"여기서 말하는 맹목성이란, 자기 외의 동물이나 인간의 감정에 대한 무감각을 말하는 것으로, 우리는 누구나 이러한 경향을 갖고 있다."

고객이나 동료에 대해서 결코 난폭한 말을 하지 않는 사람도 아내에게는 태연히 고함을 친다. 그러나 진실한 행복을 위해서는, 일보다 가정 생활을 더욱 중요시할 필요가 있다.

설령 평범하더라도 행복한 가정 생활을 맛보는 사람 쪽이 독신의 천재보다 훨씬 행복하다.

러시아의 문호 투르게네프는 말했다.

"나를 위해 저녁 준비를 하고 기다리는 여성이 어딘가에 있다면, 나는 나의 모든 재능을 버려도 후회하지 않겠다."

원만한 가정이란 전 가정의 몇 퍼센트나 될까.

도로시 딕스 여사는 결혼의 50% 이상이 실패라고 말했는데, 폴 포피노 박사의 설은 다르다. 박사에 의하면,

"사업이 성공하는 비율은 결혼이 성공하는 비율보다 낮다. 사업에서는 70%가 실패하지만 결혼은 70%가 성공한다."
라는 것이다.

딕스 여사는 결혼에 대해서 이렇게 결론을 내리고 있다.

"결혼이라는 사건에 비기면 출생은 단순한 에피소드에 불과하고, 죽음 또한 시시한 일에 지나지 않는다.

남자가 일에 쏟는 정도의 열의를 왜 가정에는 쏟지 않는지 그 까닭을 여자는 모른다. 천만금의 재산을 모으기보다 상냥한 아내와 행복하고 평화로운 가정을 쌓는 것이 남성에겐 훨씬 뜻있는 일인데도, 가정의 원만을 위해서 진정으로 노력하는 남성은 백에 하나도 있을까 말까다. 인생에 있어 가장 중대한 일을 될 대로 되게 내버려두는 것이다. 아내에 대해서는 강압적 태도를 취하기보다 부드럽고 상냥한 태도를 취하는 것이 훨씬 효과가 있는데도, 남성들은 왜 후자를 택하지 않는지 여성은 그것을 알지 못한다.

아내를 마음대로 조종하는 기술을 남편들은 다 알고 있을 터

이다. 조금만 칭찬해 주면 아내들은 만족한다는 것을 남편은
알고 있다. 집에서 입고 있는 옷이라도 어울린다고 말해 주면
아내는 최신 유행의 새옷을 바라지 않는 것도 알고 있다.

　아내의 눈에 키스해 주면 그녀는 장님과 마찬가지가 되고,
그 입술에 키스하면 벙어리가 된다는 사실 역시 남편은 잘
안다. 남편이 그만한 것은 다 알고 있으리라는 것을 아내는
안다. 그녀는 자신을 즐겁게 하는 방법을 그에게 가르쳐주었을
터이므로.

　그럼에도 불구하고 남편은 그 방법을 쓰려 하지 않고, 그녀
와 티격태격하여 큰 손해를 입게 되더라도, 칭찬을 하느니만
못하다고 생각하고 있는 것 같다. 이래 가지고서야 아내가 화
를 내는 것은 당연한 일이 아닌가."

　그러므로 가정을 행복하게 하는 방법의 여섯째는,
예의를 지킬 것

제7장

올바른 성지식을 가져라

사회위생국(社會衛生局) 국장 캐더린 B. 디비스 여사는 언젠가 1천 명의 기혼 여성에게 결혼 생활에 대한 앙케트를 낸 일이 있었다. 그 결과 성생활에 불만을 가진 여성이 뜻밖에 많은 것을 알게 되었다.

이 조사에 근거해서, 여사는 미국에 있어서 이혼의 큰 원인으로 성생활의 부조화를 들 수 있다고 발표했었다.

G. V. 해밀튼 박사의 조사도 이것을 입증하고 있다.

박사는 남녀 각 1백 명의 결혼 생활에 대해서 4년 동안 연구를 계속했다.

그들의 결혼 생활을 철저히 검토했다. 그들을 개별적으로 면접하고, 약 4백 항목의 질문을 내는 것이었다.

이 조사는 사회학적으로 중요한 의의를 가지고 있기 때문에 유력한 자선가의 경제적 지원을 받았다.

G. V. 해밀튼 박사와 케네드 맥코번 박사의 공저 《결혼에 있어서의 장해》가 그 조사의 결과이다.

결혼에 있어서의 장해에 대해서 해밀튼 박사는 이렇게 말하고 있다.

"성적 부조화는 가정불화의 주된 원인이 아니라고 일부 정신 의학자들이 주장하고 있지만, 엉터리 이론이다. 성생활만 순조로우면, 대부분의 경우 다른 사소한 마찰은 문제도 되지 않는다."

폴 포피노 박사는 가정 생활에 대한 권위자인데, 그의 말에 의하면 결혼의 실패는 보통 네 가지 원인에서 온다고 한다.

그는 그것을 다음의 순서로 들었다.

① 성생활의 부조화

② 여가 이용에 대한 의견의 불일치

③ 경제적인 어려움

④ 심신의 이상(성격 차이 등)

성 문제가 제1위를 차지하고 있는 것에 주의하기 바란다. 금전 문제가 3위인 것은 약간 뜻밖이다.

이혼 문제의 권위자들은 입을 모아 성생활의 균형을 유지하는 일은 결혼 생활에 절대 필요하다고 말한다.

신시내티 가정 법원의 호프만 판사는 수천 건의 이혼 소송을 처리한 사람인데, 그는 이렇게 단언하고 있다.

"이혼의 원인은 십중 팔구 성적 불만이다."

심리학자로 유명한 존 B. 와트슨도 역시 같은 뜻의 말을 하고 있다.

"섹스가 인생의 중요한 문제인 것은 명백하다. 섹스는 인생의 행복을 좌우한다."

나의 강습회에 참가한 많은 개업의들도 같은 의견을 가지고 있다.

교육문화가 진보한 20세기에, 이 자연의 본능에 대한 무지 때문에, 결혼이 파괴되고 인생항로에서 난파하는 사람이 속출한다는 것은 과연 유감스러운 일이 아닐 수 없다.

올리버 M. 바터필드 신부는 18년 동안의 성직 생활을 그만두고 뉴욕의 가정상담소 소장이 되었다. 그만큼 결혼식 입회인을 많이 한 사람도 드물 것인데 그는 이렇게 말했다.

"나의 경험에 의하면, 결혼식장의 신랑 신부들은 애정과 선의에 불타 있지만, 결혼의 참뜻을 모르는 자가 의외로 많다. 결혼에 있어서의 성생활의 균형은 매우 어려운 문제임에도 불구하고 대개의 경우 될 대로 내버려둬지는 것이다. 더구나 이 나라의 이혼율이 16%에 묶여 있는 것은 놀라운 일이다. 많은 부부는 진실한 결혼 생활을 보내고 있는 것이 아니라, 이혼하지 않고 견디어가는 것에 지나지 않는다. 마치 천국과 지옥의 사이에 연결된 것과도 같은 생활이다.

행복한 결혼은, 될 대로 내버려둬서는 결코 바랄 수 없다. 현명하고 신중하게 계획되어야 비로소 그것은 쌓아올릴 수 있다."

바터필드 신부 앞에서 결혼식을 올리는 신랑 신부는, 그와 더불어 이 문제에 대해 솔직하게 의견을 교환해야 하게 되어 있었다. 그 결과 성적으로 무지한 인간이 상당히 많은 것이 밝혀졌다고 한다.

그는 또 이렇게 말한다.

"결혼 생활을 행복하게 하는 요소는 여러 가지인데, 성 문제
는 그 중의 하나에 지나지 않는다. 그러나 성의 균형이 깨어지
면 다른 요소는 일체 헛된 것이 되고 만다."

올바른 성 지식을 얻으려면 어떻게 해야 하는가에 대해 그는
이렇게 조언한다.

"결혼 생활을 생각하는 방법과 그 실제에 대해서 툭 터놓은
태도로 거침없이 논의를 계속할 일이다. 가장 좋은 것은 성 지
식을 올바로 가르치는 적당한 책을 읽는 일이다."

그러므로 가정 생활을 행복하게 하는 방법의 일곱째는,

올바른 성 지식을 가질 것

사람을 다스리는 기술

2006년   7월   15일   인쇄
2006년   7월   20일   발행
2023년   2월   25일   재판 발행

지은이 | D. 카네기
옮긴이 | 이 정 빈
펴낸이 | 김 용 성
펴낸곳 | 지성문화사
등   록 | 제5-14호(1976.10.21)
주   소 | 서울시 동대문구 신설동 117-8 예일빌딩
전   화 | (02)2233-5554 / 2236-0654
팩   스 | (02) 2236-0655 / 2295, 2953

정가 15,000원